THÉATRE COMPLET

DE

ALEX. DUMAS

XIII

LE COMTE DE MORCERF (TROISIÈME PARTIE DE MONTE-CRISTO)
VILLEFORT (QUATRIÈME PARTIE DE MONTE-CRISTO)

NOUVELLE ÉDITION

PARIS
MICHEL LÉVY FRÈRES, ÉDITEURS
RUE AUBER, 3, PLACE DE L'OPÉRA

LIBRAIRIE NOUVELLE
BOULEVARD DES ITALIENS, 15, AU COIN DE LA RUE DE GRAMMONT

1874
Droits de reproduction et de traduction réservés

COLLECTION MICHEL LÉVY

ŒUVRES COMPLÈTES
D'ALEXANDRE DUMAS

THÉATRE

XIII

ŒUVRES COMPLÈTES D'ALEXANDRE DUMAS
PUBLIÉES DANS LA COLLECTION MICHEL LÉVY

Acté... 1	— Le Caucase... 3
Amaury... 1	— Le Corricolo... 2
Ange Pitou... 2	— Le Midi de la France... 2
Ascanio... 2	— De Paris à Cadix... 2
Une Aventure d'amour... 1	— Quinze jours au Sinaï... 1
Aventures de John Davys... 2	— En Russie... 4
Les Baleiniers... 2	— Le Speronare... 2
Le Bâtard de Mauléon... 3	— Le Véloce... 2
Black... 1	— La Villa Palmieri... 1
Les Blancs et les Bleus... 3	Ingénue... 2
La Bouillie de la comtesse Berthe. 1	Isabel de Bavière... 2
La Boule de neige... 1	Italiens et Flamands... 2
Bric-à-Brac... 2	Ivanhoe de Walter Scott (traduction) 2
Un Cadet de famille... 3	Jacques Ortis... 1
Le Capitaine Pamphile... 1	Jacquot sans Oreilles... 1
Le Capitaine Paul... 1	Jane... 1
Le Capitaine Rhino... 1	Jehanne la Pucelle... 1
Le Capitaine Richard... 1	Louis XIV et son Siècle... 4
Catherine Blum... 1	Louis XV et sa Cour... 2
Causeries... 2	Louis XVI et la Révolution... 2
Cécile... 1	Les Louves de Machecoul... 3
Charles le Téméraire... 2	Madame de Chamblay... 2
Le Chasseur de Sauvagine... 1	La Maison de glace... 2
Le Château d'Eppstein... 2	Le Maître d'armes... 1
Le Chevalier d'Harmental... 2	Les Mariages du père Olifus... 1
Le Chevalier de Maison-Rouge... 2	Les Médicis... 1
Le Collier de la reine... 3	Mes Mémoires... 10
La Colombe. — Maître Adam le Calabrais, 1	Mémoires de Garibaldi... 2
Le Comte de Monte-Cristo... 6	Mémoires d'une aveugle... 2
La Comtesse de Charny... 6	Mémoires d'un médecin : Balsamo. 5
La Comtesse de Salisbury... 2	Le Meneur de loups... 1
Les Compagnons de Jéhu... 3	Les Mille et un Fantômes... 1
Les Confessions de la marquise... 2	Les Mohicans de Paris... 4
Conscience l'Innocent... 1	Les Morts vont vite... 2
Création et Rédemption. — Le Docteur mystérieux... 2	Napoléon... 1
— La Fille du Marquis... 2	Une Nuit à Florence... 1
La Dame de Monsoreau... 3	Olympe de Clèves... 3
La Dame de Volupté... 2	Le Page du duc de Savoie... 2
Les Deux Diane... 2	Parisiens et Provinciaux... 1
Les Deux Reines... 2	Le Pasteur d'Ashbourn... 2
Dieu dispose... 2	Pauline et Pascal Bruno... 1
Le Drame de 93... 3	Un Pays inconnu... 2
Les Drames de la mer... 1	Le Père Gigogne... 1
Les Drames galants. — La Marquise d'Escoman... 2	Le Père la Ruine... 2
	Le Prince des Voleurs... 2
La Femme au collier de velours. 1	La Princesse de Monaco... 2
Fernande... 1	La Princesse Flora... 1
Une Fille du régent... 1	Les Quarante-Cinq... 3
Filles, Lorettes et Courtisanes... 1	La Régence... 1
Le Fils du forçat... 1	La Reine Margot... 2
Les Frères corses... 1	Robin Hood le Proscrit... 1
Gabriel Lambert... 1	La Route de Varennes... 1
Les Garibaldiens... 1	Le Saltéador... 1
Gaule et France... 1	Salvator (suite des Mohicans de Paris). 5
Georges... 1	Souvenirs d'Antony... 1
Un Gil Blas en Californie... 1	Les Stuarts... 1
Les Grands Hommes en robe de chambre : César... 2	Sultanetta... 1
	Sylvandire... 1
—Henri IV, Louis XIII, Richelieu. 2	La Terreur prussienne... 2
La Guerre des femmes... 2	Le Testament de M. Chauvelin... 1
Histoire d'un casse-noisette... 1	Théâtre complet... 25
Les Hommes de fer... 1	Trois Maîtres... 1
L'Horoscope... 1	Les Trois Mousquetaires... 4
L'Ile de Feu... 2	Le Trou de l'enfer... 2
Impressions de voyage : En Suisse. 3	La Tulipe noire... 1
— Une Année à Florence... 1	Le Vicomte de Bragelonne... 6
— L'Arabie Heureuse... 3	La Vie au Désert... 2
— Les Bords du Rhin... 2	Une Vie d'artiste... 1
	Vingt Ans après... 3

LE COMTE DE MORCERF

(TROISIÈME PARTIE DE MONTE-CRISTO)

DRAME EN CINQ ACTES, EN DIX TABLEAUX

EN SOCIÉTÉ AVEC M. AUGUSTE MAQUET

Ambigu-Comique. — 1er avril 1851 (1).

DISTRIBUTION

MONTE-CRISTO............................. MM.	Arnault.
FERNAND, COMTE DE MORCERF.............	Lyonnet.
ALBERT....................................	Gouget.
BEAUCHAMP...............................	Léon Mourot.
DANGLARS.................................	Stainville.
LUCIEN DEBRAY...........................	Bousquet.
BERTUCCIO................................	Macdanette.
Le Président..............................	Thierry.
CHATEAUBRUN.............................	Debreuil.
FRANTZ....................................	De Prelle.
Un Pair...................................	Martin.
BAPTISTIN.................................	Curey.
ALI..	Lavergne.
GERMAIN..................................	Jules.
PHILIPPE..................................	Henri.
Un Huissier...............................	Langlois.
HAYDÉE................................... Mmes	Naptal-Arnault.
MERCÉDÈS................................	Lucie.
MADAME DANGLARS......................	Marie-Clarisse.
MADAME DE VALGENCEUSE...............	Daroux.

(1) Pour cette pièce et pour celle qui la suit (*Villefort*), nous intervertissons l'ordre des représentations, afin de mettre dans son ensemble, sous les yeux du lecteur, l'épopée dramatique de *Monte-Cristo*.

(Note des Éditeurs.)

ACTE PREMIER

PREMIER TABLEAU

Boudoir de garçon chez Morcerf; des armes, des pipes, des cannes: un portrait de Mercédès avec le costume catalan; un portrait du Comte en costume de Palikare.

SCÈNE PREMIÈRE

ALBERT DE MORCERF, en robe de chambre turque, couché sur une causeuse. UN PETIT GROOM lui allume une longue pipe turque. GERMAIN entre, portant les lettres et les journaux sur un plat de porcelaine monté.

ALBERT.

Qu'est-ce que cela, Germain?

GERMAIN.

Les lettres et les journaux de M. le vicomte.

ALBERT.

Voyons. (Il prend deux lettres.) Comment sont venues ces deux lettres?

GERMAIN.

L'une par la poste, l'autre par le valet de chambre de madame Danglars.

ALBERT.

Faites dire à madame Danglars que j'accepte la place qu'elle veut bien m'offrir dans sa loge... Puis vous passerez chez Rosa vous-même; vous lui direz que j'irai souper avec elle en sortant de l'Opéra, et que j'y conduirai probablement un ami. Vous porterez chez elle six bouteilles de vins assortis: chypre, xérès, malaga, et un baril d'huîtres d'Ostende. Prenez les huîtres chez Philippe, et dites que c'est pour moi.

GERMAIN.

M. le vicomte a commandé à déjeuner pour ce matin?

ALBERT.

Oui.

GERMAIN.

Pour quelle heure?

ALBERT.

Pour dix heures et demie.

GERMAIN

Combien de couverts?

ALBERT.

Six ou sept; mettez-en plutôt deux de plus que deux de moins. A propos, passez chez madame la comtesse de Morcerf, et dites-lui que c'est probablement ce matin que j'aurai l'honneur de lui présenter M. le comte de Monte-Cristo. Mais voilà quelqu'un, ce me semble; voyez donc.

SCÈNE II

Les Mêmes, LUCIEN DEBRAY.

DEBRAY.

Peut-on entrer?

ALBERT.

Comment! vous, Debray, vous que je n'attendais que le dernier! savez-vous que vous m'effrayez avec votre exactitude? Que dis-je, exactitude? Vous arrivez à dix heures moins cinq minutes, quand le rendez-vous définitif n'est qu'à dix heures et demie. C'est miraculeux! Le ministère serait-il renversé, par hasard?

DEBRAY.

Mon très-cher, rassurez-vous; nous chancelons toujours, mais nous ne tombons jamais. J'ai passé la nuit à expédier des lettres, vingt-cinq dépêches diplomatiques! Rentré chez moi ce matin, j'ai voulu dormir, mais le mal de tête m'a pris; je me suis relevé pour monter à cheval une heure; à Boulogne, l'ennui et la faim se sont emparés de moi; alors, je me suis souvenu que l'on festinait chez vous ce matin, et me voilà. J'ai faim, nourrissez-moi; je m'ennuie, amusez-moi.

ALBERT.

C'est mon devoir d'amphitryon, cher ami. Germain! un verre de xérès et un biscuit! En attendant, mon cher, voici des cigares de contrebande; je vous engage à les goûter et à inviter votre ministre à nous en vendre de pareils.

DEBRAY.

Cela ne regarde pas mon ministère. Adressez-vous à celui des finances, rue de Rivoli, section des contributions indirectes, corridor A, n° 26.

ALBERT.

En vérité, mon cher Lucien, vous m'étonnez par l'étendue de vos connaissances. Mais prenez donc un cigare.

(Le Groom présente à Lucien une bougie rose, brûlant dans un petit bougeoir de vermeil.)

DEBRAY, allumant un cigare et se renversant sur le divan.

Ah! cher vicomte, que vous êtes heureux de n'avoir rien à faire! En vérité, vous ne connaissez pas votre bonheur.

ALBERT.

Eh! que feriez-vous donc, mon cher, si vous ne faisiez rien? Comment! secrétaire particulier du ministre, lancé à la fois dans la grande cabale européenne et dans les petites intrigues de Paris, ayant des rois, et même mieux que cela, des reines à protéger, des partis à réunir, des élections à diriger; faisant plus, de votre cabinet et avec votre plume et votre télégraphe, que Napoléon ne faisait, de ses champs de bataille, avec son épée et ses victoires; possédant vingt-cinq mille livres de rente, en dehors de votre place, un cheval dont Chateaubrun vous a offert quatre cents louis et que vous n'avez pas voulu lui donner, un tailleur qui ne vous manque jamais un pantalon; ayant l'Opéra, les Variétés et le Jockey-Club, vous ne trouvez pas dans tout cela de quoi vous distraire?... Alors, j'y tâcherai, moi.

DEBRAY.

Comment cela?

ALBERT se lève.

En vous faisant faire une connaissance nouvelle.

DEBRAY.

En homme ou en femme?

ALBERT.

En homme.

DEBRAY.

Diable! j'en connais déjà beaucoup.

ALBERT.

Oui; mais vous ne connaissez pas celui dont je vous parle.

DEBRAY.

D'où vient-il donc? du bout du monde?

ALBERT.

De plus loin, peut-être.

DEBRAY.

J'espère qu'il n'apporte pas notre déjeuner?

ALBERT.

Soyez tranquille, notre déjeuner se confectionne dans la cuisine maternelle. Décidément, vous avez donc faim?

DEBRAY.

Oui, j'ai dîné hier chez M. de Villefort. Avez-vous remarqué cela, cher ami? c'est qu'on dîne très-mal chez tous ces gens du parquet!

ALBERT.

Oh! pardieu! dépréciez les dîners des autres; avec ça qu'on dîne bien chez vos ministres.

BEAUCHAMP, dans l'antichambre.

Il nous attend, n'est-ce pas?

ALBERT.

Eh! tenez, j'entends la voix de Beauchamp dans l'antichambre: vous disputerez, et cela vous fera prendre patience.

SCÈNE III

Les Mêmes, BEAUCHAMP.

GERMAIN, annonçant.

M. Beauchamp!

ALBERT.

Entrez, entrez, plume terrible! Tenez, voici M. Debray, qui vous déteste sans vous lire, à ce qu'il dit, du moins.

BEAUCHAMP.

C'est comme moi, je le critique sans savoir ce qu'il fait. Bonjour, mon cher Albert! Une explication... Je vois Debray qui boit du xérès et qui mange des biscuits. Déjeunons-nous ou dînons-nous? J'ai la Chambre, moi. Comme vous voyez, tout n'est pas rose dans notre métier.

ALBERT.

On déjeunera; nous n'attendons plus que deux personnes.

BEAUCHAMP.

Quelle sorte de personnes?

ALBERT.

Un gentilhomme et un voyageur.

BEAUCHAMP.

Bon! Deux heures pour le gentilhomme et une heure

pour le voyageur. Je reviendrai au dessert. Gardez-moi des fraises, du café et des cigares. Je mangerai une côtelette à la Chambre.

ALBERT.

N'en faites rien, mon cher; que nos convives soient arrivés ou non, à dix heures et demie, nous nous mettons à table.

BEAUCHAMP, regardant à sa montre.

Dix heures! allons, on tentera l'épreuve. D'autant plus que je suis horriblement maussade ce matin.

ALBERT.

Bon! vous voilà comme Debray. Il me semble cependant que, si le ministère est triste, l'opposition doit être gaie.

BEAUCHAMP.

Ah! c'est que vous ne savez point ce qui me menace. J'entends ce matin un discours de M. Danglars à la Chambre, et, ce soir, chez sa femme, une tragédie d'un pair de France.

ALBERT.

Mon cher, vous êtes, ce matin, d'une aigreur révoltante. Rappelez-vous que la chronique parisienne parle d'un mariage entre moi et mademoiselle Eugénie Danglars. Je ne puis donc, en conscience, vous laisser mal parler de l'éloquence d'un homme qui doit me dire un jour : « Vous savez, monsieur le vicomte, que je donne deux millions à ma fille? »

BEAUCHAMP.

Allons donc, Albert, est-ce que ce mariage se fera jamais! Le roi a bien pu faire Danglars baron, le roi pourra bien le faire pair; mais il ne le fera jamais gentilhomme, et le comte de Morcerf est une épée trop aristocratique pour consentir, moyennant deux pauvres millions, à une mésalliance.

ALBERT.

Deux millions, c'est cependant joli.

BEAUCHAMP.

C'est le capital social d'un théâtre du boulevard ou d'un chemin de fer du Jardin des Plantes à la Rapée.

DEBRAY.

Laissez-le dire, Morcerf, et mariez-vous. Vous épousez l'étiquette d'un sac, n'est-ce pas? Eh bien, que vous importe le reste? Mieux vaut, sur cette étiquette, un blason de moins et un zéro de plus. Vous avez sept merlettes dans vos armes, vous en donnerez trois à votre femme, il vous en restera encore quatre ; c'est une de plus que M. le duc de Guise, qui a failli être roi de France, et dont le cousin germain était empereur d'Allemagne.

BEAUCHAMP.

Oh ! vous, Debray, on sait votre faible pour toute la famille.

GERMAIN, annonçant.

M. le marquis de Chateaubrun !

SCÈNE IV

Les Mêmes, CHATEAUBRUN.

BEAUCHAMP.

Bon ! voilà le gentilhomme ; nous n'attendons plus que le voyageur.

DEBRAY.

Comment ! Chateaubrun ? Mais je le croyais en Afrique.

CHATEAUBRUN.

J'arrive d'hier, mon cher monsieur Debray.

ALBERT.

Et je vous l'offre aujourd'hui. On ne peut pas servir plus chaud, j'espère !

CHATEAUBRUN.

Bonjour, Albert ! Bonjour, monsieur de Beauchamp ! j'ai à vous remercier.

BEAUCHAMP.

Moi ?

CHATEAUBRUN.

Oui ; vous m'avez consacré un entre-filet, et, quand cela ne nous déplaît pas très-fort, cela nous flatte beaucoup, nous autres gens du monde.

BEAUCHAMP.

Je crois bien ! M. le marquis part en amateur, pour regarder, les bras croisés, la prise de Constantine ; on ne prend pas Constantine, on bat en retraite ; monsieur décroise les bras et fait des prodiges.

CHATEAUBRUN.

Oui ; mais il y a un homme qui a fait de plus grands prodiges que moi, puisqu'il m'a sauvé, et celui-là vous n'en dites pas un mot.

BEAUCHAMP.

Ah! oui, M. Maximilien Morel, un capitaine de spahis, qui est arrivé comme deux Arabes (notez que monsieur en avait déjà tué quatre), qui est arrivé comme deux Arabes s'apprêtaient à vous chicoter le cou. Pourquoi diable en parlerais-je? C'est un soldat, lui, il n'a fait que son métier.

CHATEAUBRUN.

C'est égal, mon cher, à l'occasion, je vous le recommande, et à vous aussi, mon cher Debray.

DEBRAY.

Mais, moi, je suis à l'intérieur, et cela regarde la guerre.

BEAUCHAMP.

Bah! entre ministres...

DEBRAY.

De sorte que vous voilà, n'est-ce pas? Bon! nous n'attendons plus que le voyageur.

BEAUCHAMP.

Il est dix heures un quart.

ALBERT.

J'ai demandé grâce jusqu'à dix heures et demie. Dites-donc, Chateaubrun, vous eussiez dû nous amener votre sauveur; je l'eusse mis en face du mien.

CHATEAUBRUN.

Votre sauveur, Albert? vous avez donc été sauvé aussi, vous?

DEBRAY.

Comment ferons-nous pour récompenser ces deux bienfaiteurs de l'humanité? Nous n'avons qu'un prix Montyon!

CHATEAUBRUN.

Et de quelle partie du monde nous arrive ce sauveur?

ALBERT.

En vérité, je serais fort embarrassé pour le dire. Quand je l'invitai, voilà tantôt deux ans, il était à Rome; mais qui peut dire le chemin qu'il a fait depuis ce temps-là?

CHATEAUBRUN.

Ah çà! mais c'est donc le Juif errant?

ALBERT.

Peut-être bien.

DEBRAY.

Le croyez-vous capable d'être exact, au moins?

ALBERT.
Je le crois capable de tout.
BEAUCHAMP.
Faites attention qu'avec les cinq minutes de grâce demandées, nous n'avons plus que dix minutes.
ALBERT.
Eh bien, j'en profiterai pour vous parler de mon convive.
BEAUCHAMP.
Y a-t-il matière à un feuilleton dans ce que vous allez me raconter?
ALBERT.
Oui, et des plus curieux même.
BEAUCHAMP.
Dites, alors; car je vois bien que je manquerai la Chambre et qu'il faut que je me rattrape.
ALBERT.
J'étais à Rome, il y a deux ans, au carnaval.
BEAUCHAMP.
Nous savons cela.
ALBERT.
Oui; mais ce que vous ne savez pas, c'est que je fus enlevé par des brigands.
DEBRAY.
Est-ce qu'il y a des brigands?
ALBERT.
Et de hideux même, c'est-à-dire d'admirables; je les ai trouvés beaux à faire peur. Ces messieurs m'avaient donc enlevé et conduit dans un endroit fort triste, qu'on appelle les catacombes de Saint-Sébastien; j'étais prisonnier sauf rançon, une misère de quatre mille écus romains, vingt-six mille livres tournois. Malheureusement, je n'en avais que quinze cents; j'étais au bout de mon voyage, mon crédit était épuisé. J'écrivis à Frantz d'Épinay, qui voyageait avec moi et que vous connaissez tous. La question était grave: s'il n'était arrivé à six heures du matin avec les quatre mille écus, à six heures dix minutes, je devais aller rejoindre les bienheureux saints et les glorieux martyrs, avec les reliques desquels j'avais l'honneur de me trouver.

CHATEAUBRUN.
Eh bien, Frantz arriva avec les quatre mille écus?

ALBERT.

Non; il arriva purement et simplement accompagné du convive que je vous annonce, et que, je l'espère, j'aurai l'honneur de vous présenter.

DEBRAY.

Ah çà! mais c'est donc un Hercule tuant Cacus, que ce monsieur, un Persée délivrant Andromède?

ALBERT.

Non, c'est un homme de ma taille, à peu près.

BEAUCHAMP.

Il était armé jusqu'aux dents?

ALBERT.

Il n'avait pas même une aiguille à tricoter.

CHATEAUBRUN.

Il traita de votre rançon, alors?

ALBERT.

Il dit deux mots à l'oreille du chef, et je fus libre.

BEAUCHAMP, riant.

On lui fit même des excuses de vous avoir arrêté, n'est-ce pas?

ALBERT.

Justement!

DEBRAY.

Mais c'était donc l'Arioste?

ALBERT.

Non, c'était le comte de Monte-Cristo.

DEBRAY.

Allons donc! on ne s'appelle pas le comte de Monte-Cristo.

BEAUCHAMP.

Attendez donc, attendez donc! Je crois que je vais vous tirer d'embarras. Monte-Cristo est une petite île près de laquelle j'ai passé en allant à Palerme.

ALBERT.

C'est justement cela. De ce grain de sable, de cet atome, est seigneur et roi celui dont je vous parle. Il aura acheté ce brevet de comte quelque part en Toscane.

BEAUCHAMP.

Il est donc riche, votre comte?

ALBERT.

Je le crois! Il possède une caverne pleine d'or.

BEAUCHAMP.

Et vous avez vu cette caverne?

ALBERT.

Non; mais j'en ai entendu parler.

CHATEAUBRUN.

Eh! mais, moi aussi... Un soir, sous la tente où nous attendions notre souper, qui ne venait pas...

DEBRAY.

Comme aujourd'hui notre déjeuner.

ALBERT.

N'interrompez donc pas, Debray; que diable! nous ne sommes pas à la Chambre.

CHATEAUBRUN.

Eh bien, Morel, mon sauveur à moi, m'a toujours raconté qu'il était allé pour chasser dans cette île de Monte-Cristo, et que, là, il avait été invité à souper par un inconnu, mais à la condition qu'il se laisserait bander les yeux et conduire sans chercher à savoir où il était.

ALBERT.

Eh bien?

CHATEAUBRUN.

Eh bien, il est descendu dans une caverne; il y a trouvé une espèce d'enchanteur qui l'y a fait servir par des muets et par des femmes près desquelles Aspasie et Cléopâtre n'étaient que des lorettes.

ALBERT.

Eh bien, vous jetez un peloton de fil dans mon labyrinthe, mon cher Chateaubrun. Le comte de votre capitaine de spahis, c'est le mien.

DEBRAY.

En vérité, mon ami, vous nous racontez des choses invraisemblables.

ALBERT.

Cela n'empêche pas que mon comte de Monte-Christo existe.

DEBRAY.

Pardieu! tout le monde existe. Beau miracle!

ALBERT.

Oui; mais tout le monde n'existe pas dans des conditions pareilles. Tout le monde n'a pas des esclaves noirs, des galeries princières, des armes comme à la Casauba, des chevaux de six mille francs la pièce, des maîtresses grecques.

BEAUCHAMP.

Il a une maîtresse grecque? L'avez vous vue, au moins?

ALBERT.

Vue, de mes deux yeux vue, une fois au théâtre Vallée, et une fois que je déjeunais chez le comte. Deux fois en tout.

DEBRAY.

Il mange donc, votre homme extraordinaire?

ALBERT.

Ma foi, s'il mange, c'est si peu, que ce n'est pas la peine d'en parler.

CHATEAUBRUN.

Vous verrez que c'est un vampire.

ALBERT.

Eh bien, messieurs, vous allez vous moquer de moi, mais je ne dirais pas non.

BEAUCHAMP.

Ah! bravo!

CHATEAUBRUN.

Toujours est-il que votre comte de Monte-Cristo est un galant homme dans ses moments perdus, n'est-ce pas?

DEBRAY.

Oui, sauf ses petits arrangements avec les bandits italiens.

BEAUCHAMP.

Bah! il n'y a pas de bandits italiens!

DEBRAY.

Pas de vampires!

BEAUCHAMP.

Pas de comte de Monte-Cristo! et la preuve, mon cher ami, c'est que voilà dix heures et demie qui sonnent.

CHATEAUBRUN.

Avouez que vous avez eu le cauchemar, et allons déjeuner.

GERMAIN, ouvrant la porte.

Son Excellence le comte de Monte-Cristo.

SCÈNE V

Les Mêmes, MONTE-CRISTO.

MONTE-CRISTO.

L'exactitude est la politesse des rois, à ce qu'a prétendu, je crois, un de vos souverains; mais, quel que soit leur désir, elle n'est pas toujours celle des voyageurs. Cependant, mon cher vicomte, j'espère que vous excuserez, en faveur de ma bonne volonté, les deux ou trois secondes de retard que je crois avoir mises à paraître au rendez-vous. Cinq cents lieues ne se font pas sans quelque contrariété, en France surtout, où il est défendu, à ce qu'il paraît, de battre les postillons.

ALBERT.

Monsieur le comte, j'étais justement occupé à annoncer votre visite à quelques-uns de mes amis, que j'avais réunis à l'occasion de la promesse que vous aviez bien voulu me faire, à Rome, de venir déjeuner avec moi à Paris, le 25 juin, à dix heures et demie du matin. J'ai l'honneur de vous les présenter; ce sont : M. le marquis de Chateaubrun, dont la noblesse remonte aux douze pairs, et dont les ancêtres ont eu leur place à la Table ronde; M. Lucien Debray, secrétaire particulier du ministre; M. Beauchamp, terrible journaliste, effroi du gouvernement et délices de ses amis.

MONTE-CRISTO.

Messieurs, permettez-moi, je vous prie, un aveu qui sera mon excuse pour toutes les inconvenances que je pourrai faire. Je suis étranger, mais étranger à tel point, que c'est la première fois que je viens à Paris. La vie française m'est donc tout à fait inconnue, et je n'ai, jusqu'à présent, pratiqué que la vie orientale, la plus antipathique à toutes les bonnes traditions parisiennes. Je vous prie donc de m'excuser si vous trouvez en moi quelque chose de trop turc, de trop napolitain ou de trop arabe.

ALBERT.

Et moi, monsieur le comte, je suis atteint d'une crainte, c'est que la cuisine de la rue du Helder ne soit pas la vôtre. J'aurais dû vous demander votre goût et vous faire préparer quelque plat à votre fantaisie.

MONTE-CRISTO.

Si vous me connaissiez davantage, monsieur, vous ne vous préoccuperiez pas d'un soin presque humiliant pour un voyageur comme moi, qui a successivement vécu avec du macaroni à Naples, de la polenta à Milan, de l'olla-podrida à Valence, du pilau à Constantinople, du karick à Calcutta, et des nids d'hirondelles à Canton. Il n'y a pas de cuisine pour un cosmopolite comme moi; je mange de tout et partout; seulement, je mange peu, et, aujourd'hui, vous m'excuserez si je ne mange pas du tout.

ALBERT.

Comment, si vous ne mangez pas du tout?

MONTE-CRISTO.

J'avais été obligé de m'écarter de ma route pour prendre des renseignements aux environs de Nîmes, de sorte que j'étais un peu en retard et n'ai point voulu m'arrêter pour manger.

ALBERT.

Mais vous avez mangé dans votre voiture, alors?

MONTE-CRISTO.

Non, j'ai dormi, comme cela m'arrive quand je m'ennuie sans avoir le courage de me distraire, ou quand j'ai faim sans avoir envie de manger.

BEAUCHAMP.

Vous commandez donc au sommeil, monsieur?

MONTE-CRISTO.

Parfaitement.

DEBRAY.

Le comte a une recette pour cela!

MONTE-CRISTO.

Infaillible, monsieur.

ALBERT

Et peut-on savoir quelle est cette recette?

MONTE-CRISTO.

Oh! mon Dieu, oui, vicomte; c'est un mélange d'excellent opium, que j'ai été chercher moi-même en Chine pour être certain de l'avoir pur, et du meilleur hatchich, qui se récolte en Orient. On réunit ces deux ingrédiens en portions égales et l'on en fait des espèces de pilules qui s'avalent au moment où l'on en a besoin; dix minutes après, l'effet est produit.

BEAUCHAMP.

Et vous en portez toujours sur vous?

MONTE-CRISTO.

Toujours!

BEAUCHAMP.

Serait-ce indiscret, monsieur, de vous demander à voir ces précieuses pilules?

MONTE-CRISTO.

Non, monsieur.

(Il tire de sa poche une bonbonnière creusée dans une seule émeraude.)

DEBRAY.

Et c'est votre cuisinier qui vous prépare ce régal ?

MONTE-CRISTO.

Oh! non, monsieur, je ne livre point ainsi mes jouissances les plus pures à des mains indignes ; je suis assez bon chimiste et prépare mes pilules moi-même.

CHATEAUBRUN.

Voilà une admirable émeraude, la plus belle que j'aie jamais vue, quoique ma mère ait des bijoux de famille assez remarquables.

MONTE-CRISTO.

J'en avais trois pareilles, monsieur : j'ai donné l'une au Grand Seigneur, qui l'a fait monter sur son sabre, l'autre au saint-père, qui l'a fait incruster sur sa tiare, en face d'une émeraude à peu près pareille, mais moins belle, cependant, qui avait été donnée à son prédécesseur, Pie VII, par l'empereur Napoléon. J'ai gardé la troisième pour moi ; seulement, je l'ai fait creuser, ce qui lui ôte la moitié de sa valeur, mais ce qui l'a rendue plus commode pour l'usage que j'en voulais faire.

DEBRAY.

Et que vous avaient donné ces deux souverains pour mériter ce magnifique cadeau ?

MONTE-CRISTO.

Le Grand Seigneur, la liberté d'une femme ; notre saint-père, la vie d'un homme ; de sorte que, deux fois dans mon existence, j'ai été aussi puissant que si Dieu m'eût fait naître sur les marches d'un trône.

(Germain entre et vient parler bas à Albert.)

DEBRAY.

Qu'y a-t-il ? est-ce le déjeuner ?

ALBERT.

Oui, monsieur, et, en même temps, le comte de Morcerf, qui, avant de partir pour la Chambre, sachant que vous étiez ici, aurait voulu vous remercier.

MONTE-CRISTO.

Eh bien, monsieur, rien de plus facile. Je serais un mauvais convive ; laissez-moi ici ; j'aurai, si M. Albert le permet, l'honneur d'y recevoir M. de Morcerf.

ALBERT.

A merveille! mais n'allez pas disparaître sans que je le sache.

MONTE-CRISTO.

Comment donc, monsieur! je vous appartiens et vous promets de ne reprendre ma liberté que quand vous me l'aurez rendue.

BEAUCHAMP.

Comme il dit tout cela! C'est décidément un grand seigneur.

DEBRAY.

Un grand seigneur étranger.

CHATEAUBRUN.

Un grand seigneur de tous les pays.

ALBERT.

Vous nous excusez, comte, mais ces messieurs meurent de faim et mon père descend.

MONTE-CRISTO.

Faites, monsieur, faites.

(Les jeunes gens entrent dans la salle à manger.)

SCÈNE VI

MONTE-CRISTO, ALBERT, puis LE COMTE DE MORCERF.

MONTE-CRISTO.

Je vais le revoir, lui, et elle peut-être!... Silence, mon cœur, pour la vieille haine! silence, mon âme, pour l'ancien amour!

ALBERT.

Mon père, j'ai l'honneur de vous présenter M. le comte de Monte-Cristo, cet ami généreux que j'ai eu le bonheur de rencontrer dans les circonstances difficiles que vous savez.

MORCERF.

Monsieur est le bienvenu parmi nous, et il a rendu à notre maison, en lui conservant son unique héritier, un service qui sollicitera éternellement notre reconnaissance.

(Il lui montre un fauteuil.)

ALBERT.

Je puis me retirer?

MORCERF.

Allez rejoindre vos amis.

ALBERT, à Monte-Cristo.

Vous permettez?

MONTE-CRISTO.

Comment donc!

(Albert sort.)

MORCERF.

Madame la comtesse de Morcerf était à sa toilette, monsieur, lorsque le vicomte l'a fait prévenir qu'elle allait avoir le bonheur de recevoir votre visite. Elle descend, et, dans dix minutes, elle sera ici.

MONTE-CRISTO.

C'est beaucoup d'honneur pour moi, monsieur le comte, d'être ainsi, dès le jour de mon arrivée, mis en rapport avec un homme dont le mérite égale la réputation et pour lequel la fortune, juste une fois, n'a pas fait d'erreur; mais n'a-t-elle pas encore, dans les plaines de la Mitidja et dans les montagnes de l'Atlas, un bâton de maréchal à vous offrir?

MORCERF.

Oh! j'ai quitté le service, monsieur. Nommé pair de France sous la Restauration, j'étais de la première campagne d'Alger; je pouvais donc prétendre à un commandement supérieur si la branche aînée fût restée sur le trône; mais les événements qui s'accomplirent me forcèrent à donner ma démission. Lorsqu'on a gagné les épaulettes sur le champ de bataille, on ne sait guère manœuvrer sur le terrain glissant des salons; j'ai quitté l'épée, je me suis jeté dans la politique; je me voue à l'industrie, j'étudie les arts utiles. Pendant les vingt années que je suis resté au service, j'en avais eu le désir, mais je n'en avais pas eu le temps.

MONTE-CRISTO.

Ce sont de pareilles idées, monsieur le comte, qui entretiennent la supériorité de votre nation sur les autres pays. Gentilhomme issu d'illustre maison, possédant une grande fortune, vous avez d'abord consenti à gagner les premiers grades en soldat obscur; c'est fort rare! Puis, devenu général, pair de France, vous consentez à recommencer un second apprentissage sans autre espoir, sans autre récompense que celle d'être un jour utile à vos semblables. Ah! monsieur, voilà qui est vraiment beau; je dirai plus, voilà qui est sublime!

MORCERF, s'inclinant.

Monsieur!

MONTE-CRISTO.

Hélas! nous ne faisons pas ainsi en Italie; nous naissons selon notre race et notre espèce, et nous gardons même feuillage, même taille et souvent même inutilité toute notre vie.

MORCERF.

Mais, monsieur, pour un homme de votre mérite, l'Italie n'est point une patrie, et la France vous tend les bras; répondez à son appel! la France traite mal ses enfants, mais elle accueille grandement les étrangers.

MONTE-CRISTO.

Oh! monsieur, on voit bien que vous ne me connaissez pas. Mes aspirations, à moi, sont en dehors de ce monde; je ne désire point les honneurs et n'en prends que ce qui peut tenir sur un passe-port.

MORCERF.

Vous avez été maître de votre avenir, et vous avez choisi le chemin des fleurs.

MONTE-CRISTO.

Justement, monsieur.

(La Comtesse entre; elle a entendu ces derniers mots, elle tressaille et s'appuie au chambranle de la porte.)

MORCERF, sans la voir.

Si je ne craignais de vous fatiguer, monsieur, je vous eusse emmené à la chambre des pairs; il y a aujourd'hui séance curieuse pour quiconque ne connaît pas nos sénateurs modernes.

MONTE-CRISTO.

Je vous serai fort reconnaissant, monsieur, si vous voulez bien me renouveler cette offre une autre fois; mais, aujourd'hui, on m'a flatté de l'espoir d'être présenté à madame de Morcerf, et j'attendrai... (Apercevant la Comtesse.) Mais, pardon, n'est-ce point elle-même?

SCÈNE VII

Les Mêmes, MERCÉDÈS.

MORCERF, à Monte-Cristo.

Oui. (Se levant. A Mercédès.) Que vous arrive-t-il donc ? Vous êtes horriblement pâle ! Souffrez-vous ?

(Monte-Cristo reste immobile et la main sur son cœur.

MERCÉDÈS.

Non, monsieur ; mais j'ai éprouvé une grande émotion, je l'avoue, en voyant pour la première fois celui sans l'intervention duquel nous serions en ce moment dans les larmes et dans le deuil. (S'avançant vers Monte-Cristo.) Monsieur, je vous dois la vie de mon fils, et, pour ce bienfait, je vous bénis ; maintenant, je vous rends grâce pour le plaisir que vous me faites en me procurant l'occasion de vous remercier comme je vous ai béni, c'est-à-dire du fond de mon cœur.

MONTE-CRISTO, s'inclinant.

Madame, vous me récompensez trop généreusement d'une action bien simple ; sauver un homme, épargner un tourment à un père, ménager la sensibilité d'une femme, ce n'est pas faire une bonne œuvre, c'est accomplir seulement un acte d'humanité.

MERCÉDÈS.

Il est heureux pour mon fils, monsieur, de vous avoir pour ami, et je rends grâce à Dieu qui a fait les choses ainsi.

MORCERF.

Madame, j'ai déjà fait mes excuses à M. le comte d'être obligé de le quitter, et vous les lui renouvellerez, je vous prie ; mais nous avons une séance extraordinaire, elle s'ouvre à dix heures, et, à onze, je dois parler.

MERCÉDÈS.

Allez, monsieur ; je tâcherai de faire oublier votre absence à notre hôte.

MORCERF, saluant

Monsieur le comte...

MONTE-CRISTO.

Monsieur !

(Morcerf sort.)

SCÈNE VIII

MERCÉDÈS, MONTE-CRISTO.

MERCÉDÈS, d'une voix émue.

M. le comte de Monte-Cristo nous fera-t-il la grâce de demeurer le reste de la journée avec nous?

MONTE-CRISTO.

Merci, madame; et vous me voyez, croyez-le bien, on ne peut plus reconnaissant de votre offre. Mais je suis descendu ce matin à votre porte de ma voiture de voyage. Comment suis-je installé à Paris? Je l'ignore. Où le suis-je? Je le sais à peine. C'est une inquiétude légère, je le sais, mais appréciable, cependant.

MERCÉDÈS.

Nous aurons ce plaisir une autre fois, au moins, vous me le promettez. (Elle sonne.) Dites à mon fils que M. le comte va se retirer.

MONTE-CRISTO, regardant le portrait du Comte.

C'est le portrait de M. de Morcerf, madame?

MERCÉDÈS.

Oui, monsieur.

MONTE-CRISTO.

Il porte l'uniforme grec?

MERCÉDÈS.

Mon mari a été trois ans au service d'Ali Tebelin, pacha de Janina; c'est un des derniers serviteurs qui lui soient restés fidèles, et il avoue fièrement que notre peu de fortune nous vient des libéralités que ce grand homme lui a faites par reconnaissance, au moment de sa mort.

MONTE-CRISTO, s'inclinant du côté de Mercédès.

Quant à celui-ci, madame?

MERCÉDÈS.

Vous le voyez, c'est le mien. Le mien quand j'étais jeune, hélas!

MONTE-CRISTO.

C'est un costume de fantaisie que vous portez là, si je ne me trompe: celui de la petite colonie de Catalans qui est aux environs de Marseille.

MERCÉDÈS.

Oui; M. le comte m'a vue autrefois sous ce costume, et,

depuis mon mariage, il a désiré avoir ce portrait comme un souvenir.

MONTE-CRISTO.

Je comprends : quiconque vous a vue sous ce costume, madame, a dû ne pas vous oublier.

SCÈNE IX

Les Mêmes, ALBERT.

ALBERT.

Me voilà, ma mère.

MERCÉDÈS, tombant sur un fauteuil.

Il était temps, j'étouffe !

ALBERT.

Comment ! vous nous quitez déjà, mon cher comte ?

MONTE-CRISTO.

J'ai fait valoir près de madame la comtesse, pour ce prompt départ, des motifs qu'elle a bien voulu apprécier.

ALBERT.

Allons donc, je ne vous retiens plus ; je ne veux pas que notre reconnaissance devienne une indiscrétion ou une importunité. Mais laissez-moi essayer, je vous prie, de vous rendre, à Paris, votre hospitalité de Rome. Permettez que je mette mon coupé et mes chevaux à votre disposition, jusqu'à ce que vous ayez eu le temps de monter vos équipages.

MONTE-CRISTO.

Merci, mille fois, de votre obligeance, vicomte ; mais je pense que M. Bertuccio, mon intendant, aura convenablement employé les cinq jours pendant lesquels il a dû me précéder, et je dois trouver à la porte une voiture quelconque tout attelée. Seulement, dites-moi, suis-je bien loin de la rue du Mont-Blanc ?

ALBERT.

A cent pas. Vous allez rue du Mont-Blanc, en sortant d'ici ?

MONTE-CRISTO.

Oui, chez M. Danglars, un banquier.

MERCÉDÈS, vivement.

Vous connaissez M. Danglars ?

MONTE-CRISTO.

Non, madame, pas le moins du monde ; je ne connais personne ; j'ai des lettres de crédit sur lui, voilà tout. Il est bon?

ALBERT.

Excellent! (A demi-voix.) C'est mon futur beau-père.

MONTE-CRISTO.

Oh! comme cela se trouve! mes relations d'argent et mes relations d'amitié ne sortiront pas de la famille

ALBERT.

Merci!

MONTE-CRISTO, s'inclinant.

Madame!

ALBERT, voulant l'accompagner.

Permettez, cher comte...

MONTE-CRISTO, l'arrêtant.

Oh! par exemple!

(Il sort.)

SCÈNE X.

ALBERT, MERCÉDÈS.

ALBERT, revenant à Mercédès.

Ah! mon Dieu! qu'avez-vous?... Mais vous vous trouvez mal!

MERCÉDÈS.

En effet, je suis un peu indisposée. Ces roses, ces tubéreuses, ces fleurs d'oranger dégagent, pendant les premières chaleurs auxquelles on ne les a point accoutumées, de si violents parfums...

ALBERT.

Germain! Germain! enlevez ces fleurs à l'instant.

MERCÉDÈS, après un instant de silence.

Qu'est-ce donc que ce nom de Monte-Cristo que porte le comte? Est-ce un nom de famille, un nom de terre, un simple titre?

ALBERT.

C'est, je crois, un titre, ma mère, et voilà tout.

MERCÉDÈS.

Ses manières sont excellentes, du moins à ce que j'ai pu juger par les courts instants qu'il a passés ici.

ALBERT

Parfaites, ma mère.

MERCÉDÈS.

Vous avez vu, mon cher Albert... pardon, c'est une question de mère que je vous fais là... vous avez vu M. de Monte-Cristo dans son intérieur?

ALBERT.

Oui.

MERCÉDÈS.

Vous avez l'habitude du monde, plus de tact qu'on n'en a d'ordinaire à votre âge. Dites-moi, croyez-vous que le comte soit ce qu'il paraît être?

ALBERT.

Et que paraît-il être, ma mère?

MERCÉDÈS.

Vous l'avez dit vous-même à l'instant, un grand seigneur.

ALBERT.

Je n'ai pas, je vous l'avouerai, d'opinion bien arrêtée sur lui; je le crois Maltais.

MERCÉDÈS.

Je ne vous interroge pas sur son origine, je vous interroge sur sa personne.

ALBERT.

Mais vous avez dû voir: trente-cinq à trente-six ans, ma mère.

MERCÉDÈS, à elle-même.

Trente-cinq à trente-six ans, c'est impossible. — Avez-vous remarqué comme il est pâle?

ALBERT.

Oui, et je lui ai demandé la cause de cette pâleur; il m'a dit qu'ayant été pris par les Barbaresques, il était resté longtemps prisonnier dans un souterrain.

MERCÉDÈS.

Prisonnier!... Et cet homme s'est pris d'amitié pour vous, Albert?

ALBERT.

Je le crois, ma mère.

MERCÉDÈS.

Et vous l'aimez aussi?

ALBERT.

Oui, quoique cette amitié, je l'avoue, soit mêlée d'une certaine terreur.

MERCÉDÈS.

Albert, je vous ai toujours mis en garde contre les nouvelles connaissances; maintenant, vous êtes homme et vous pouvez me donner des conseils à moi-même. Cependant je vous répéterai : soyez prudent.

ALBERT.

Encore faudrait-il, pour que le conseil me fût profitable, que je susse de quoi me défier. Le comte ne joue jamais. Le comte ne boit que de l'eau. Le comte s'est annoncé à moi si riche, que, sans se faire rire au nez, il ne saurait m'emprunter d'argent. Que voulez-vous donc que je craigne de la part du comte?

MERCÉDÈS.

Tu as raison, et mes terreurs sont folles, ayant surtout pour objet un homme qui t'a sauvé la vie, pouvant te laisser périr. Mais, tu le sais, mon cher Albert, le cœur d'une mère est plein de craintes vagues. Jamais le comte vous a-t-il serré la main?

ALBERT.

Jamais, et je l'ai remarqué.

MERCÉDÈS.

Jamais vous a-t-il appelé son ami?

ALBERT.

Jamais non plus.

MERCÉDÈS.

Enfin jamais a-t-il mangé à la même table que vous, soit que vous fussiez son convive, soit qu'il fût le vôtre?

ALBERT.

Jamais. Et aujourd'hui encore vous avez vu...

MERCÉDÈS.

Oui, oui, j'ai vu... Écoutez, je donnerai un bal dans trois jours. Amenez le comte, il le faut.

ALBERT.

Je l'y amènerai, ma mère, et je ne crois pas qu'il se défende d'y venir.

MERCÉDÈS.

S'il vient, le reste me regarde, et je saurai à quoi m'en tenir. Au revoir, Albert. Tâchez que le comte soit votre ami.

DEUXIÈME TABLEAU

Un salon chez Monte-Cristo. — Au fond, un boudoir moresque fermé par de grandes portières.

SCÈNE PREMIÈRE

MONTE-CRISTO, BERTUCCIO, puis BAPTISTIN, puis ALI.

MONTE-CRISTO.

Monsieur Bertuccio, j'ai vu de pauvres marbres dans cette antichambre que je viens de traverser. J'espère qu'on m'enlèvera tout cela.

BERTUCCIO.

Excellence, je n'ai pas eu le temps...

MONTE-CRISTO.

Monsieur Bertuccio, voilà un mot que je ne permets pas de prononcer à un homme que j'ai envoyé cinq jours avant moi à Paris, avec cinq cent mille livres. Le temps, c'est l'argent, monsieur Bertuccio.

BERTUCCIO.

Mais, monseigneur, je n'ai pas tout dépensé, il me reste deux cent mille livres.

MONTE-CRISTO.

Eh! monsieur, il fallait dépenser vos deux cent mille livres jusqu'au dernier sou, et ne pas me compromettre avec de pareils marbres; vous avez un reste de lésinerie corse, mon cher monsieur Bertuccio, qui me fait sauter au plafond.

BERTUCCIO.

Et le salon, monseigneur en est-il plus satisfait, au moins?

MONTE-CRISTO.

Maintenant, j'ai quelques ordres à vous donner.

BERTUCCIO.

Parlez, Excellence.

MONTE-CRISTO.

Appelez Baptistin.

BERTUCCIO, à Baptistin.

Venez.

MONTE-CRISTO.

Monsieur Baptistin, depuis un an, vous êtes à mon service; c'est le temps d'épreuve que j'impose d'ordinaire à mes gens; vous me convenez.. (Baptistin s'incline.) Reste à savoir maintenant si je vous conviens.

BAPTISTIN.

Oh! Excellence!

MONTE-CRISTO.

Ecoutez jusqu'au bout. Vous gagnerez par an deux mille livres, c'est-à-dire la solde d'un bon et brave officier qui risque tous les jours sa vie. Vous avez une table telle que beaucoup de malheureux serviteurs de l'État, infiniment plus occupés que vous, en désireraient une pareille. Domestique, vous avez vous-même des domestiques qui ont soin de votre linge, de vos effets. Outre vos deux mille livres de gages, vous me volez, sur les achats que vous faites pour ma toilette, à peu près mille autres francs par an.

BAPTISTIN.

Oh! Excellence!

MONTE-CRISTO.

Je ne me plains pas, monsieur Baptistin. Cependant, je désire que cela s'arrête à ce point. Vous ne trouveriez donc nulle part une condition pareille à celle que votre bonne fortune vous a donnée. Je ne bats jamais mes gens, je ne jure jamais, je ne me mets jamais en colère, je pardonne toujours une erreur, jamais une négligence ou un oubli; mes ordres sont d'ordinaire courts, mais clairs et précis; j'aime mieux les répéter à deux fois, et même à trois, que de les voir mal interprétés. Je suis assez riche pour savoir tout ce que je veux savoir, et je suis fort curieux, je vous en préviens; si j'apprenais donc que vous eussiez parlé de moi en bien ou en mal, commenté mes actions, surveillé ma conduite, vous sortiriez de chez moi à l'instant même. Je n'avertis jamais mes domestiques qu'une fois; vous voilà averti, allez. (Baptistin s'incline et s'apprête à sortir.) A propos, j'oubliais de vous dire que, chaque année, je place une certaine somme sur la tête de mes gens; ceux que je renvoie perdent nécessairement cet argent, qui profite à ceux qui restent. Voilà un an que vous êtes chez moi, votre fortune est commencée, continuez-la.

(Ali entre.)

BAPTISTIN.

Je tâcherai de me conformer en tout point aux désirs de Votre Excellence; d'ailleurs, je me modèlerai sur M. Ali.

MONTE-CRISTO.

Oh! pas du tout! Ali a beaucoup de défauts mêlés à ses qualités; ne prenez donc pas exemple sur lui, car Ali est une exception, Ali n'a point de gages, Ali n'est pas un domestique, c'est mon esclave, c'est mon chien. Si Ali manquait à son devoir, je ne le chasserais pas, je le tuerais. Vous doutez? N'est-ce point vrai, Ali? (Ali s'approche, met un genou en terre et baise respectueusement la main de son maître.) Maintenant, allez.

(Ali et Baptistin sortent.)

SCÈNE II

MONTE-CRISTO, BERTUCCIO.

MONTE-CRISTO.

Et maintenant, vous dites que vous avez logé Haydée dans cette aile de bâtiment?

BERTUCCIO.

Ces rideaux ferment son boudoir.

MONTE-CRISTO.

Avez-vous trouvé quelque chose de présentable pour cette pauvre enfant?

BERTUCCIO.

Une merveille! Un marabout moresque, exécuté par deux sculpteurs tunisiens, qu'un artiste avait ramenés à Paris. C'est cela qui m'a déterminé à acheter la maison pour M. le comte.

MONTE-CRISTO.

Vraiment? Faites-lui demander si elle peut me recevoir.

HAYDÉE, appelant.

Monseigneur! monseigneur!

(Bertuccio tire les rideaux et sort.)

SCÈNE III

HAYDÉE, MONTE-CRISTO.

HAYDÉE.

Pourquoi me fais-tu donc demander la permission d'entrer chez moi? N'es-tu donc plus mon maître? ne suis-je donc plus ton esclave?

MONTE-CRISTO, s'avançant.

Vous savez, Haydée, que nous sommes en France?

HAYDÉE.

Pourquoi ne me parles-tu pas comme d'habitude? Ai-je commis quelque faute? En ce cas, il faut me punir et non pas me dire *vous*.

MONTE-CRISTO.

Haydée, tu sais que tu es en France, et, par conséquent, que tu es libre.

HAYDÉE.

Libre de quoi faire?

MONTE-CRISTO.

Libre de me quitter.

HAYDÉE.

Et pourquoi te quitterais-je?

MONTE-CRISTO.

Que sais-je, moi? Nous allons voir le monde.

HAYDÉE.

Je ne veux voir personne.

MONTE-CRISTO.

Et si, parmi les beaux jeunes gens que tu vas rencontrer, il y en avait quelqu'un qui te plût, je ne serais pas assez injuste...

HAYDÉE.

Je n'ai jamais vu d'homme plus beau que toi, et je n'ai jamais aimé que mon père et toi.

MONTE-CRISTO.

Pauvre enfant! C'est que tu n'as guère jamais parlé qu'à ton père et à moi.

HAYDÉE.

Qu'ai-je besoin de parler à d'autres? Mon père m'appelait

sa joie, tu m'appelles ton amour, et tous deux vous m'appelez votre enfant.

MONTE-CRISTO
Tu te souviens de ton père, Haydée?

HAYDÉE.
Il est là !

MONTE-CRISTO.
Et moi, où suis-je?

HAYDÉE.
Toi, tu es partout.

(Monte-Cristo veut lui baiser la main; elle lui présente son front.)

MONTE-CRISTO.
Maintenant, Haydée, tu sais que tu es libre, que tu es maîtresse, que tu es reine. Tu peux garder ton costume ou le quitter, à ta fantaisie. Tu resteras quand tu voudras rester. Tu sortiras quand tu voudras sortir. Il y aura toujours une voiture attelée pour toi. Ali et Myrtho t'accompagneront partout et seront à tes ordres. Seulement, une seule chose, je te prie.

HAYDÉE.
Dis.

MONTE-CRISTO.
Garde le secret sur ta naissance; ne dis pas un mot de ton passé; ne prononce devant personne le nom de ton illustre père, ni celui de ta pauvre mère.

HAYDÉE.
Je te l'ai déjà dit, seigneur, je ne verrai personne.

MONTE-CRISTO.
Écoute ma fille. Cette reclusion tout orientale sera peut-être impossible à Paris. Continue d'apprendre la vie de nos pays du Nord, comme tu l'as fait à Florence, à Rome, à Milan et à Madrid ; cela te servira toujours, soit que tu continues à vivre ici ou que tu retournes en Orient.

HAYDÉE.
Ou que nous retournions en Orient, veux-tu dire, n'est-ce pas, monseigneur?

MONTE-CRISTO.
Oh ! tu sais bien que ce n'est jamais moi qui te quitterai. Ce n'est point l'arbre qui quitte la fleur, c'est la fleur qui quitte l'arbre.

HAYDÉE.

Je ne te quitterai jamais; car, j'en suis sûre, je ne pourrais vivre sans toi.

MONTE-CRISTO.

Pauvre enfant! tu dis ce que tu penses à cette heure; mais, dans dix ans, je serai vieux, tandis que, toi, dans dix ans, tu seras toute jeune encore.

HAYDÉE.

Mon père, Ali Tebelin, avait une longue barbe blanche, cela ne m'empêchait pas de l'aimer. Mon père, Ali Tebelin, avait soixante ans et il me paraissait plus beau que tous les jeunes gens que je voyais.

MONTE-CRISTO.

Crois-tu que tu t'habitueras ici?

HAYDÉE.

Te verrai-je?

MONTE-CRISTO.

Tous les jours.

HAYDÉE.

Eh bien, que me demandes-tu donc, seigneur?

MONTE-CRISTO.

Je crains que tu ne t'ennuies.

HAYDÉE.

Non; car, le matin, je penserai que tu viendras; le soir, je me rappellerai que tu es venu. D'ailleurs, quand je suis seule, j'ai de riches souvenirs. Je revois d'immenses tableaux, de grands horizons avec le Pinde et l'Olympe dans le lointain; puis j'ai dans le cœur trois sentiments avec lesquels on ne s'ennuie jamais: de la tristesse, de l'amour et de la reconnaissance.

MONTE-CRISTO.

Tu es une digne fille de l'Épire, Haydée, gracieuse et poétique, et l'on voit que tu descends de cette famille de déesses qui est née dans ton pays. Sois donc tranquille, je ferai en sorte que ta jeunesse ne soit point perdue; car, si tu m'aimes comme tu aimais ton père, moi, je t'aime comme mon enfant.

HAYDÉE.

Tu te trompes, je n'aimais pas mon père comme je t'aime. Mon père est mort, et je ne suis pas morte; tandis que, toi, si tu mourais, je mourrais.

MONTE-CRISTO.

Tu m'as dit que tu te rappelais ton père, Haydée?

HAYDÉE.

Oh! oui, je le vois encore au moment où il fut tué. Qu'il était beau, qu'il était grand, le vizir Ali Tebelin, au milieu des balles, le cimeterre au poing, le visage noir de poudre! Comme ses ennemis fuyaient devant lui!

MONTE-CRISTO.

Et cependant il succomba.

HAYDÉE.

Non, il fut trahi, trahi par le cœur qu'il avait couvert de diamants, par la main à laquelle il avait confié son anneau; il fut trahi, vendu par celui-là même qui aurait dû le défendre.

MONTE-CRISTO.

Prends courage, cher enfant, en songeant qu'il y a un Dieu qui punit les traîtres.

HAYDÉE.

Et qui récompense les bons, n'est-ce pas, seigneur? Ce Dieu te récompensera de tout ce que tu auras fait pour moi.

BERTUCCIO.

Monsieur le comte...

MONTE-CRISTO.

Eh bien?

BERTUCCIO.

Pardon, Excellence, mais vous m'avez dit que, pour le vicomte de Moncerf...

MONTE-CRISTO.

Oui, j'y étais toujours, n'est-ce pas? C'est vrai.

HAYDÉE.

Tu t'en vas, monseigneur?

MONTE-CRISTO.

A moins que, pour un instant, tu ne veuilles me prêter cette chambre.

HAYDÉE.

Tout est à toi, monseigneur, en moi et autour de moi.

MONTE-CRISTO.

Eh bien donc, laisse-nous seuls. Peut-être te rappellerai-je.

HAYDÉE.

Appelle, et je viendrai.

MONTE-CRISTO.

Faites entrer le vicomte.

HAYDÉE.

Au revoir !

MONTE-CRISTO.

Si je te rappelle, Haydée, si je te dis : « Parle ! » tu pourras parler de ton père, de ta mère, de tout, même de la trahison ; seulement, sur ton âme, Haydée, ne prononce pas le nom du traître.

HAYDÉE.

C'est bien, je le garderai là, dût-il me ronger le cœur.

BERTUCCIO.

M. le vicomte !

MONTE-CRISTO.

Va.

SCÈNE IV

ALBERT, MONTE-CRISTO.

ALBERT.

En vérité, comte, je marche de merveille en merveille ! Je viens de traverser un salon digne en tout point du palais d'Aladin, et voilà que vous m'introduisez dans le boudoir d'une péri...

MONTE-CRISTO.

Prendriez-vous une tasse de thé, vicomte ?

ALBERT.

Ma foi, volontiers !

MONTE-CRISTO frappe sur un timbre.

Et d'où venez-vous, comme cela ?

ALBERT.

A propos, j'oubliais... De chez M. Danglars, que j'ai trouvé encore tout ébouriffé de votre crédit illimité.

MONTE-CRISTO.

Pauvre homme ! (A Baptistin, qui entre avec le thé.) Posez cela ici ; bien !

ALBERT.

En vérité, ce que j'admire en vous, mon cher comte, ce n'est point votre richesse : peut-être y a-t-il des gens plus riches que vous ; ce n'est pas votre esprit : Beaumarchais n'en avait pas davantage, mais peut-être en avait-il autant ; non, c'est votre manière d'être servi à l'instant, à la minute, sans avoir besoin de donner un ordre, comme si l'on devinait, à la manière dont vous sonnez ou dont vous frappez, ce que vous désirez avoir, et comme si ce que vous désirez avoir était toujours prêt.

MONTE-CRISTO.

Ce que vous dites est un peu vrai ; on sait mes habitudes. Ne désirez-vous pas faire quelque chose en buvant votre thé ?

ALBERT.

Pardieu ! je désire fumer. (Monte-Cristo s'approche du timbre et frappe deux coups.) Et qui appelez-vous ?

MONTE-CRISTO.

J'appelle Ali.

ALBERT.

Et le voici ! (Ali paraît avec deux chibouques toutes bourrées.) Merveilleux !

MONTE-CRISTO.

Non, c'est tout simple. Ali sait qu'en prenant le thé ou le café, je fume ordinairement ; il sait que j'ai demandé du thé ; il sait que je suis resté avec vous ; il entend que je l'appelle, et, comme il est d'un pays où l'hospitalité s'exerce avec la pipe surtout, au lieu d'une chibouque, il en apporte deux, voilà tout.

ALBERT.

Certainement, c'est une explication comme une autre ; mais il n'en est pas moins vrai qu'il n'y a que vous... Oh ! mais qu'est-ce que j'entends là ?

MONTE-CRISTO.

Ce que vous avez déjà entendu à Rome, la guzla d'Haydée.

ALBERT.

Haydée ! Quel admirable nom ! Il y a donc des femmes qui s'appellent Haydée autre part que dans les poëmes de lord Byron ?

MONTE-CRISTO.

Certainement ! Haydée est un nom fort rare en France, mais assez commun en Albanie et en Épire. C'est comme si vous disiez, par exemple, chasteté, pudeur, innocence. C'est une espèce de nom de baptême, comme vous dites, vous autres Parisiens.

ALBERT.

Oh! comme c'est charmant, et que je voudrais voir nos Françaises s'appeler : mademoiselle Bonté, mademoiselle Silence, mademoiselle Charité. Supposez, par exemple, que mademoiselle Danglars, ma future, au lieu de s'appeler Claire-Marie-Eugénie, s'appelle Chasteté-Pudeur-Innocence Danglars. Peste! quel effet cela ferait dans une publication de bans!

MONTE-CRISTO.

Fou! ne parlez pas si haut, Haydée pourrait vous entendre.

ALBERT.

Et elle se fâcherait?

MONTE-CRISTO.

Non pas.

ALBERT.

Elle est bonne personne?

MONTE-CRISTO.

Une esclave ne se fâche pas avec son maître.

ALBERT.

Allons donc! ne plaisantez pas vous-même. Est-ce qu'il y a encore des esclaves?

MONTE-CRISTO.

Sans doute, puisque Haydée est la mienne.

ALBERT.

En effet, vous n'avez rien et ne faites rien comme les autres vous. Esclave de M. le comte de Monte-Cristo, c'est une position en France, et, à la façon dont vous remuez l'or, mais c'est une place qui doit valoir cent mille écus par an.

MONTE-CRISTO.

Cent mille écus! qu'est-ce que cela pour Haydée? Elle était venue au monde couchée sur des trésors près desquels ceux des *Mille et une Nuits* sont bien peu de chose.

ALBERT.

C'est donc une princesse!

MONTE-CRISTO.

Vous l'avez dit, et même une des plus grandes princesses de son pays.

ALBERT.

Mais comment une grande princesse est-elle devenue esclave?

MONTE-CRISTO.

Comme Denys le tyran est devenu le maître de Syracuse. Le hasard de la guerre, mon cher vicomte, le caprice de la fortune!

ALBERT.

Et son nom est un secret?

MONTE-CRISTO.

Pour tout le monde, oui; mais, pour vous qui êtes de mes amis, non; à la condition, toutefois, que vous jurerez de vous taire.

ALBERT.

Oh! parole d'honneur!

MONTE-CRISTO.

Vous connaissez l'histoire du pacha de Janina?

ALBERT.

D'Ali Tebelin? Sans doute, puisque c'est à son service que mon père a fait fortune. Eh bien, qu'est Haydée à Ali Tebelin?

MONTE-CRISTO.

Sa fille, tout simplement.

ALBERT.

Comment, la fille d'Ali Pacha?

MONTE-CRISTO.

Et de la belle Vasiliki.

ALBERT.

Elle est votre esclave?

MONTE-CRISTO.

Oh! mon Dieu, oui...

ALBERT.

Comment l'est-elle devenue?

MONTE-CRISTO.

Oh! de la façon la plus simple. Un jour que je passais sur le marché de Constantinople, je l'ai achetée.

ALBERT.

C'est splendide, mon cher comte! Eh bien, je vous prie, présentez-moi à votre princesse.

MONTE-CRISTO.

Volontiers, mais à deux conditions.

ALBERT.

Je les accepte d'avance.

MONTE-CRISTO.

La première, c'est que vous ne confierez jamais à personne cette présentation.

ALBERT.

Très-bien; je le jure.

MONTE-CRISTO.

La seconde, c'est que vous ne lui direz pas que votre père a servi le sien.

ALBERT.

Je le jure encore.

MONTE-CRISTO.

Très-bien. Je vous sais homme d'honneur; vous vous rappellerez ces deux serments. (Il frappe sur le timbre. Ali paraît.) Préviens Haydée que je désire qu'elle vienne prendre une tasse de thé avec nous, et fais-lui comprendre que je veux lui présenter un de mes amis.

ALBERT.

Mais comment va-t-il lui faire comprendre le désir que vous avez exprimé, puisqu'il est muet?

MONTE-CRISTO.

Tenez, voici ma réponse.

SCÈNE V

Les Mêmes, HAYDÉE.

HAYDÉE, à Monte-Cristo, qui est venu au-devant d'elle.

Qui m'amènes-tu? Un frère, un ami, une simple connaissance ou un ennemi?

MONTE-CRISTO.

Un ami.

HAYDÉE.

Sois le bienvenu, ami qui viens avec mon seigneur et mon maître. Assieds-toi dans ma maison.

(Albert présente sa pipe à Ali.)

MONTE-CRISTO.

Oh! gardez! Haydée est presque aussi civilisée qu'une Parisienne; le havane lui est désagréable parce qu'elle déteste les mauvaises odeurs; mais le tabac d'Orient est un parfum, et Haydée aime les parfums.

ALBERT.

Mon cher hôte, et vous, madame, excusez ma stupéfaction ; je suis tout étourdi, et c'est assez naturel. Voici que je retrouve l'Orient, l'Orient véritable, non pas malheureusement tel que je l'ai vu, mais tel que je l'ai rêvé. Tout à l'heure j'entendais rouler les omnibus et tinter les sonnettes des marchands de limonade, et me voilà tout à coup transporté à cinq cents lieues, mille lieues de Paris ; me voilà au Caire, à Bagdad, à Samarcande ! Oh ! dites-moi, comte, de quoi puis-je lui parler ?

MONTE-CRISTO.

Mais de tout ce que vous voudrez : de son pays, de sa jeunesse, de ses souvenirs, puis, si vous l'aimez mieux, de théâtres, de bals, de bijoux.

ALBERT.

Oh ! ce ne serait point la peine d'avoir une Grecque devant soi pour lui parler de tout ce dont on parlerait à une Parisienne. Laissez-moi lui parler de l'Orient, comte.

MONTE-CRISTO.

Faites ; c'est la conversation qui lui est le plus agréable.

ALBERT.

A quel âge madame a-t-elle quitté la Grèce ?

HAYDÉE.

A cinq ans.

ALBERT.

Et vous vous rappelez votre patrie ?

HAYDÉE.

Quand je ferme les yeux, je revois tout ce que j'ai vu. Il y a deux regards : le regard du corps et le regard de l'âme. Le regard du corps peut oublier parfois, celui de l'âme se souvient toujours.

ALBERT.

Et quel est le temps le plus éloigné dont vous puissiez vous souvenir ?

HAYDÉE.

Je marchais à peine. Ma mère, que l'on appelait Vasiliki (avec fierté), Vasiliki veut dire royale ! ma mère me prenait par la main, et toutes deux, couvertes d'un voile, après avoir mis d'abord au fond de la bourse tout l'or que nous possédions, nous allions demander l'aumône pour les prisonniers, en disant : « Celui qui donne aux pauvres prête à l'Éternel ! » Puis, quand notre bourse était pleine, nous rentrions au palais, et, sans rien dire à mon père, nous envoyions tout cet argent qu'on nous avait donné, nous prenant pour de pauvres femmes, à l'hégoumenos du couvent, qui le répartissait entre les prisonniers.

ALBERT.

Et à cette époque quel âge aviez-vous ?

HAYDÉE.

Trois ans !

ALBERT.

Ainsi, votre pèlerinage pour les prisonniers est votre premier souvenir ? Quel est le second ?

HAYDÉE.

Le second ? Je me vois sous l'ombre des sycomores, près d'un lac dont j'aperçois encore, à travers les feuilles, le miroir tremblant; contre le plus vieux et le plus touffu de ces arbres, mon père était assis sur des coussins; et moi, faible enfant, tandis que ma mère était couchée à ses pieds, je jouais avec sa barbe blanche, qui descendait sur sa poitrine, et avec le cangiar à poignée de diamant, passé à sa ceinture. Puis, de temps en temps, venait un Albanais, qui lui disait quelques mots, auxquels je ne faisais pas attention, et auxquels mon père répondait du même son de voix : « Tuez ! » ou : « Faites grâce ! »

ALBERT.

C'est étrange, en vérité, d'entendre sortir de pareilles choses de la bouche d'une jeune fille, en se disant : « Ceci n'est point une fiction. » Et avez-vous encore quelque autre souvenir ?

HAYDÉE.

Un troisième, un dernier. Un souvenir terrible, celui-là ! épargnez-le-moi.

MONTE-CRISTO.

Non ; dis.

HAYDÉE.

Je me rappelle une nuit obscure comme celle d'un souterrain. Mon père nous avait cachés là, toutes ses femmes, tous ses enfants. On vint nous chercher, ma mère et moi ; nous montâmes vers le jour ; puis on nous conduisit à un kiosque situé au milieu d'un lac. Quand nous arrivâmes, la voix de mon père tonnait ; ma mère s'arrêta toute frissonnante derrière une porte, collant son œil aux fentes de cette porte ; une ouverture était devant le mien, je regardai. Mon père était couché sur sa peau de lion ; une trentaine de Palikares, restés fidèles, se tenaient à ses côtés. Tout autour du kiosque, étaient des barques chargées de soldats. « Que voulez-vous? criait mon père à des hommes qui tenaient un papier avec des caractères d'or tracés à la main. — Ce que nous voulons, dit l'un d'eux, c'est te communiquer la volonté de Sa Hautesse; vois-tu ce firman? — Eh bien, que demande-t-il? — Il demande ta tête! » Mon père poussa un éclat de rire plus effrayant que n'eût été une menace, et il n'avait pas encore cessé, que deux coups de pistolet étaient partis de ses mains et avaient tué deux hommes. Les Palikares qui entouraient mon père firent feu, et la chambre se remplit de fumée et de flammes. A l'instant même, le feu commença de tous côtés, et les balles vinrent trouer les planches autour de nous. Oh! qu'il était grand, le vizir Ali Tebelin, mon père! comme ses ennemis fuyaient! quand tout à coup une détonation sourde se fit entendre, et le parquet vola en éclats tout autour de mon père. Un traître avait introduit les ennemis dans une salle basse, et ils tuaient à travers le plancher; mon père rugit, enfonça ses doigts dans les trous des balles et arracha une planche tout entière. Mais, en même temps, par cette ouverture, vingt coups de feu éclatèrent, et la flamme, jaillissant comme d'un cratère, gagna les tentures, qu'elle dévora. Au milieu de tout cet affreux tumulte, au milieu de ces cris terribles, deux coups, plus distincts entre tous, deux cris, plus déchirants entre tous les cris, me glacèrent de terreur. Ces deux explosions avaient frappé mortellement mon père, et c'était lui qui avait poussé ces deux cris, et cependant il était resté debout, mais chancelant. Soudain le plancher craqua tout entier; mon père tomba sur un genou; vingt bras s'allongèrent, armés de sabres, de pistolets, de poignards; vingt coups frappèrent à la fois un seul homme, et mon père disparut dans un tourbillon de feu, comme si l'enfer se fût ouvert sous ses pieds. Je me sentis rouler à terre; c'était ma mère qui s'abîmait évanouie. Oh! mon Dieu!...

MONTE-CRISTO.

Repose-toi, chère enfant! et reprends courage en songeant qu'il y a un Dieu qui punit les traîtres.

ALBERT.

Oh! voilà une épouvantable histoire, comte, et je me reproche maintenant d'avoir été si cruellement indiscret.

MONTE-CRISTO.

Ce n'est rien. Haydée est une femme courageuse, et elle a

souvent trouvé du soulagement dans le récit de ses douleurs.

HAYDÉE.

Parce que mes douleurs me rappellent tes bienfaits, monseigneur.

ALBERT.

Un jour, comte, vous me direz, n'est-ce pas, comment la petite fille de Vasiliki devint votre esclave?

MONTE-CRISTO.

Elle va vous le dire elle-même.

HAYDÉE.

Tu le veux?

MONTE-CRISTO.

Je t'en prie.

HAYDÉE.

On nous mena, ma mère et moi, devant le chef des troupes du sultan. « Tue-moi, dit ma mère, mais épargne l'honneur de la veuve du sultan Ali. — Ce n'est pas à moi qu'il faut t'adresser, répondit le seraskier. — Et à qui donc? demanda ma mère. — A ton nouveau maître. — Quel est-il? — Le voici. » Et le seraskier nous montra le traître qui avait vendu mon père au sultan, celui-là qui avait véritablement tué mon père.

ALBERT.

Et alors, vous devîntes la propriété de cet infâme?

HAYDÉE.

Non, il n'osa nous garder. Il nous vendit à des marchands d'esclaves qui allaient à Constantinople. Nous traversâmes la Grèce et nous arrivâmes mourantes à la porte Impériale, encombrée de curieux dont les rangs s'ouvraient pour nous laisser passer; quant tout à coup ma mère lève les yeux, jette un cri et tombe en me montrant une tête au-dessus de cette porte. Au-dessus de cette tête étaient écrits ces mots : « Cette tête est celle d'Ali Tebelin, pacha de Janina. » J'essayai en pleurant de relever ma mère. Elle était morte!... Je fus menée au bazar. Un riche Arménien m'acheta, me fit instruire, me donna des maîtres, et, quand j'eus treize ans, me vendit au sultan Mahmoud...

MONTE-CRISTO.

Auquel je la rachetai, je vous l'ai dit, pour une émeraude pareille à celle où je mets mes pilules de hachich.

HAYDÉE.

Ah! tu es bon, tu es grand, monseigneur, et je suis bien heureuse de t'appartenir.

MONTE-CRISTO.

Achevez donc votre tasse de thé, Albert; l'histoire est finie.

ALBERT.

Oh! c'est odieux! Et cet homme, cet infâme, ce traître, ce misérable qui vous a vendue, a-t-il été puni, au moins?

MONTE-CRISTO.

Non ; mais il le sera.

BERTUCCIO.

Excellence !

MONTE-CRISTO.

Qu'y a-t-il?

BERTUCCIO.

M. le comte de Morcerf demande si Votre Excellence est visible?

MONTE-CRISTO.

Votre père, Albert ?

ALBERT.

Oui, il vient vous inviter, je pense, à une soirée que donne, après-demain, ma mère.

MONTE-CRISTO.

Allez le recevoir au salon, Albert; je vous suis.

ALBERT.

Mais Haydée ?

MONTE-CRISTO.

Soyez tranquille.

ALBERT.

Ah ! pauvre et noble créature !

MONTE-CRISTO, à Bertuccio.

Où est le comte?

BERTUCCIO.

A la porte, dans sa voiture.

MONTE-CRISTO.

Faites-lui traverser la cour à pied ; allez.

SCÈNE VI

MONTE-CRISTO, HAYDÉE.

MONTE-CRISTO.

Haydée!

HAYDÉE.

Me voilà.

MONTE-CRISTO.

Tu te demandes pourquoi je t'ai forcée à rappeler les terribles souvenirs, n'est-ce pas, mon enfant?

HAYDÉE.

Oui; car tu es bon, seigneur, et tu sais que, toutes les fois que je pense à mon père, ma douleur est grande.

MONTE-CRISTO.

Tu aimerais à le venger, alors?

HAYDÉE.

Tu le disais tout à l'heure, je suis une fille de l'Épire, et, pour toute fille de l'Épire, la vengeance est un devoir. Mais où le retrouver, cet infâme Fernand?

MONTE-CRISTO.

Viens!

HAYDÉE.

Que veux-tu?

MONTE-CRISTO.

Viens!

HAYDÉE.

Me voici, monseigneur.

MONTE-CRISTO

Regarde!

HAYDÉE.

Quoi?

MONTE-CRISTO.

Cet homme qui traverse la cour avec Bertuccio, le connais tu?

HAYDÉE.

Mon Dieu! mon Dieu! Est-ce un rêve, une apparition? Lui! lui!

MONTE-CRISTO.

Qui, lui?

HAYDÉE.

Lui, le traître! lui, le misérable!... lui qui a vendu mon père! lui, Fernand!

MONTE-CRISTO.

Tu te trompes, Haydée; cet homme, c'est le comte de Morcerf, pair de France.

HAYDÉE.

Et moi, je te dis que c'est l'Espagnol Fernand, le traître, l'infâme Fernand!

MONTE-CRISTO.

Sois tranquille, mon enfant; nous saurons bien si le comte de Morcerf, qui a épousé la Catalane Mercédès, est le même que ce colonel Fernand qui a vendu son bienfaiteur Ali, pacha de Janina.

HAYDÉE.

Et alors...?

MONTE-CRISTO.

Alors, sois tranquille, tu seras vengée.

HAYDÉE.

O mon père! mon père! tu l'entends, celui qui n'a jamais menti.

ACTE DEUXIÈME

TROISIÈME TABLEAU

Chez madame de Morcerf. Une serre magnifiquement éclairée.

SCÈNE PREMIÈRE

MERCÉDÈS, ALBERT, puis MADAME DANGLARS; UN GROUPE DE CAUSEURS, au fond.

MERCÉDÈS, à Albert.

J'ai peur qu'il ne vienne pas.

ALBERT.

Oh! il viendra, je vous en réponds, moi; j'ai sa parole.

MERCÉDÈS.

Tenez, voici madame Danglars; allez donc au-devant d'elle.

ALBERT.

J'y vais, ma mère.

MADAME DANGLARS.

Ah ! ma chère, mais vous avez donc invité tout Paris? Vous avez une queue comme à *Robert le Diable*.

MERCÉDÈS.

Quelle charmante toilette vous avez! Il n'y a que vous pour vous mettre avec ce goût-là.

MADAME DANGLARS, à Albert, qui regarde vers le fond.

Vous cherchez ma fille, n'est-ce pas?

ALBERT.

Je l'avoue. Auriez-vous eu la cruauté de ne pas nous l'amener?

MADAME DANGLARS.

Rassurez-vous : elle a rencontré mademoiselle de Villefort et a pris son bras. Tenez, les voici toutes deux, en robe blanche, l'une avec un bouquet de camellias, l'autre de myosotis. Vous irez les saluer tout à l'heure. Il me semble que j'ai bien le droit de vous garder un peu aussi.

ALBERT.

Comment donc! à vos ordres. Mais qui cherchez-vous à votre tour?

MADAME DANGLARS.

Est-ce que vous n'aurez pas, ce soir, le comte de Monte-Cristo?

ALBERT.

Bon! dix-sept!

MADAME DANGLARS.

Que voulez-vous dire?

ALBERT.

Je veux dire que vous êtes la dix-septième personne qui me fait la même question. Il va bien, le comte, je lui en fais mon compliment!

MADAME DANGLARS.

Et répondez-vous à tout le monde comme à moi?

ALBERT.

Ah! c'est vrai, je ne vous ai pas répondu. Rassurez-vous, madame, nous aurons l'homme à la mode, nous sommes privilégiés.

MADAME DANGLARS.

Étiez-vous hier à l'Opéra?

ALBERT.

Non.

MADAME DANGLARS.

Il y était, lui.

ALBERT.

Ah! vraiment! et l'excentric-man a-t-il fait quelque nouvelle originalité?

MADAME DANGLARS.

Eh! bon Dieu! peut-il se montrer sans cela? Elssler dansait dans *le Diable boiteux*. La princesse grecque était dans le ravissement. Après la cachucha, il a passé les tiges d'un magnifique bouquet de fleurs des Indes dans une bague superbe et l'a jeté à la charmante danseuse, qui, au troisième acte, a reparu pour lui faire honneur, avec sa bague au doigt... Et la princesse grecque, l'aurez-vous?

ALBERT.

Non. Il faut que vous vous en passiez; toute princesse qu'elle est, sa position dans la maison du comte n'est pas encore assez fixée.

MADAME DANGLARS.

Tenez, laissez-moi et allez saluer madame de Valgenceuse; je vois qu'elle meurt d'envie de vous parler.

SCÈNE II

Les Mêmes, MADAME DE VALGENCEUSE.

ALBERT, à madame de Valgenceuse.

Je parie que je sais ce que vous alliez me dire.

MADAME DE VALGENCEUSE.

Oh! par exemple!

ALBERT.

Si je devine juste, me l'avouerez-vous?

MADAME DE VALGENCEUSE.

Oui.

ALBERT.

D'honneur?

MADAME DE VALGENCEUSE.

D'honneur!

ALBERT.

Vous alliez me demander si M. le comte de Monte-Cristo était arrivé ou s'il devait venir.

MADAME DE VALGENCEUSE.

Oh! mon Dieu, j'allais vous demander s'il était vrai que M. Danglars eût perdu un demi-million sur les coupons espagnols.

ALBERT.

C'est possible; mais, en tout cas, je suis sûr qu'ils sont déjà rattrapés à la Bourse. Il a vraiment un bonheur insolent. On croirait qu'il joue à coup sûr, et qu'il sait les nouvelles d'avance.

MADAME DE VALGENCEUSE.

Voyons, et maintenant, le comte?

ALBERT.

Le comte viendra, soyez tranquille.

MADAME DE VALGENCEUSE.

Vous savez qu'il a un autre nom que Monte-Cristo?

ALBERT.

Non, je ne savais pas.

MADAME DE VALGENCEUSE.

Monte-Cristo est un nom d'île, et il a un nom de famille.

ALBERT.

C'est probable; mais jamais je ne l'ai entendu prononcer.

MADAME DE VALGENCEUSE.

Eh bien, je suis plus avancée que vous! il s'appelle Zaccone.

ALBERT.

C'est possible.

MADAME DE VALGENCEUSE.

Il est Maltais.

ALBERT.

C'est possible.

MADAME DE VALGENCEUSE.

Fils d'un armateur.

ALBERT.

C'est possible encore.

MADAME DE VALGENCEUSE.

Il a servi dans l'Inde, il exploite une mine d'argent en Thessalie, et il vient à Paris pour faire un établissement d'eaux thermales à Auteuil.

ALBERT.

Eh bien, à la bonne heure! voilà des nouvelles; vous devriez les répéter tout haut, vous auriez le plus grand succès. Me permettez-vous de les répandre?

MADAME DE VALGENCEUSE.

Oui, mais sans dire qu'elles viennent de moi.

ALBERT.

Pourquoi cela?

MADAME DE VALGENCEUSE.

Parce que c'est un secret surpris.

ALBERT.

A qui?

MADAME DE VALGENCEUSE.

A la police.

ALBERT.

Alors, ces nouvelles se débitaient...?

MADAME DE VALGENCEUSE.

Hier au soir, chez le préfet. Paris, vous le comprenez bien, s'est ému à la vue de ce luxe inusité, et le préfet a pris des informations.

ALBERT.

Bon! pauvre comte! il ne manquerait plus qu'une chose, c'est qu'on l'arrêtât comme vagabond, sous prétexte qu'il est trop riche.

MADAME DE VALGENCEUSE.

Ne riez pas, cela a bien failli arriver, si les renseignements n'avaient pas été favorables.

ALBERT.

Se doute-t-il au moins du danger qu'il a couru?

MADAME DE VALGENCEUSE.

Je ne crois pas.

ALBERT.

Alors, c'est charité que de l'avertir à son arrivée; je n'y manquerai pas. Justement, voilà Debray. — Debray! Debray par ici.

DEBRAY.

Ah! c'est vous, très-cher!

ALBERT.

Savez-vous ce que madame me disait du comte?

DEBRAY.

Il paraît que c'est un réfugié polonais, qui a dressé les

troupes du pacha d'Égypte et fait la pêche des perles à Ceylan. Le pacha lui a donné je ne sais combien de mille bourses, et, dans la même année, le bonheur a voulu qu'il pêchât pour trois millions de perles.

ALBERT.

Chut! le voici.

SCÈNE III

Les Mêmes, MONTE-CRISTO.

ALBERT, allant à lui.

Vous avez vu ma mère?

MONTE-CRISTO.

Je viens d'avoir l'honneur de la saluer; mais je n'ai pas encore aperçu le comte de Morcerf.

ALBERT.

Tenez, il cause politique là-bas dans ce petit groupe de grandes célébrités.

(Les quadrilles se forment au fond.)

MONTE-CRISTO.

En vérité! ces messieurs que je vois là-bas sont de grandes célébrités? Je ne m'en serais pas douté.

ALBERT.

Il y a des célébrités de toute espèce, comme vous savez. Je vais vous les dire. Il y a d'abord un savant, le grand monsieur sec. Il a découvert dans la campagne de Rome, une espèce de lézard qui a une vertèbre de plus que les autres, et il est revenu faire part à l'Institut de cette découverte; la chose a été contestée longtemps, mais enfin force est restée au grand monsieur sec.

MONTE-CRISTO.

Et cet autre qui a eu la singulière idée de s'affubler d'un habit bleu brodé de vert, quel peut-il être?

ALBERT.

Oh! mon Dieu, le pauvre homme! ce n'est pas lui qui a eu idée de s'affubler de cet habit-là : c'est la République qui, comme vous savez, était assez peu artiste, et qui a prié David de lui dessiner un costume pour les académiciens.

MONTE-CRISTO.

Ah! vraiment! ce monsieur est académicien! Laissez-moi voir, s'il vous plaît. Et quel est son mérite, sa spécialité?

ALBERT.

Sa spécialité? Je crois qu'il enfonce des épingles dans la tête des lapins, et qu'il repousse avec des baleines la moelle épinière des chiens.

MONTE-CRISTO.

Et il est de l'Académie des sciences pour cela?

ALBERT.

Non pas, de l'Académie française.

MONTE-CRISTO.

Mais qu'a donc à faire l'Académie française là dedans?

ALBERT.

Je vais vous dire, il paraît...

MONTE-CRISTO.

Que ses expériences ont fait faire un grand pas à la science, sans doute?

ALBERT.

Non, mais il écrit en fort beau style.

MONTE-CRISTO.

Ah! ah! voilà qui doit flatter énormément l'amour-propre des lapins à qui il enfonce des épingles dans la tête, des chiens dont il repousse la moelle épinière... Et cet autre?

ALBERT.

L'homme à l'habit bleu barbeau.

MONTE-CRISTO.

Oui.

ALBERT.

C'est un collègue de mon père, un pair de France. C'est lui qui vient de s'opposer le plus chaudement à ce que la chambre des pairs ait un uniforme. Il a eu un grand succès de tribune à ce propos-là. Il était brouillé avec les gazettes libérales; mais sa noble opposition aux désirs de la cour vient de le raccommoder avec elles. On parle de le nommer ambassadeur.

MONTE-CRISTO.

Et quels sont ses titres à la pairie?

ALBERT.

Mais il a fait trois ou quatre opéras-comiques, pris cinq ou six actions au *Siècle*, et voté sept ou huit fois pour le ministère.

MONTE-CRISTO.

Bravo, vicomte ! Vous êtes un charmant cicerone. Maintenant, vous me rendrez un service, n'est-ce pas ?

ALBERT.

Lequel ?

MONTE-CRISTO.

Vous ne me présenterez pas à ces messieurs, et, s'ils demandent à m'être présentés, vous me préviendrez.

DANGLARS, entrant, à Monte-Cristo.

Eh ! bonsoir, comte.

MONTE-CRISTO, avec froideur.

Ah ! c'est vous, baron.

DANGLARS, un peu interdit.

Pourquoi m'appelez-vous baron ? Vous savez bien que je ne tiens pas à mon titre. (A Albert.) C'est vous qui tenez au vôtre, n'est-ce pas, vicomte ?

ALBERT.

Certainement ! attendu que, si je n'étais pas vicomte, je ne serais plus rien, tandis que, vous, vous pouvez sacrifier votre titre de baron, vous resterez toujours millionnaire.

DANGLARS.

Oui, ce qui me paraît encore le plus beau titre.

ALBERT.

Bon ! de quel air vous me dites cela, baron.

MONTE-CRISTO.

Malheureusement, on n'est pas millionnaire à vie comme on est baron, pair de France ou académicien. Témoin les millionnaires Franck et Poulmon, de Francfort, qui viennent de faire faillite.

DANGLARS.

Vraiment ?

MONTE-CRISTO.

Ma foi, j'ai reçu la nouvelle, ce soir, par un courrier ; j'avais quelque chose comme un million chez eux ; mais, averti à temps, j'en ai exigé le remboursement, voici un mois, à peu près.

DANGLARS.

Eh ! monsieur, ils ont tiré sur moi, il y a huit jours, pour deux cent mille francs.

MONTE-CRISTO.

Eh bien, vous voilà prévenu : leur signature vaut cinq pour cent.

DANGLARS.

Oui ; mais je suis prévenu trop tard. Malheureusement, j'ai fait honneur à leur signature.

MONTE-CRISTO.

Bon ! voilà deux cent mille francs bien aventurés.

DANGLARS.

Chut ! ne parlez donc pas de cela.

ALBERT, montrant un plateau de glaces.

A madame de Valgenceuse, une glace?

MADAME DE VALGENCEUSE.

Volontiers.

ALBERT, à Mercédès, qui revient.

Vous voilà, ma mère ?

(Le Valet présente des glaces à Monte-Cristo, qui refuse.)

MONTE-CRISTO.

Merci.

MERCÉDÈS, dans le fond, à Albert.

Tu vois !

ALBERT, s'avançant.

Comment, comte, vous refusez ?

MONTE-CRISTO.

Merci.

ALBERT.

Voyons, il fait une chaleur étouffante.

MONTE-CRISTO.

Merci.

MERCÉDÈS.

Oh ! c'est un parti pris. (A madame de Valgenceuse.) Voulez-vous donner votre bras à M. Danglars, chère amie? J'ai deux mots à dire à Albert. (A Albert.) Eh bien, que vous disais-je ?

ALBERT.

Mais en quoi cela peut-il vous préoccuper, que le comte refuse de manger une glace ?

MERCÉDÈS.

Vous le savez, Albert, les femmes, et surtout les mères, ont de singulières préoccupations. J'aurais vu avec plaisir le comte prendre quelque chose chez moi, ne fût-ce qu'un grain de grenade. Peut-être, au reste, ne s'accommode-t-il pas des coutumes françaises ; peut-être a-t-il des préférences pour quelque chose.

ALBERT.

Mon Dieu, non : je l'ai vu, en Italie, prendre de tout ; sans doute qu'il est mal disposé ce soir.

MERCÉDÈS.

Puis, ayant toujours habité les climats chauds, peut-être encore est-il moins sensible qu'un autre à la chaleur.

ALBERT.

Je ne crois pas que ce soit cette raison : il se plaignait tout à l'heure d'étouffer.

MERCÉDÈS.

Oh ! décidément, il faut que je m'assure si c'est le hasard. Laissez-moi, Albert. (A Monte-Cristo.) Il fait bien chaud ici, n'est-ce pas, comte ?

MONTE-CRISTO.

Puis, vous le savez, madame, la nuit, les fleurs dégagent une certaine quantité de carbone.

MERCÉDÈS, aux Valets.

Ouvrez les vasistas.

MONTE-CRISTO.

Prenez-garde, madame ! avec cette robe légère et sans autre préservatif au cou que cette écharpe de gaze, vous aurez peut-être froid. Il serait prudent, je pense, de rentrer au salon.

MERCÉDÈS.

Non, je reste ici. Voulez-vous me tenir un instant compagnie, comte ?

MONTE-CRISTO.

Avec bonheur, madame.

MERCÉDÈS, cueillant une grappe de raisin.

Nos raisins de France ne sont point comparables, je le sais, à vos raisins de Sicile et de Chypre ; mais vous serez indulgent, n'est-ce pas, pour notre pauvre soleil d'Occident ? (Le Comte s'incline et fait un pas en arrière.) Comment ! vous refusez ?

MONTE-CRISTO.

Je vous prie de m'excuser, madame.

MERCÉDÈS, laissant tomber la grappe.

Oh ! encore, encore, comte !... En vérité, j'ai du malheur. (Moment de silence.) Monsieur, il y a une touchante coutume arabe qui fait amis éternellement ceux qui ont partagé le pain et le sel sous le même toit.

MONTE-CRISTO.

Je la connais, madame ; mais nous sommes en France et non en Arabie ; et, en France, il n'y a pas plus d'amitiés éternelles que de partage de pain et de sel.

MERCÉDÈS.

Mais, enfin, comte, enfin, nous sommes amis, n'est-ce pas ?

MONTE-CRISTO.

Certainement que nous sommes amis, madame. Pourquoi ne le serions-nous pas ?

MERCÉDÈS.

Merci, monsieur. Est-il vrai que vous avez tant vu, tant voyagé, tant souffert ?

MONTE-CRISTO.

J'ai beaucoup souffert, oui, madame.

MERCÉDÈS.

Mais vous êtes heureux maintenant ?

MONTE-CRISTO.

Sans doute, et la preuve, c'est que personne ne m'entend me plaindre.

MERCÉDÈS.

Et votre bonheur présent vous fait l'âme plus douce ?

MONTE-CRISTO.

Mon bonheur présent égale ma misère passée.

MERCÉDÈS.

N'êtes-vous point marié ?

MONTE-CRISTO.

Marié, moi, madame !... Qui a pu vous dire cela ?

MERCÉDÈS.

On ne me l'a point dit ; mais, plusieurs fois, on vous a vu conduire à l'Opéra une jeune et belle personne.

MONTE-CRISTO.

C'est une esclave que j'ai achetée à Constantinople, madame, une fille de prince, dont j'ai fait ma fille, n'ayant plus d'affection au monde.

MERCÉDÈS.

Alors, vous vivez seul ainsi ?

MONTE-CRISTO.

Je vis seul.

MERCÉDÈS.

Vous n'avez pas de sœur, de fils, de père?

MONTE-CRISTO.

Je n'ai personne.

MERCÉDÈS.

Et comment pouvez-vous vivre ainsi, monsieur, sans que rien vous attache à la vie?

MONTE-CRISTO.

Ce n'est pas ma faute, madame; à Malte, j'ai aimé une jeune fille et j'allais l'épouser quand la guerre m'a enlevé loin d'elle comme un tourbillon; j'aurais cru qu'elle m'aimerait assez pour m'attendre, pour demeurer fidèle même à mon tombeau. Quand je suis revenu, elle était mariée. C'est l'histoire de tout homme qui a passé l'âge de vingt ans. J'avais peut-être le cœur plus faible que les autres; j'ai souffert plus qu'ils n'eussent fait à ma place, voilà tout.

MERCÉDÈS.

Oui, et cet amour vous est resté au cœur. Hélas! on n'aime bien qu'une fois... Et vous avez revu cette femme?

MONTE-CRISTO.

Oui.

MERCÉDÈS.

Et lui avez-vous pardonné ce qu'elle vous a fait souffrir?

MONTE-CRISTO.

A elle, oui.

MERCÉDÈS.

Mais à elle seulement, alors; et vous haïssez toujours ceux qui vous ont séparé d'elle?

MONTE-CRISTO.

Moi? Pas du tout. Pourquoi les haïrais-je?

MERCÉDÈS, lui présentant la pêche.

Pour l'amour d'elle.

MONTE-CRISTO.

Impossible.

ALBERT.

Ma mère! ma mère! savez-vous ce qu'a M. Danglars? Il vient de forcer sa femme et Eugénie à quitter le bal.

MERCÉDÈS.

Que m'importe!... Venez ici, Albert. (Prenant sa main et essayant de la joindre à celle de Monte-Cristo.) Nous sommes amis, n'est-ce pas?

MONTE-CRISTO, dégageant sa main.

Oh! votre ami, madame, je n'ai point cette prétention; mais, en tout cas, je suis votre bien respectueux serviteur.

MERCÉDÈS.

Oh! mon Dieu! mon Dieu!

(Elle sort.)

ALBERT.

Ah çà! comte, est-ce que vous n'êtes pas d'accord avec ma mère?

MONTE-CRISTO.

Au contraire, puisqu'elle vient de dire devant vous que nous sommes amis.

MADAME DE VALGENCEUSE.

Eh bien, monsieur de Morcerf, avez-vous oublié que je vous attends pour la contredanse?

ALBERT.

C'est vrai... (Regardant Monte-Cristo, qui s'éloigne.) Oh! ma mère aurait-elle raison?... (A madame de Valgenceuse.) Venez, madame.

(Il l'entraîne vers les quadrilles qui se forment au fond.)

QUATRIÈME TABLEAU

Le tir Lepage.

SCÈNE PREMIÈRE

ALBERT, UN GARÇON DE TIR.

ALBERT entrant, au Garçon.

Et vous dites que le comte est au tir, n'est-ce pas?

LE GARÇON.

Depuis une demi-heure, oui, monsieur le vicomte. (On entend un coup de pistolet.) Entendez-vous?... Vous connaissez donc ce seigneur?

ALBERT.

Je viens le chercher, c'est mon ami.

LE GARÇON.

Je vais aller le prévenir.

(Il sort.)

SCÈNE II

ALBERT, puis MONTE-CRISTO.

J'espère qu'il ne me refusera pas ce service... Ah ! c'est vous, mon ami ! venez !

MONTE-CRISTO.

Par quel hasard, ou plutôt par quel bonheur...?

ALBERT.

Pardon, de vous poursuivre jusqu'ici, mon cher comte ; mais je viens de me présenter chez vous, on m'a dit que vous étiez au tir, et me voici ; suis-je indiscret ?

MONTE-CRISTO.

Ce que vous me dites là me donne l'espoir que je puis vous rendre quelque service.

ALBERT.

Oui, et même un grand service.

MONTE-CRISTO.

Parlez.

ALBERT.

Je me bats aujourd'hui ou demain.

MONTE-CRISTO.

Vous ! et pour quoi faire ?

ALBERT.

Pour me battre, parbleu !

MONTE-CRISTO.

Oui, j'entends bien ; mais à cause de quoi vous battez-vous ? Voilà ce que je veux dire.

ALBERT.

A cause de l'honneur.

MONTE-CRISTO.

Oh ! ceci, c'est sérieux.

(Il rentre dans le vestibule et se lave les mains.)

LE GARÇON.

Monsieur le vicomte ?

ALBERT.

Quoi ?

LE GARÇON.
Regardez donc, en voilà un drôle de tireur !
ALBERT.
Ah ! ah ! vous étiez en train de jouer au piquet, comte ?
MONTE-CRISTO.
Non, j'étais en train de faire un jeu de cartes.
ALBERT.
Comment cela ?
MONTE-CRISTO.
Ce sont des as et des deux que vous voyez; seulement, mes balles en ont fait des trois, des cinq, des sept, des huit, des neuf et des dix.
LE GARÇON, à Albert, lui montrant une hirondelle.
Et puis regardez donc !
ALBERT.
Qu'est cela ?
LE GARÇON.
Une malheureuse hirondelle, qui aura eu l'imprudence de passer.
ALBERT, au Comte.
Diable ! vous tirez bien.
MONTE-CRISTO.
Que voulez-vous, vicomte ! il faut que j'occupe mes moments de loisir. Mais, voyons, je vous attends.
ALBERT.
Inutile. Laissez-moi vous dire cela ici ; nous prendrons tout de suite des armes ; et puis je ne suis pas fâché de faire comme vous : si vous consentez à la petite démarche que je vous demande, je vous attendrai ici et vous m'y retrouverez.
MONTE-CRISTO.
Alors, causons, mais tranquillement. Avec qui voulez-vous vous battre ?
ALBERT.
Avec Beauchamp.
MONTE-CRISTO.
Comment ! avec Beauchamp, un de vos amis ?
ALBERT.
C'est toujours avec des amis qu'on se bat.
MONTE-CRISTO.
Mais au moins faut-il une raison !

ALBERT.

J'en ai une.

MONTE-CRISTO.

Que vous a-t-il fait?

ALBERT.

Il y a, dans son journal d'hier au soir... Mais, tenez (il lui donne le journal), lisez vous-même.

(Monte-Cristo déplie le journal.)

ALBERT.

Ici, voyez.

MONTE-CRISTO, lisant.

« On nous écrit de Janina : « Un fait jusqu'aujourd'hui » ignoré, ou tout au moins inédit, est parvenu à notre con- » naissance. Les châteaux qui défendaient la ville de Janina » ont été livrés aux Turcs par un officier français dans lequel » le vizir Ali Tebelin avait mis toute sa confiance, et qui s'ap- » pelait Fernand. On assure que ce même officier, revenu en » France, y occupe une position des plus élevées. » (A Albert.) Eh bien, que voyez-vous donc là dedans qui vous choque?

ALBERT.

Comment, ce que j'y vois?

MONTE-CRISTO.

Sans doute! que vous importe, à vous, que les châteaux de Janina aient été livrés par un officier nommé Fernand?

ALBERT.

Voici en quoi il m'importe : c'est que mon père, le comte de Morcerf, s'appelle, de son nom de baptême, Fernand.

MONTE-CRISTO.

Et votre père servait Ali Pacha?

ALBERT.

Ne le saviez-vous point?

MONTE-CRISTO.

Si fait; mais ce qui ne m'intéresse pas particulièrement, je l'oublie.

ALBERT.

Et vous comprenez bien qu'il faut que je demande satisfaction au misérable...

MONTE-CRISTO.

Ah çà! vicomte, parlons raison.

ALBERT.

Je ne demande pas mieux.

MONTE-CRISTO.

Voyons, dites-moi un peu qui diable sait, en France, que l'officier Fernand est le même homme que le comte de Morcerf, et qui s'occupe, à cette heure, de Janina, qui a été prise en 1822 ou 1823?

ALBERT.

Eh! voilà justement où est l'infamie. On a laissé le temps passer là-dessus; puis, aujourd'hui, on revient sur des événements oubliés pour en faire sortir un scandale qui peut ternir une haute position. Eh bien, moi, héritier unique de mon père, je ne veux pas que, sur ce nom, flotte l'ombre d'un doute. Je vais envoyer à Beauchamp, dont le journal a publié cette note, deux témoins, et il la rétractera, ou nous nous battrons.

MONTE-CRISTO.

Et vous allez lui envoyer vos témoins?...

ALBERT.

A l'instant même.

MONTE-CRISTO.

Vous avez tort.

ALBERT.

Et pourquoi voulez-vous que je ne me batte pas, moi?

MONTE-CRISTO.

Écoutez-moi bien. Je ne dis pas que vous ne devez pas vous battre; je vous dis : un duel est une chose grave et à laquelle il faut réfléchir.

ALBERT.

A-t-il réfléchi, lui, pour insulter mon père?

MONTE-CRISTO.

Voyons, je suppose... je suppose, entendez-vous bien? n'allez pas vous fâcher de ce que je vous dis.

ALBERT.

J'écoute.

MONTE-CRISTO.

Je suppose que le fait rapporté soit vrai...

ALBERT.

Monsieur, un fils ne doit point admettre une pareille supposition sur l'honneur de son père.

MONTE-CRISTO.

Eh! mon Dieu, nous sommes dans une époque où l'on admet

tant de choses ! Voyons, êtes-vous inaccessible aux bons conseils?

ALBERT.

Non, quand ils me viennent d'un ami.

MONTE-CRISTO.

Me croyez-vous le vôtre?

ALBERT.

Oui.

MONTE-CRISTO.

Eh bien, au lieu d'envoyer vos témoins à Beauchamp, informez-vous.

ALBERT.

Auprès de qui?

MONTE-CRISTO.

Auprès de qui? Eh! pardieu! près d'Haydée, si vous voulez.

ALBERT, hésitant.

Mettre une femme dans tout cela! Et que peut-elle y faire?

MONTE-CRISTO.

Vous refusez donc ce moyen?

ALBERT.

Je le refuse.

MONTE-CRISTO.

Absolument?

ALBERT.

Absolument.

MONTE-CRISTO.

Alors, un dernier conseil. N'envoyez pas de témoins à Beauchamp, pas d'étrangers. Ayez avec Beauchamp des procédés, de la prudence. S'il veut bien se rétracter, laissez-lui-en le mérite. S'il refuse, eh bien, vous n'aurez rien à vous reprocher.

ALBERT.

Je dois aller trouver Beauchamp moi-même!

MONTE-CRISTO.

Oui. Allez.

ALBERT.

Mais, si malgré toutes mes précautions, si, malgré tous mes procédés, j'ai ce duel, me servirez-vous de témoin?

MONTE-CRISTO.

Mon cher vicomte, j'en suis aux regrets, mais les services

que vous me demandez sont du cercle de ceux que je ne puis rendre.

ALBERT.

C'est bien. Je prendrai Frantz et Chateaubrun.

MONTE-CRISTO.

Prenez ; ce sera à merveille.

ALBERT.

Enfin, si je me bats, vous me donnerez bien une petite leçon d'épée ou de pistolet ?

MONTE-CRISTO.

Non, c'est chose impossible.

ALBERT.

Singulier homme que vous faites, allez! Décidément, vous ne voulez vous mêler de rien ?

MONTE-CRISTO.

De rien absolument.

ALBERT.

Alors, n'en parlons plus... Adieu, comte.

MONTE-CRISTO.

Adieu.

(Albert va pour sortir. Il rencontre Beauchamp à la porte.)

SCÈNE III

Les Mêmes, BEAUCHAMP.

ALBERT.

Ah ! en vérité, cela tombe à merveille !

BEAUCHAMP.

Tiens, c'est vous, Albert ? Enchanté de vous rencontrer !

ALBERT.

Moi aussi ; j'allais chez vous.

MONTE-CRISTO.

Je vous laisse et rentre chez moi, vicomte. C'est là que vous me trouverez si je puis vous être bon à quelque chose.

ALBERT.

Oui, c'est bien, allez.

MONTE-CRISTO.

Monsieur de Beauchamp, au plaisir de vous revoir.

BEAUCHAMP.

A l'honneur, monsieur le comte.

MONTE-CRISTO, à Albert.

Du calme!

ALBERT.

Soyez tranquille, je me contiendrai.

(Monte-Cristo sort.)

SCÈNE IV

ALBERT, BEAUCHAMP.

BEAUCHAMP.

Vous alliez chez moi?

ALBERT.

Oui.

BEAUCHAMP.

Et que désiriez-vous? Parlez.

ALBERT.

Je désire une rectification.

BEAUCHAMP.

Une rectification, vous? A propos de quoi, Albert, une rectification?

ALBERT.

Sur un fait avancé par votre journal et qui porte atteinte à l'honneur de ma famille.

BEAUCHAMP.

Allons donc! Dans mon journal? Cela ne se peut pas. Sur quel fait?

ALBERT.

Sur celui qu'on vous écrit de Janina.

BEAUCHAMP.

De Janina?

ALBERT.

Oui, de Janina. En vérité, vous avez l'air d'ignorer les nouvelles que rapporte votre journal.

BEAUCHAMP.

Ah çà! mais est-ce que vous croyez que je lis mon journal? Je le fais, c'est bien assez. (Au Garçon.) Philippe, pouvez-vous me procurer *l'Impartial* d'hier?

ALBERT.

Inutile, je l'ai.

BEAUCHAMP.

C'est encore mieux, alors. (Albert lui donne le journal. Il lit en bredouillant.) « On nous écrit de Janina... »

ALBERT.

Vous comprenez?...

BEAUCHAMP.

Cet officier, ce Fernand, c'est donc votre parent?

ALBERT.

Oui, c'est mon parent.

BEAUCHAMP.

Eh bien, mon ami, que dois-je faire pour vous? Dites.

ALBERT.

Je voudrais, mon cher Beauchamp, que vous rétractassiez ce fait.

BEAUCHAMP.

Voyons, ceci va nous entraîner dans une longue discussion.

ALBERT.

Pourquoi?

BEAUCHAMP.

Parce que c'est toujours une grave chose qu'une rétractation. Je vais relire cet article. (Il relit, mais tout haut cette fois.) « On nous écrit de Janina : «Un fait jusqu'aujourd'hui ignoré,
» ou tout au moins inédit, est parvenu à notre connaissance.
» Les châteaux qui défendaient la ville de Janina ont été
» livrés aux Turcs par un officier français dans lequel le vizir
» Ali Tebelin avait mis toute sa confiance, et qui s'appelait
» Fernand. On assure que ce même officier, revenu en France,
» y occupe une position des plus élevées. »

ALBERT.

Eh bien, vous le voyez, en face d'une pareille calomnie, il me faut une rétractation.

BEAUCHAMP.

Il vous faut?

ALBERT.

Oui, il me faut.

BEAUCHAMP.

Permettez-moi de vous dire que vous n'êtes point parlementaire, mon cher vicomte.

ALBERT.

Je ne veux pas l'être. Je poursuis la rétractation d'un fait, et je l'obtiendrai. Vous êtes assez mon ami, et, comme tel, vous me connaissez assez, je l'espère, pour comprendre ma ténacité en pareille circonstance.

BEAUCHAMP.

Si je suis votre ami, Morcerf, vous finirez par me le faire oublier avec des mots pareils à ceux de tout à l'heure. Mais, voyons, ne nous fâchons pas, ou du moins pas encore. Vous êtes inquiet, irrité, piqué. Calmez-vous, Albert. Voyons, quel est ce parent à vous qu'on appelle Fernand?

ALBERT.

C'est mon père tout simplement, monsieur, le général Fernand Mondego, comte de Morcerf, un vieux militaire qui a vu vingt champs de bataille, et dont on voudrait couvrir les cicatrices avec la fange impure ramassée dans le ruisseau!

BEAUCHAMP.

C'est votre père, mon ami? C'est autre chose. Alors, oui, je conçois votre indignation. (Il lit tout bas.) Mais où voyez-vous donc que ce soit votre père?

ALBERT.

Nulle part, je le sais bien. Mais d'autres le verront, voilà pourquoi je veux que le fait soit démenti.

BEAUCHAMP.

Vous voulez? Encore, Albert! Je croyais qu'il était arrêté que nous ne nous servirions plus de pareilles expressions.

ALBERT, avec une colère croissante.

Vous démentirez ce fait, n'est-ce pas, Beauchamp?

BEAUCHAMP.

Oui.

ALBERT.

A la bonne heure.

BEAUCHAMP.

Mais quand je serai assuré qu'il est faux.

ALBERT.

Vous dites?

BEAUCHAMP.

Je dis que la chose mérite d'être éclaircie et que je l'éclaircirai.

ALBERT.

Mais que voyez-vous à éclaircir dans tout cela, monsieur? Si vous ne croyez pas que ce soit mon père, dites-le tout de suite. Si vous croyez que ce soit lui, rendez-moi raison de cette opinion.

BEAUCHAMP.

Monsieur, puisque monsieur il y a, si c'était pour me demander raison que vous vous apprêtiez à aller chez moi, il fallait le faire d'abord, et ne point venir me parler d'amitié et d'autres choses oiseuses comme celles que j'ai la patience d'entendre depuis une demi-heure. Est-ce bien sur ce terrain que nous allons marcher désormais? Voyons !

ALBERT.

Oui, si vous ne rétractez pas l'infâme calomnie.

BEAUCHAMP.

Un instant, pas de menaces, monsieur Fernand Mondego, vicomte de Morcerf. Je n'en souffre pas de mes ennemis, à plus forte raison de mes amis. Donc, vous voulez que je démente le fait sur le colonel Fernand, fait auquel, sur mon honneur, je n'ai pris aucune part.

ALBERT.

Oui, je le veux.

BEAUCHAMP.

Sans quoi, nous nous battrons?

ALBERT.

Sans quoi, nous nous battrons.

BEAUCHAMP.

Tenez-vous à cette rétractation au point de me tuer, si je ne la fais pas, bien que je vous aie dit, bien que je vous répète, bien que je vous affirme, sur l'honneur, que je ne connaissais point le fait, bien que je vous déclare, enfin, qu'il est impossible à tout autre qu'un don Japhet comme vous de deviner un comte de Morcerf sous ce nom de Fernand?

ALBERT.

J'y tiens absolument.

BEAUCHAMP.

Eh bien, mon cher monsieur, je consens à me couper la gorge avec vous ; dans trois semaines, vous me retrouverez pour vous dire : « Oui, le fait est faux, je l'efface ; » ou bien : « Oui, le fait est vrai; » et je sors les épées du fourreau, ou les pistolets de la boîte, à votre choix.

ALBERT.

Trois semaines ! mais trois semaines sont trois siècles pendant lesquels je suis déshonoré.

BEAUCHAMP.

Si vous étiez resté ce que nous étions hier, je vous eusse

4.

dit : « Patience, ami ! » Vous vous êtes fait mon ennemi, je vous dis : « Qu'importe à moi, monsieur ? »

ALBERT.

Eh bien, dans trois semaines, soit, quoique j'ignore ce que vous voulez faire de ces trois semaines. Mais, songez-y, dans trois semaines, il n'y aura plus ni délai ni subterfuge qui puisse vous dispenser...

BEAUCHAMP.

Monsieur Albert de Morcerf, je n'ai le droit de vous tuer que dans trois semaines, et vous n'avez le droit de me pourfendre que dans vingt-quatre jours. Nous sommes le 29 du mois d'août ; au 21 donc du mois de septembre. Jusque-là, croyez-moi, épargnons-nous des insultes qui ressemblent aux aboiements de deux dogues enchaînés à distance. Si vous avez des commissions pour Janina, je pars ce soir.

(Il salue et sort.)

SCÈNE V

ALBERT, seul.

Pour Janina ! il part pour Janina ! Les pistolets n° 3, Philippe, et vingt-cinq balles.

(Il entre dans le tir.)

ACTE TROISIÈME

CINQUIÈME TABLEAU

Les corridors de l'Opéra.

—

SCÈNE PREMIÈRE

LE COMTE DE MORCERF, une Ouvreuse, puis DANGLARS, puis DEBRAY.

MORCERF. Il entre, une lettre à la main, et fort agité.

Loge 23, je crois... Oui, c'est bien cela. (A une Ouvreuse) Madame, priez M. le baron Danglars, s'il est dans sa loge, d'en sortir un moment... (L'Ouvreuse va à la loge.) Deux secondes d'explication suffiront.

DANGLARS, sortant de sa loge.

Eh! bonsoir, mon cher comte.

MORCERF.

Bonsoir, baron. J'ai reçu cette lettre aujourd'hui. Est-elle de vous? (Mouvement de Danglars.) Attendez, laissez-moi la lire avant de répondre. (Lisant.) « Mon cher comte, il m'est impossible de vous donner, quant à présent, la réponse que vous me demandiez hier. Rien ne presse : ma fille a dix-sept ans, votre fils en a vingt-trois. Pendant notre halte, les événements marcheront ; les choses qui paraissent obscures la veille sont parfois claires le lendemain... Parfois, aussi, en un jour, tombent les plus cruelles calomnies. » Des calomnies!... des calomnies cruelles... vous comprenez, monsieur le baron !... un homme comme moi, quand on le calomnie, n'a qu'un désir, qu'une volonté, qu'une exigence : c'est qu'on le mette en face des calomniateurs !

DEBRAY, entrant.

Eh bien, messieurs, qu'y a-t-il donc?

DANGLARS.

Il y a, mon cher Debray, que M. le comte de Morcerf ne veut pas entendre à demi-mot, et me force à le renvoyer au journal *l'Impartial;* ce que je fais, mon cher comte. *L'Impartial* ne coûte pas cher, et se vend partout; achetez le numéro de ce matin, et, demain, je crois que, tout le premier, vous serez assez raisonnable pour ne plus me parler de cette affaire.

(Il rentre, Debray veut le suivre; mais Morcerf le retient.)

SCÈNE II

DEBRAY, MORCERF.

MORCERF.

Pardon, monsieur, mais je suis tout étourdi. Que veut dire ce renvoi à un journal? Vous lisez les journaux, monsieur; le journal *l'Impartial* a-t-il publié, ce matin, quelque chose d'insultant, de calomnieux sur mon compte?

DEBRAY.

Ma foi, non, je ne sache pas, monsieur; à moins que...

MORCERF.

A moins que...?

DEBRAY.

A moins que ce ne soit vous qui soyez désigné par ce nom de Fernand. Vous êtes-vous jamais appelé le colonel Fernand?

MORCERF.

Oui, en Grèce, monsieur; je servais Ali Pacha sous ce nom.

DEBRAY.

Ah! diable!

MORCERF.

Hein! dites, monsieur, qu'y a-t-il?

DEBRAY.

Ma foi, je ne puis faire que ce qu'a fait M. Danglars, vous renvoyer à *l'Impartial*.

(Il rentre dans la loge de Danglars.)

SCÈNE III

MORCERF, seul.

Oh! mon Dieu! qu'ont-ils pu dire? qu'ont-ils pu savoir? Le colonel Fernand!... Ali Pacha!... Du courage, Morcerf! (A l'Ouvreuse.) Madame, madame, pourriez-vous me procurer le journal *l'Impartial*?

SCÈNE IV

MORCERF, ALBERT.

ALBERT.

Pour quoi faire, mon père?

MORCERF.

Ah! c'est vous, Albert!

ALBERT.

Oui, c'est moi, moi qui vous ai entendu prononcer un mot.

MORCERF.

Sais-tu donc de quoi il s'agit?

ALBERT.

Une calomnie, mon père, une infâme calomnie.

MORCERF.

Contre?...

ALBERT.

Contre vous! c'est-à-dire contre l'homme le plus noble, le plus loyal! Imaginez-vous qu'ils ont eu l'infamie d'écrire... Mais non, c'est inutile que je vous dise cela.

MORCERF.

Si fait, il faut savoir.

ALBERT.

Eh bien, oui, vous avez raison, il faut savoir jusqu'où peut aller la haine des envieux. Eh bien, mon père, ils ont dit que vous, le défenseur d'Ali Pacha, que vous, dont Ali Tebelin, à sa dernière heure, a reconnu les loyaux services, en vous enrichissant, ils ont dit, pardonnez-moi de répéter de pareilles choses, ils ont dit que vous étiez un traître et que vous aviez vendu les châteaux de Janina!

MORCERF.

Oh!

ALBERT.

C'est indigne, n'est-ce pas? Aussi, j'ai vu M. de Beauchamp.

MORCERF.

Et...?

ALBERT.

J'en aurai raison, et plus tôt que je n'espérais même, car il devait partir pour Janina.

MORCERF.

Pour Janina! il est parti pour Janina?

ALBERT.

Non, il est resté; car j'ai trouvé deux cartes de lui à la maison, où je n'étais pas rentré depuis le matin, et, sur la seconde, il me donnait rendez-vous au foyer de l'Opéra, à neuf heures; il est neuf heures moins cinq minutes. Voulez-vous rester, ou vous retirer, mon père?

MORCERF.

Je resterai!

ALBERT.

Bien! vous avez raison; vous avez l'habitude de vaincre l'ennemi en lui faisant face, et, cette fois comme toujours, vous le terrasserez en soldat et en gentilhomme. Mais qui vous a donc parlé de cela?

MORCERF.

Danglars, en m'annonçant que tout était fini entre nous, et que l'alliance projetée était rompue ; puis, comme, par suite, il m'a renvoyé au journal de M. de Beauchamp, voilà pourquoi je le demandais au moment où tu es venu.

ALBERT.

Bien, mon père, bien ! Ah ! justement, voilà M. de Beauchamp.

SCÈNE V

Les Mêmes, BEAUCHAMP.

ALBERT.

Venez, monsieur, venez !

BEAUCHAMP.

Pourquoi avec votre père, vicomte?

ALBERT.

C'est le hasard qui a fait que mon père s'est trouvé là, et, fort de sa conscience, mon père a voulu rester.

BEAUCHAMP.

C'est une affaire commencée entre vous et moi, Albert; laissez-la s'achever entre vous et moi. Monsieur le comte, croyez que, demain, vous serez content de la façon dont je me serai conduit. En attendant, tranquillisez-vous ; je comprends votre douleur, nous ferons ce qu'il sera possible de faire pour la calmer.

MORCERF.

Monsieur de Beauchamp...

BEAUCHAMP.

Dites à votre père de nous laisser seuls, Albert.

MORCERF.

Mais... cependant...

BEUCHAMP.

Au nom de notre amitié, vicomte !

ALBERT, à part.

Oh ! il m'épouvante ! (Au Comte.) Mon père, vous entendez, vous entendez : Beauchamp désire me parler à moi seul ; rentrez chez vous, soyez tranquille : en votre absence, votre nom sera dignement soutenu. Allez ! allez !

MORCERF.

Te reverrai-je, Albert?

ALBERT.

J'aurai l'honneur d'aller vous présenter mes respects ce soir.

SCÈNE VI

BEAUCHAMP, ALBERT.

ALBERT.

Maintenant, monsieur, j'espère que vous aurez l'obligeance de m'expliquer...

BEAUCHAMP.

Je vous avais promis d'aller aux recherches, Albert, et me voilà.

ALBERT.

Eh bien?

BEAUCHAMP.

Eh bien, la note a purement et simplement été jetée dans la boîte du journal, par une main anonyme.

ALBERT.

Ah! vous le voyez bien, que c'était une calomnie!

BEAUCHAMP.

Attendez; seulement, elle était annexée à cette attestation.

ALBERT.

Quelle attestation.

BEAUCHAMP.

Lis-la, mon ami. Elle me dispense malheureusement d'aller jusqu'en Épire.

ALBERT, lisant.

Une attestation de quatre habitants notables de Janina, constatant que... oh! mon Dieu, donnez-moi la force!... que le colonel Fernand Mondego, instructeur général, au service d'Ali Pacha, a livré les châteaux de Janina, moyennant deux mille bourses. — Ah! monsieur, vous vous êtes bien hâté!

BEAUCHAMP.

Oui, mon ami, je me suis hâté pour vous dire: Albert, les fautes de nos pères, dans ces temps d'action et de réaction, ne peuvent atteindre les enfants. Albert, bien peu ont traversé ces révolutions au milieu desquelles nous sommes, sans que quelque tache de boue ou de sang ait rejailli jusqu'à leur visage.

Albert, personne au monde, maintenant que j'ai toutes les preuves, maintenant que je suis maître de votre secret, personne ne peut me forcer à un combat que votre conscience, j'en suis certain, vous reprocherait comme un crime. Mais ce que vous n'avez plus le droit d'exiger de moi, mon ami, je viens vous l'offrir maintenant. Ces preuves que je possède seul, voulez-vous qu'elles disparaissent? ce secret affreux, voulez-vous qu'il reste entre nous? Confié à ma parole d'honneur, il ne sortira jamais de ma bouche. Dites, le voulez-vous, Albert, mon ami?

ALBERT, l'embrassant.

Oh! noble cœur!

BEAUCHAMP, présentant les papiers à Albert.

Tenez.

(Albert prend les papiers, les froisse et s'apprête à les déchirer.)

BEAUCHAMP.

Donnez. (Il brûle les papiers à un candélabre.) Que tout s'oublie comme un mauvais rêve, que tout s'efface comme ces dernières étincelles qui courent sur ce papier noirci. Que tout cela s'évanouisse comme cette dernière fumée qui s'échappe de ces cendres muettes.

ALBERT.

Oui, oui, qu'il n'en reste que l'éternelle amitié que je voue à mon sauveur, amitié que mes enfants transporteront aux vôtres, qui se rappellera toujours que le sang de mes veines, la vie de mon corps, l'honneur de mon nom, je vous le dois; car, si une pareille chose eût été prouvée, je vous le déclare, Beauchamp, je me brûlais la cervelle.

BEAUCHAMP.

Cher Albert! (Silence d'un instant.) Eh bien, voyons, qu'y a-t-il encore, mon ami?

ALBERT.

Il y a, Beauchamp, que j'ai quelque chose de brisé dans le cœur. Oh! c'est qu'on ne se sépare pas ainsi, en un instant, de ce respect, de cette confiance, de cet orgueil, qu'inspire à un fils le nom sans tache de son père. Oh! Beauchamp, Beauchamp, comment maintenant vais-je aborder le mien? Reculerai-je mon front dont il approchera ses lèvres, ma main dont il approchera sa main? Tenez, Beauchamp, je suis le plus malheureux des hommes. Oh! ma mère, ma pauvre mère! si vous avez lu cela, combien vous avez dû souffrir!

BEAUCHAMP.

Voyons, du courage, mon ami !

ALBERT.

Mais d'où vient cette note, insérée dans le journal ? Il y a derrière tout cela une haine inconnue, un ennemi invisible, un dénonciateur anonyme, qui a confié la honte de ma famille à la gueule de bronze de votre journal.

BEAUCHAMP.

Oh ! quant à celui-là, mon ami, cherchez-le, trouvez-le, étranglez-le, je m'y prêterai de tout mon pouvoir, et, si je puis, y aiderai de toutes mes forces. En attendant, du courage, Albert ! pas de traces d'émotion sur votre visage ; portez cette douleur en vous, comme le nuage porte en soi la ruine et la mort, secret fatal qu'on ne comprend qu'au moment où la tempête éclate. Allez, ami, allez, réservez vos forces.

ALBERT.

Oh ! vous croyez donc que nous ne sommes point au bout ?

BEAUCHAMP.

Moi, je ne crois rien ; mais, après ce qui vient d'arriver, tout est possible. A propos !

ALBERT.

Quoi ?

BEAUCHAMP.

Épousez-vous toujours mademoiselle Danglars ? ou le bruit de la rupture de votre mariage est-il vrai ?

ALBERT.

Rompu... Mais, attendez donc, vous m'y faites penser. M. Danglars, tout à l'heure ici même... Ah ! le voilà qui sort de sa loge avec Debray.

SCÈNE VII

LES MÊMES, DANGLARS, DEBRAY.

DANGLARS, à un Domestique.

Allez me chercher *l'Étoile* de ce soir ; vous trouverez une boutique de journaux, au bout du passage.

ALBERT.

Que fait-il ? n'envoie-t-il pas chercher un journal ?

BEAUCHAMP.

Oui.

DANGLARS.

Venez-vous prendre une glace, Debray ?

DEBRAY, sortant de la loge.

Volontiers.

DANGLARS.

Ah! c'est vous, vicomte ?

ALBERT.

Oui, monsieur, c'est moi ; je quitte mon père.

DANGLARS.

Ah ! le général ?

ALBERT.

Oui, le général ; il m'a dit une chose étrange.

DANGLARS.

Bah ! que vous a-t-il donc dit, ce cher comte ?

ALBERT.

Il m'a dit que, sans faire valoir aucune raison, sans lui donner aucun motif...

DANGLARS.

Bon ! nous y voila.

ALBERT.

Eh bien, soit, nous y voilà. Écoutez, je ne désirais pas cette alliance, monsieur ; j'ai même supplié mon père de ne point forcer la répugnance que j'éprouvais à entrer dans votre famille ; mais le comte de Morcerf a insisté, j'ai dû obéir.

DANGLARS.

Oui, je comprends, vous vous êtes fait violence.

ALBERT.

Je me suis fait violence, c'est le mot.

DANGLARS.

Est-ce après avoir su le chiffre de la dot ou auparavant ?

ALBERT.

Monsieur, j'aurai du chef de mon père cinquante mille livres de rente, à peu près. Voilà ma réponse ; mon père a commencé comme simple soldat, et...

DANGLARS.

Pardon, mon bon ami, mais tout le monde n'a pas eu les occasions de faire fortune qu'a eues votre père.

ALBERT.

Que voulez-vous dire, monsieur?

DANGLARS.

Je veux dire qu'il n'y a jamais eu, et qu'il n'y aura probablement jamais qu'un Ali Tebelin.

ALBERT.

Vous l'entendez, Beauchamp? il avoue, il se dénonce.

DANGLARS.

J'avoue quoi? je dénonce qui?

ALBERT.

Monsieur, vous nous rendrez raison de l'outrage que vous venez de nous faire!

DANGLARS.

Je vous rendrai raison de ce que je ne veux pas donner ma fille au fils du colonel Fernand Mondego, instructeur des troupes d'Ali Pacha?

ALBERT.

Monsieur, il n'est pas ici question de mariage, il est question...

DANGLARS.

De l'article de ce matin, n'est-ce pas?

ALBERT.

Eh bien, oui.

DANGLARS.

En vérité! Et vous venez vous en prendre à moi de cela! Êtes-vous fou? Est-ce que je sais l'histoire grecque, moi? est-ce que je connais Ali Tebelin? est-ce que j'ai voyagé dans tous ces pays-là? est-ce que c'est moi qui ai conseillé à votre père de vendre les châteaux dont la garde lui était confiée, de trahir?...

ALBERT.

Silence, monsieur! silence!

BEAUCHAMP.

Albert! Albert!

(Pendant ce temps, le Domestique est revenu et a remis le journal à Debray.)

DANGLARS, à Debray.

Eh bien, cela y est-il?

DEBRAY.

Oui.

DANGLARS.

Bon.

ALBERT.

Je vous disais donc, monsieur, que, me regardant comme insulté par vous, non-seulement dans le refus fait à mon père, mais dans ce que vous venez de me dire, je vous disais donc que je veux une satisfaction de la double insulte, que cette satisfaction je l'aurai, ou bien...

DEBRAY.

Vicomte !

ALBERT.

Donnez-vous votre procuration à M. Debray, baron, et désirez-vous que ce soit à lui que j'aie affaire ?

DANGLARS.

Monsieur, si vous êtes venu ici pour me chercher une querelle, pour me dresser un guet-apens, prenez-garde ! car je vous préviens que je ferai de tout ceci une affaire de procureur du roi.

ALBERT.

Vous vous trompez, monsieur ; je ne me suis adressé à M. Debray que parce qu'il m'a paru vouloir intervenir dans notre discussion ; mais, puisque vous réclamez la priorité...

DANGLARS.

Monsieur, je vous avertis que, quand je trouve sur mon chemin un dogue enragé, je le tue. Or, si vous êtes enragé et que vous tentiez de me mordre, je vous tuerai sans pitié. Tiens ! est-ce ma faute si votre père est déshonoré, moi ?

DEBRAY.

Baron !

ALBERT.

Déshonoré !

DANGLARS.

Est-ce ma faute si les journaux nomment en toutes lettres le comte de Morcerf ?

ALBERT.

Tu mens, ils ne le nomment pas.

DANGLARS.

Le journal du matin, non ; mais ceux du soir, si.

ALBERT.

Ceux du soir ?

DANGLARS.

Eh ! lisez, pardieu !

(Il lui met le journal sous les yeux.)

ALBERT, chancelant.

Mon Dieu! Beauchamp disait-il vrai, et ne suis-je pas au bout? (Lisant.) « L'officier français dont parlait ce matin *l'Impartial*, et qui non-seulement vendit les châteaux de Janina, mais encore livra son bienfaiteur, s'appelait, en effet, à cette époque Fernand, comme le dit notre honorable confrère; mais, depuis, il a encore ajouté, à son nom de baptême, un titre de noblesse et un nom de terre. Il s'appelle aujourd'hui le comte de Morcerf, et fait partie de la chambre des pairs. »

DANGLARS.

Eh bien, est-ce clair?

ALBERT.

Aussi clair que tout cela, monsieur, vient de vous.

DANGLARS.

Eh bien, au bout du compte, quand cela viendrait de moi, il me semble que, lorsqu'on marie sa fille à un jeune homme, on peut bien prendre des renseignements sur la famille de ce jeune homme; c'est non-seulement un droit, mais encore un devoir.

ALBERT.

Bien! continuez, monsieur. Alors, c'est vous qui avez écrit à Janina?

DANGLARS.

Quand j'aurais écrit?

ALBERT.

C'est à vous que les attestations ont été adressées?

DANGLARS.

Eh! monsieur!...

ALBERT.

Oh! il faut me répondre.

DANGLARS.

Eh bien, si j'ai écrit monsieur, c'est qu'on m'a donné le conseil d'écrire.

ALBERT.

Ah! l'on vous a donné ce conseil?

DANGLARS.

Eh! certainement! Je parlais du passé de votre père, moi; je disais que la source de cette fortune était toujours restée obscure. Alors, la personne à laquelle je m'adressais m'a demandé où votre père avait fait fortune. J'ai répondu: « En

Grèce. — Dans quelle partie de la Grèce? — En Épire. — Eh bien, écrivez à Janina, » a répondu cette personne. Et j'ai écrit.

ALBERT.

La personne qui vous a donné ce conseil, je la connais?

DANGLARS.

Parbleu! c'est votre ami.

ALBERT.

Vous nommez cette personne?

DANGLARS.

Vous voulez savoir...?

ALBERT.

Vous la nommez?

DANGLARS.

Eh bien, je la nomme le comte de Monte-Cristo.

ALBERT.

C'est le comte de Monte-Cristo qui vous a donné le conseil d'écrire à Janina?

DANGLARS.

Vous en doutez?

ALBERT.

Oh! oui, je l'avoue.

DANGLARS.

Eh bien, demandez-le à lui-même. Il est là, dans sa loge.

ALBERT.

Là? là?

DANGLARS.

Oui.

ALBERT.

C'est bien, monsieur, vous êtes libre.

DANGLARS.

Jeune homme!

ALBERT.

Monsieur?

DANGLARS.

C'est bien, c'est bien. Vous avez trouvé votre homme, prenez-vous-en à lui.

SCÈNE VIII

LES MÊMES, hors DANGLARS.

ALBERT.

Oh! quand je pense qu'il est ici! quand je pense qu'il n'y a que cette porte entre lui et moi.

DEBRAY et BEAUCHAMP.

Albert!

ALBERT.

Oh! laissez-moi.

(Il frappe à la porte.)

SCÈNE IX

LES MÊMES, MONTE-CRISTO et CHATEAUBRUN, dans la loge.

MONTE-CRISTO.

Ah! c'est vous, monsieur de Morcerf; me ferez-vous le plaisir d'entrer dans ma loge?

ALBERT.

Monsieur le comte, je ne viens point échanger avec vous d'hypocrites politesses et de faux semblants d'amitié; je viens ici pour vous demander une explication.

MONTE-CRISTO.

Une explication à l'Opéra, monsieur? Si peu familier que je sois avec les habitudes parisiennes, je n'eusse pas cru que c'était à l'Opéra que les explications se demandaient.

ALBERT.

Monsieur, lorsque les gens peuvent, d'un moment à l'autre, disparaître, quand on ne sait ni d'où ils viennent ni où ils vont, il faut saisir l'occasion quand elle se présente, et les prendre où on les trouve.

MONTE-CRISTO.

Il faut croire que je ne suis pas si difficile à trouver, monsieur, puisque, ce matin, vous étiez encore avec moi.

ALBERT.

Si, ce matin encore, j'étais avec vous, c'est que, ce matin encore, j'ignorais qui vous êtes.

MONTE-CRISTO.

Mais d'où sortez-vous donc, monsieur? En vérité, vous ne paraissez pas jouir de tout votre bon sens.

ALBERT.

Pourvu que je comprenne vos perfidies et que je vous fasse comprendre que je veux m'en venger, je serai toujours assez raisonnable à mes yeux.

MONTE-CRISTO.

Je ne vous comprends pas, monsieur, et, quand je vous comprendrais, vous parleriez encore trop haut. J'ai loué cette loge, cette loge est à moi, je suis donc chez moi, et moi seul ai le droit d'élever la voix ici au-dessus des autres. Sortez, monsieur.

ALBERT.

Oh! je vous ferai bien sortir aussi, vous!

MONTE-CRISTO.

Ah! vous me cherchez querelle, vicomte, je vois cela; mais un conseil, et retenez-le bien : c'est une coutume mauvaise que de faire du bruit en provoquant; le bruit ne va pas à tout le monde, monsieur de Morcerf.

ALBERT.

Oh!

(Il fait un geste pour jeter son gant au visage de Monte-Cristo; mais Beauchamp lui arrête le bras; le gant tombe aux pieds de Monte-Cristo.)

MONTE-CRISTO.

Monsieur, je tiens votre gant pour jeté, et, demain matin, je vous le renverrai roulé autour d'une balle.

ALBERT.

C'est tout ce que je voulais. Beauchamp, je vous charge du reste.

(Il sort comme un fou.)

CHATEAUBRUN.

Que lui avez-vous donc fait?

MONTE-CRISTO.

Moi? Rien, personnellement du moins.

BEAUCHAMP.

Monsieur le comte!

MONTE-CRISTO, sortant de sa loge.

Allons, il est dit que je n'entendrai pas le troisième acte; heureusement, c'est le moins bon. Que me voulez-vous, monsieur de Beauchamp?

BEAUCHAMP.

Monsieur, j'accompagnais M. de Morcerf, comme vous avez pu le voir.

MONTE-CRISTO.

Ce qui veut dire que vous veniez probablement de souper ensemble. Je vous fais mon compliment, monsieur, d'être plus sobre que votre ami.

BEAUCHAMP.

Monsieur, Albert a eu le tort de s'emporter, et, pour mon propre compte, mais pour le mien seulement, je vous fais des excuses. Maintenant, vous êtes trop galant homme pour refuser de me donner quelques explications à propos de cette affaire de Janina.

MONTE-CRISTO.

Allons, voilà toutes mes espérances détruites. Vous vous empressez de me faire une réputation d'excentricité. Je suis, selon vous, un Lara, un Manfred, un Ruthwen. Puis vous gâtez votre type, vous essayez de faire de moi un homme banal, un homme comme tous les hommes. Vous me demandez des explications, enfin. Allons donc, monsieur de Beauchamp, vous voulez rire.

BEAUCHAMP.

Cependant, monsieur, il est des occasions où la probité commande.

MONTE-CRISTO.

Monsieur de Beauchamp, ce qui commande à M. le comte de Monte-Cristo, c'est le comte de Monte-Cristo. Ainsi donc, pas un mot sur tout cela, s'il vous plaît. Je fais ce que je veux, monsieur de Beauchamp; et, croyez-moi, c'est toujours fort bien fait.

BEAUCHAMP.

Monsieur, permettez-moi de vous dire qu'on ne paye pas d'honnêtes gens avec cette monnaie. Il faut des garanties à l'honneur.

MONTE-CRISTO.

Monsieur, je suis une garantie vivante. Nous avons tous deux dans les veines, M. de Morcerf et moi, du sang que nous brûlons de verser. Voilà notre garantie mutuelle; reportez cette réponse au vicomte, et dites-lui que, demain avant dix heures du matin, j'aurai vu la couleur du sien.

BEAUCHAMP.

Il ne me reste donc, monsieur le comte, qu'à régler les conditions du combat.

MONTE-CRISTO.

Cela m'est parfaitement indifférent, il est donc inutile de me déranger plus longtemps pour une pareille chose. En France, on se bat à l'épée et au pistolet; aux colonies, à la carabine; en Arabie, au poignard; dans l'Amérique du Sud, au couteau. Dites à votre client que, pour être excentrique jusqu'au bout, quoique insulté, je lui laisse le choix des armes, et que j'accepte tout, sans discussion, sans conteste. Tout, entendez-vous bien? tout, même le combat par la voix du sort, ce qui est toujours stupide. Mais, pour moi, c'est autre chose, je suis sûr de gagner.

BEAUCHAMP.

Sûr de gagner?

MONTE-CRISTO.

Eh! certainement! sans cela, je ne me battrais pas avec M. de Morcerf. Je le tuerai, il le faut, cela sera.

BEAUCHAMP.

Ah! comte! son père l'aime tant!

MONTE-CRISTO.

Ne me dites pas de ces choses-là, monsieur de Beauchamp! je le ferais souffrir.

BEAUCHAMP.

Comte! comte!

MONTE-CRISTO.

Seulement, monsieur de Beauchamp, par un mot, indiquez-moi ce soir l'arme et le lieu. Je n'aime pas à me faire attendre.

BEAUCHAMP.

Au pistolet, à huit heures du matin, au bois de Vincennes.

MONTE-CRISTO.

C'est bien, monsieur; maintenant que tout est réglé, laissez-moi entendre le spectacle, je vous prie, et dites à votre ami Albert de ne pas revenir ce soir: il se ferait tort avec toutes ses brutalités de mauvais goût. Qu'il rentre et qu'il dorme. Adieu.

(Le Comte rentre dans sa loge.)

ACTE QUATRIÈME

SIXIÈME TABLEAU

Chez le comte de Monte-Cristo.

SCÈNE PREMIÈRE

MONTE-CRISTO, ALI, BERTUCCIO, BAPTISTIN

MONTE-CRISTO.

Ah! mes pistolets d'ébène! Baptistin, mes épées! Avant de vous en aller, accrochez la plaque d'argent et placez au milieu un as de carreau. (A Ali, qui lui apporte sa boîte de pistolets.) Merci, Ali; sont-ils tout chargés? (Ali fait signe que oui.) Rangez-vous, Baptistin!

BERTUCCIO, entrant.

Monsieur le comte!

MONTE-CRISTO.

Eh bien, qu'y a-t-il?

BERTUCCIO.

Une dame voilée, qui ne veut pas dire son nom et qui désire ne parler qu'à vous.

MONTE-CRISTO.

Une dame voilée?

BERTUCCIO.

Oui.

MONTE-CRISTO.

Faites entrer.

(Il fait un geste; Ali et Baptistin disparaissent par des portes latérales. Bertuccio sort à son tour.)

SCÈNE II

LE COMTE, MERCÉDÈS.

MONTE-CRISTO.

Qui êtes-vous et que me voulez-vous?

MERCÉDÈS, levant son voile.

Edmond, vous ne tuerez pas mon fils!

MONTE-CRISTO, laissant tomber son pistolet.

Oh! quel nom avez-vous prononcé là, madame de Morcerf.

MERCÉDÈS.

Le vôtre, le vôtre, que peut-être seule au monde je n'ai point oublié. Edmond, ce n'est point madame de Morcerf qui vient à vous, c'est Mercédès.

MONTE-CRISTO.

Mercédès est morte, madame, et je ne connais plus personne de ce nom.

MERCÉDÈS.

Mercédès vit, monsieur, et Mercédès se souvient; car seule elle vous a reconnu lorsqu'elle vous a vu et même sans vous voir, au seul accent de votre voix. Depuis le moment où elle vous a revu, elle vous suit pas à pas, elle vous surveille, elle vous redoute, elle n'a pas eu besoin de chercher la main d'où partait le coup qui frappait le comte de Morcerf.

MONTE-CRISTO.

Fernand, vous voulez dire, madame? Puisque nous sommes en train de nous rappeler nos noms, eh bien, rappelons-nous-les tous.

MERCÉDÈS.

Vous voyez bien, Edmond, que je ne me suis pas trompée et que j'ai raison de vous dire: Edmond, épargnez mon fils!

MONTE-CRISTO.

Et qui vous a dit, madame, que j'en voulais à votre fils?

MERCÉDÈS.

Personne, mon Dieu! Mais une mère a-t-elle besoin qu'on lui dise de ces choses-là? J'ai tout deviné; je l'ai suivi ce soir à l'Opéra, et, cachée dans une baignoire, j'ai tout vu.

MONTE-CRISTO.

Alors, si vous avez tout vu, madame, vous avez vu que le fils de Fernand m'a insulté publiquement?

MERCÉDÈS.

Oh! par pitié!

MONTE-CRISTO.

Vous avez vu qu'il m'eût jeté son gant à la figure si M. de Chateaubrun ne l'eût arrêté?

MERCÉDÈS.

Écoutez-moi : mon fils a deviné, lui aussi, et il vous attribue les malheurs qui frappent son père.

MONTE-CRISTO.

Madame, vous confondez : ce ne sont point des malheurs, c'est un châtiment. Ce n'est pas moi qui frappe M. de Morcerf c'est la Providence qui le punit.

MERCÉDÈS.

Et pourquoi vous substituez-vous à la Providence ? pourquoi vous souvenez-vous quand elle oublie ? Que vous importent, à vous, Edmond, Janina et son vizir ! Quel tort vous a fait Fernand Mondego en trahissant Ali Tebelin ?

MONTE-CRISTO.

Aussi, madame, tout cela est une affaire entre le capitaine franc et la fille d'Ali, qui existe encore, je crois ; et, si j'ai juré de me venger, ce n'est ni du capitaine franc, ni du comte de Morcerf, c'est du pêcheur Fernand, mari de la Catalane Mercédès.

MERCÉDÈS.

Oh ! monsieur, quelle terrible vengeance pour une faute que le hasard m'a fait commettre ! car la coupable, c'est moi, Edmond, et, si vous avez à vous venger de quelqu'un, c'est de moi qui ai manqué de force contre votre absence et contre mon isolement.

MONTE-CRISTO.

Mais pourquoi étais-je absent? pourquoi étiez-vous isolée?

MERCÉDÈS.

Parce qu'on vous avait arrêté, Edmond, parce que vous étiez prisonnier.

MONTE-CRISTO.

Pourquoi étais-je arrêté ? pourquoi étais-je prisonnier ?

MERCÉDÈS.

Je l'ignore.

MONTE-CRISTO.

Oui, vous l'ignorez, je l'espère du moins. Eh bien, je vais vous le dire, moi : j'étais arrêté, j'étais prisonnier, parce que, de la Réserve, le jour même où je devais vous épouser, un homme, nommé Danglars, avait écrit cette lettre, que le pêcheur Fernand s'était chargé de mettre à la poste.

(Il va à un secrétaire et en tire la lettre.)

MERCÉDÈS.

Une lettre ! quelle lettre ?

MONTE-CRISTO.

Lisez ! Cette lettre me coûte cent mille francs ; mais ce n'est pas trop cher, puisqu'elle me donne le moyen de me justifier à vos yeux.

MERCÉDÈS, lisant.

« M. le procureur du roi est prévenu, par un ami du trône et de la religion, que le nommé Edmond Dantès, second du navire *le Pharaon*, arrivé ce matin de Smyrne, après avoir touché à Naples et à Porto-Ferraïo, a été chargé par Murat d'une lettre pour l'usurpateur, et par l'usurpateur d'une lettre pour le comité bonapartiste de Paris. On aura la preuve du crime en l'arrêtant, car on trouvera cette lettre sur lui. » (Tombant sur un fauteuil.) Oh ! mon Dieu ! mon Dieu !

MONTE-CRISTO.

Vous avez lu ?

MERCÉDÈS.

Oui. Et le résultat de cette lettre ?...

MONTE-CRISTO.

Vous le savez, madame, a été mon arrestation. Mais ce que vous ne savez pas, c'est le temps qu'elle a duré, cette arrestation. Quatorze ans ! Ce que vous ne savez pas, c'est que, chaque jour de ces quatorze ans, j'ai renouvelé le vœu de vengeance que j'avais fait le premier jour, et cependant, au fond de ma prison, j'ignorais que vous eussiez épousé Fernand, mon dénonciateur ; j'ignorais que mon père fût mort, et mort de faim !

MERCÉDÈS.

Juste Dieu !

MONTE-CRISTO.

Mais voilà ce que j'ai su en sortant de prison, quatorze ans après y être entré, et voilà ce qui fait que, sur Mercédès vivante et sur mon père mort, j'ai juré de me venger de Fernand, et je me venge !

MERCÉDÈS.

Êtes-vous sûr que le malheureux Fernand soit cause de tout cela ?

MONTE-CRISTO.

Sur mon âme ! il l'a fait comme je vous le dis. D'ailleurs, ce n'est pas plus odieux que d'avoir, Français d'adoption, passé aux Anglais; Espagnol de naissance, combattu contre les Espagnols; stipendiaire d'Ali, trahi et assassiné Ali ! En face de pareilles choses, mon Dieu ! qu'est-ce que la lettre que vous venez de lire? une mystification galante, que doit pardonner, je l'avoue et je le comprends, la femme qui a épousé cet homme, mais que ne pardonne pas l'amant qui devait épouser cette femme. Eh bien, les Français ne se sont pas vengés du traître, les Espagnols n'ont pas fait fusiller le traître, Ali, couché dans sa tombe, n'a point fait étrangler le traître ! Moi, moi, trahi, assassiné, jeté aussi dans une tombe, je suis sorti de cette tombe par la grâce de Dieu ! Je dois donc à Dieu de me venger; il m'envoie pour cela, et me voici.

MERCÉDÈS.

Oh ! oui, vous avez raison ! oui, vous êtes dans votre droit ! oui, Dieu vous a commis la charge de punir ! Mais pardonnez, Edmond, pardonnez pour moi, pour moi qui vous en supplie à genoux.

MONTE-CRISTO.

Que je pardonne ? que je n'écrase pas cette race maudite ? que je désobéisse à Dieu, qui m'a suscité pour sa punition ? Impossible, madame, impossible !

MERCÉDÈS.

Edmond, mon Dieu ! quand je vous appelle toujours Edmond, pourquoi ne m'appelez-vous plus Mercédès ?

MONTE-CRISTO.

Mercédès ! Eh bien, oui, vous avez raison, Mercédès ; oui, ce nom m'est doux encore à prononcer, et voilà la première fois, depuis bien longtemps, qu'il retentit si clairement au sortir de mes lèvres. Oh ! Mercédès, votre nom, je l'ai prononcé avec les soupirs de la mélancolie, les gémissements de la douleur, le râle du désespoir ; je l'ai prononcé glacé par le froid et accroupi sur la paille de mon cachot ; je l'ai prononcé dévoré par la chaleur, me roulant sur les dalles de ma prison ! Mercédès ! Quatorze ans j'ai souffert, quatorze ans j'ai maudit ! Maintenant, je vous le dis, Mercédès, il est temps que je me venge !

MERCÉDÈS.

Vengez-vous, Edmond ; mais vengez-vous sur les coupables. Vengez-vous sur lui, vengez-vous sur moi ; mais ne vous vengez pas sur mon fils !

MONTE-CRISTO.

Il est écrit : « Les fautes des pères retomberont sur les enfants jusqu'à la quatrième génération. » Puisque Dieu a dicté ces propres paroles à son prophète, pourquoi serais-je meilleur que Dieu ?

MERCÉDÈS.

Parce que Dieu a le temps et l'éternité, ces deux choses qui échappent aux hommes.

MONTE-CRISTO.

Oh !

MERCÉDÈS.

Edmond, depuis que je vous connais, j'ai adoré votre nom. Edmond, depuis que je vous ai perdu, j'ai adoré votre mémoire. Edmond, mon ami, ne me forcez pas à ternir cette pure et noble image, reflétée sans cesse dans le miroir de mon cœur ! Edmond, si vous saviez toutes les prières que j'ai adressées à Dieu, tant que je vous ai espéré vivant et depuis que je vous ai cru mort ! Que pouvais-je pour vous, Edmond, sinon prier et pleurer ?... Écoutez-moi ; pendant dix ans, j'ai fait chaque nuit le même rêve. On a dit que vous aviez voulu fuir, que vous aviez pris la place d'un prisonnier, que vous vous étiez glissé dans le suaire d'un mort, qu'alors on avait lancé ce cadavre vivant du haut en bas du château d'If, et que le cri que vous aviez poussé en vous brisant sur les rochers avait seul révélé la substitution à vos ensevelisseurs, devenus vos bourreaux. Eh bien, Edmond, je vous le jure sur la tête de ce fils pour lequel je vous implore, pendant dix ans, j'ai vu, chaque nuit, des hommes qui balançaient quelque chose d'informe et d'inconnu au haut d'un rocher ; pendant dix ans, j'ai entendu, chaque nuit, un cri terrible, qui m'a réveillée frissonnante et glacée !... Oh ! moi aussi, Edmond, croyez-moi, toute criminelle que je fus, oh ! j'ai bien souffert !

MONTE-CRISTO.

Avez-vous senti votre père mourir de faim pendant votre absence ? Avez-vous vu la femme que vous aimiez tendre la main à votre rival, tandis que vous râliez au fond d'un gouffre ?

MERCÉDÈS.

Non. Mais j'ai vu celui que j'aimais prêt à devenir le meurtrier de mon fils

MONTE-CRISTO.

Mon Dieu! mon Dieu! c'est tout ce que je puis supporter ; c'est plus que je n'en puis supporter! Que me demandez-vous? que votre fils vive? Eh bien, il vivra! le lion est dompté, le vengeur est vaincu.

MERCÉDÈS, portant la main d'Edmond à ses lèvres.

Oh! merci, Edmond! Te voilà bien tel que je t'ai toujours rêvé, tel que je t'ai toujours aimé; oh! oui, toujours aimé, maintenant je puis te le dire.

MONTE-CRISTO.

D'autant plus que le pauvre Edmond n'aura pas longtemps à être aimé de vous. Le mort va rentrer dans la tombe, le fantôme va rentrer dans la nuit.

MERCÉDÈS.

Que dites-vous?

MONTE-CRISTO.

Je dis que, puisque vous l'ordonnez, Mercédès, il faut mourir.

MERCÉDÈS.

Qui dit cela? qui parle de mourir? d'où vous viennent ces idées de mort?

MONTE-CRISTO.

Vous ne supposez pas qu'outragé publiquement en face de toute une salle, en présence de vos amis et de ceux de votre fils, provoqué par un enfant, qui se glorifiera de mon pardon comme d'une victoire, vous ne supposez pas qu'il me reste un instant le désir de vivre ?

MERCÉDÈS.

Mais ce duel n'aura pas lieu, Edmond, puisque vous pardonnez.

MONTE-CRISTO.

Il aura lieu, madame : seulement, au lieu du sang de votre fils que devait boire la terre, c'est le mien qui coulera.

MERCÉDÈS.

Edmond, il y a un Dieu au-dessus de nous, puisque vous vivez, puisque je vous ai revu, et je me fie à lui du plus profond de mon cœur. En attendant son appui, je me repose sur votre parole : vous avez dit qu'il vivrait, il vivra, n'est-ce pas?

MONTE-CRISTO.

Il vivra, madame; ce qui est dit est dit.

MERCÉDÈS.

Oh! Edmond, comme c'est beau, comme c'est grand, comme c'est sublime, de pardonner ainsi que vous venez de le faire !

MONTE-CRISTO.

Vous dites cela, Mercédès, et que diriez-vous donc si vous saviez l'étendue du sacrifice que je vous fais?

MERCÉDÈS.

Edmond, je n'ai plus qu'un mot à vous dire : vous verrez que, si mon front a pâli, que, si mes yeux sont éteints, que, si ma beauté est perdue, que, si Mercédès, enfin, ne ressemble plus à elle-même par les traits du visage. Mercédès a toujours le même cœur. Adieu, Edmond! Je n'ai plus rien à demander au ciel, je vous ai revu et revu aussi grand et aussi noble qu'autrefois. Adieu, Edmond! adieu et merci !

SCÈNE III

MONTE-CRISTO, seul.

Voilà donc l'édifice si lentement préparé, élevé avec tant de peine et de labeur, écroulé d'un seul coup, avec un seul mot, sous un souffle, hélas ! Et tout cela, mon Dieu, parce que mon cœur, que je croyais mort, n'était qu'engourdi, parce qu'il a battu, parce qu'enfin j'ai cédé à la douleur de ce battement, soulevé au fond de ma poitrine par la voix d'une femme. Sottise! sottise! que faire ainsi de la générosité, en se plaçant comme un but inerte au bout du pistolet de ce jeune homme. Jamais il ne croira que ma mort soit un suicide, et cependant il importe, pour l'honneur de ma mémoire, que le monde sache que j'ai consenti moi-même, par ma volonté, par mon libre arbitre, à arrêter mon bras déjà levé, et que, de ce bras si puissamment armé contre les autres, je me suis frappé moi-même. (Il tire un papier de son tiroir et écrit quelques mots.) Et d'abord, ajoutons ce codicille à mon testament. « Je lègue à Maximilien Morel, capitaine de spahis, et fils de mon ancien patron, Pierre Morel, armateur à Marseille, la somme de vingt millions. Ces vingt millions sont enfouis dans ma grotte de Monte-Cristo, dont Bertuccio sait le secret (Haydée entre, s'approche du Comte, et lit par-dessus son épaule.) Si son cœur est libre et qu'il veuille épouser Haydée, fille d'Ali, pacha de Janina, que j'ai élevée avec l'amour d'un père, et qui a pour moi l'amour et la tendresse d'une fille, il accomplira, je ne dirai point ma dernière volonté, mais mon dernier désir. Le présent testament a déjà fait Haydée héritière du reste de ma fortune, consistant... »

HAYDÉE.

Oh! mon Dieu!

SCÈNE IV

MONTE-CRISTO, HAYDÉE.

MONTE-CRISTO.

Haydée, vous avez lu?

HAYDÉE.

Oh! monseigneur, pourquoi écrivez-vous de pareilles choses, à une pareille heure? pourquoi me léguez-vous toute votre fortune? Monseigneur, vous me quittez donc?

MONTE-CRISTO.

Je vais faire un long voyage, ma fille, et, s'il m'arrivait malheur!...

HAYDÉE.

Eh bien?

MONTE-CRISTO.

Eh bien, s'il m'arrivait malheur, je veux que ma fille soit heureuse.

HAYDÉE.

Monseigneur, tu penses à mourir!

MONTE-CRISTO.

C'est une pensée salutaire, mon enfant, a dit le sage.

HAYDÉE.

Eh bien, si vous mourez, léguez votre fortune à d'autres; car, si vous mourez, monseigneur, Haydée n'aura plus besoin de rien.

(Elle prend le testament, le déchire, puis tombe évanouie.)

MONTE-CRISTO.

Mercédès s'est souvenue qu'elle avait un fils; moi, j'ai oublié que j'avais une fille.

SEPTIÈME TABLEAU

Le bois de Vincennes.

SCÈNE PREMIÈRE

CHATEAUBRUN, DEBRAY.

CHATEAUBRUN.

Bon! nous voilà arrivés, et je crois même que nous voilà arrivés les premiers.

DEBRAY.

Vous m'excuserez, mon cher, mais je crois apercevoir, là-bas, une voiture sous les arbres.

CHATEAUBRUN.

C'est vrai, et deux jeunes gens qui paraissent attendre; je reconnais Frantz et Beauchamp. (A la cantonade.) Voici nos hommes, comte, et vous pouvez descendre.

SCÈNE II

LES MÊMES, MONTE-CRISTO.

MONTE-CRISTO.

Merci, messieurs!

DEBRAY.

Comte, voulez-vous me permettre d'aller jusqu'à ces messieurs leur demander quelle cause les retient loin de nous?

MONTE-CRISTO.

J'allais vous en prier. (Debray sort.) Laissez-moi, monsieur de Chateaubrun, vous renouveler tous mes remerciments.

CHATEAUBRUN.

Et de quoi, monsieur?

MONTE-CRISTO.

Vous avez consenti à me servir de témoin sans me connaître, sans savoir si j'avais tort ou raison, si ma cause était juste ou injuste.

CHATEAUBRUN.

Écoutez, comte : je vous ai regardé hier pendant toute cette scène de provocation; j'ai pensé à votre assurance toute cette nuit et je me suis dit que la justice devait être pour vous, ou qu'il n'y avait plus aucun fond à faire sur le visage des hommes.

MONTE-CRISTO.

Qu'avez-vous fait après m'avoir quitté?

CHATEAUBRUN.

J'ai été chez Tortoni, où, comme je m'y attendais, j'ai trouvé Beauchamp et Frantz, que Morcerf a pris pour son second témoin ; je vous avoue que je les cherchais.

MONTE-CRISTO.

Pour quoi faire, puisque tout était convenu?

CHATEAUBRUN.

J'espérais faire changer les armes, substituer l'épée au pistolet : le pistolet est aveugle.

MONTE-CRISTO, vivement.

Auriez-vous réussi, par bonheur?

CHATEAUBRUN.

Non; il paraît que votre force à l'épée est connue.

MONTE-CRISTO.

Bien. Ainsi, nous nous battons au pistolet?

CHATEAUBRUN.

Oui.

MONTE-CRISTO.

A combien de pas?

CHATEAUBRUN.

A vingt.

MONTE-CRISTO.

Et nous tirons ensemble?

CHATEAUBRUN.

Non, vous tirez le premier.

MONTE-CRISTO.

Je tire le premier?

CHATEAUBRUN.

Oh! cela, je l'ai obtenu ou plutôt exigé; nous leur faisons assez de concessions pour qu'ils nous fassent celle-là.

MONTE-CRISTO.

Vous ne m'avez jamais vu tirer le pistolet, monsieur de Chateaubrun?

CHATEAUBRUN.

Non, jamais.

MONTE-CRISTO, *prenant un pistolet dans une boîte.*
Voyez-vous ce petit arbre ?
CHATEAUBRUN.
Lequel ?
MONTE-CRISTO.
Près de ce chêne; il est à vingt pas, à peu près, n'est-ce pas?
CHATEAUBRUN.
Oui.
MONTE-CRISTO.
Regardez.
(Il tire et brise l'arbre.)
CHATEAUBRUN.
Oh! mon Dieu!
MONTE-CRISTO.
Monsieur de Chateaubrun, n'oubliez jamais ce que vous venez de voir.
CHATEAUBRUN.
C'est effrayant! Au nom du ciel, comte, ne tuez pas Albert! le malheureux a une mère.
MONTE-CRISTO.
C'est juste, et moi, je n'en ai pas.
CHATEAUBRUN.
Oh! comte, soyez généreux. Sûr de votre coup comme vous l'êtes, je puis vous dire, à vous, une chose qui serait ridicule si je la disais à un autre.
MONTE-CRISTO.
Laquelle?
CHATEAUBRUN.
Blessez-le, mais ne le tuez pas.
MONTE-CRISTO.
Baron, je n'ai pas besoin d'être encouragé à ménager M. de Morcerf. M. de Morcerf sera si bien ménagé, je vous l'annonce d'avance, qu'il reviendra tranquillement avec ses deux amis, tandis que moi...
CHATEAUBRUN.
Tandis que vous ?
MONTE-CRISTO.
Tandis que moi, c'est autre chose, vous me rapporterez.
CHATEAUBRUN.
Allons donc!

MONTE-CRISTO.

C'est comme j'ai l'honneur de vous le dire, baron, Albert me tuera.

CHATEAUBRUN.

Que vous est-il donc arrivé depuis hier au soir, comte?

MONTE-CRISTO.

Ce qui est arrivé à Brutus la veille de la bataille de Philippes : j'ai vu un fantôme !

CHATEAUBRUN.

Et ce fantôme?...

MONTE-CRISTO.

M'a dit que j'avais assez vécu... Mais voici ces messieurs. Venez, venez, je vous attends.

SCÈNE III

BEAUCHAMP, MONTE-CRISTO, DEBRAY, CHATEAUBRUN, FRANTZ.

BEAUCHAMP.

Huit heures moins trois minutes, messieurs; il n'y a pas de temps perdu.

MONTE-CRISTO.

Oh! ce n'est pas dans cette intention que je le disais.

FRANTZ.

D'ailleurs, j'entends des pas de chevaux.

CHATEAUBRUN.

Messieurs, vous vous êtes munis de pistolets; M. le comte de Monte-Cristo déclare renoncer au droit qu'il avait de se servir des siens.

BEAUCHAMP.

Nous avions prévu cette délicatesse du comte, monsieur de Chateaubrun, et j'ai apporté des armes que j'ai achetées il y a huit ou dix jours, croyant que j'en aurais besoin pour une affaire pareille. Elles sont parfaitement neuves et n'ont encore servi à personne. Voulez-vous les visiter?

CHATEAUBRUN.

Oh ! monsieur de Beauchamp, lorsque vous m'assurez que M. de Morcerf ne connaît pas ces armes, vous pensez bien que votre parole me suffit.

DEBRAY.

Monsieur, voici Albert; il est à cheval.

BEAUCHAMP, regardant à sa montre.

Huit heures.

FRANTZ.

Quelle imprudence de venir à cheval pour se battre au pistolet! moi qui lui avais si bien fait sa leçon!

BEAUCHAMP.

Et puis, voyez donc, avec un col à sa cravate, avec un habit ouvert, avec un gilet blanc. Que ne s'est-il fait tout de suite dessiner une mouche sur la poitrine; c'eût été plus tôt fait.

SCÈNE IV

Les Mêmes, un Domestique, au fond, tenant les deux chevaux.

ALBERT.

Merci, messieurs, d'avoir bien voulu vous rendre à mon invitation. Et à vous aussi, monsieur de Chateaubrun, merci; approchez donc; vous n'êtes point de trop.

CHATEAUBRUN.

Vous ignorez peut-être, monsieur de Morcerf, que je suis le témoin de M. de Monte-Cristo?

ALBERT.

Je n'en étais pas sûr, mais je m'en doutais. Tant mieux, messieurs : plus il y aura d'hommes d'honneur ici, plus je serai satisfait.

FRANTZ.

Monsieur Debray, vous pouvez annoncer à M. le comte de Monte-Cristo que nous nous tenons à sa disposition.

(Beauchamp ouvre en même temps la boîte aux pistolets.)

ALBERT.

Attendez, messieurs, j'ai deux mots à dire à M. le comte de Monte-Cristo.

CHATEAUBRUN.

En particulier?

ALBERT.

Non, monsieur, devant tout le monde.

CHATEAUBRUN, à Monte-Cristo.

Vous entendez?

MONTE-CRISTO.

Que veut-il?

CHATEAUDRUN.

Je l'ignore, mais il demande à vous parler.

MONTE-CRISTO.

Oh! qu'il ne tente pas Dieu par quelque nouvel outrage!

CHATEAUBRUN.

Je ne crois pas que ce soit son intention.

ALBERT.

Messieurs, approchez-vous, je vous prie; je désire que pas un mot de ce que je vais avoir l'honneur de dire à M. le comte de Monte-Cristo ne soit perdu ; car ce que je vais avoir l'honneur de lui dire sera répété par vous à qui voudra l'entendre, si étrange et si incompréhensible que mon discours vous paraisse.

MONTE-CRISTO.

J'attends, monsieur.

ALBERT.

Monsieur, hier, je vous reprochais d'avoir divulgué la conduite de M. de Morcerf en Épire ; car, si coupable que fût M. le comte de Morcerf, je ne croyais pas que ce fût vous qui eussiez le droit de le punir; mais, aujourd'hui, monsieur, je sais que ce droit vous est acquis... Ce n'est point la trahison de Fernand Mondego envers Ali Pacha qui me rend si prompt à vous excuser, c'est la trahison du pêcheur Fernand à votre égard; ce sont les malheurs inouïs qui ont été la suite de cette trahison; aussi, je vous le dis, aussi, je le proclame tout haut : oui, monsieur, vous avez eu raison de vous venger de mon père, et moi, son fils, moi, le fils de Mercédès, je vous remercie de ne vous être vengé que de lui.

MONTE-CRISTO, levant les yeux au ciel avec une expression de joie infinie.

Ah! je te reconnais, Mercédès!

ALBERT.

Et maintenant, monsieur, si vous trouvez que les excuses que je viens de vous faire sont suffisantes, votre main, je vous prie. Après le mérite si rare de l'infaillibilité qui semble être le vôtre, le premier de tous les mérites, à mon avis, est de savoir avouer ses torts; mais cet aveu, c'est moi qui le fais, car il me regarde seul. Un ange seul pouvait sauver l'un de nous de la mort, et l'ange est descendu du ciel, pour faire de nous sinon deux amis, — hélas! la fatalité rend la chose impossible, — au moins deux hommes qui s'estiment.

MONTE-CRISTO.

Voici ma main, monsieur, mais pour vous, vous entendez? pour vous seul (bas), et pour votre mère.

ALBERT.

Merci, comte! Messieurs, vous le voyez, M. de Monte-Cristo veut bien agréer mes excuses; j'avais agi précipitamment envers lui; la colère est mauvaise conseillère. J'avais donc mal agi; maintenant, ma faute est réparée; j'espère bien que le monde ne me tiendra point pour lâche, parce que j'ai fait ce que ma conscience m'ordonnait de faire; mais, en tout cas, si l'on se trompait sur mon compte, je tâcherais de redresser les opinions.

FRANTZ.

Que s'est-il donc passé cette nuit, monsieur de Beauchamp? Il me semble que nous jouons ici un triste rôle.

BEAUCHAMP.

En effet, ce que vient de faire là Albert est bien misérable ou bien beau.

MONTE-CRISTO, à part.

Toujours la Providence. Oh! c'est d'aujourd'hui seulement que je suis bien certain d'être l'envoyé de Dieu.

ACTE CINQUIÈME

HUITIÈME TABLEAU

Une salle de la Chambre des Pairs.

SCÈNE PREMIÈRE

Le Président de la Chambre des Pairs, six Membres nommés en commission d'enquête; MORCERF.

MORCERF.

Messieurs les pairs, j'ai été assigné à comparaître devant vous, et, vous le voyez, je me suis rendu à vos ordres.

LE PRÉSIDENT.

Vous savez quelle accusation pèse sur vous, monsieur le comte?

MORCERF.

Je sais que deux calomniateurs anonymes, dirigés par une main ennemie... ont essayé de ternir la vie d'un homme qui inspire une jalousie d'autant plus grande qu'il a été comblé des plus grands honneurs.

LE PRÉSIDENT.

Vous connaissez cette double accusation, **monsieur le comte**?

MORCERF.

Oui, je la connais.

LE PRÉSIDENT.

Il est donc inutile de vous la lire.

MORCERF.

Inutile. Seulement, je ferai observer aux honorables pairs que cet article, outre son caractère extra-officiel, ne porte pas de désignation précise.

LE PRÉSIDENT.

C'est vrai... Aussi, n'eussions-nous accordé à cet article aucune attention, si celui qui a paru, le même soir, dans le journal *l'Étoile*, n'avait pas, en formulant l'accusation, dénoncé le nom de l'accusé. Voici le second article : « Cet officier français, au service d'Ali, pacha de Janina, dont parlait, ce matin, le journal *l'Impartial,* et qui non-seulement vendit les châteaux de Janina, mais encore livra son bienfaiteur aux Turcs, s'appelait, en effet, à cette époque, Fernand, comme l'a dit notre honorable confrère; mais, depuis, il a ajouté à ce nom de baptême un titre de noblesse et un nom de terre. Il s'appelle aujourd'hui M. le comte de Morcerf, et fait partie de la chambre haute. » Qu'avez-vous à répondre, monsieur le comte?

MORCERF.

J'ai à répondre, messieurs, que ni l'un ni l'autre de ces deux articles n'est signé; que bien peu des plus braves et des plus loyaux peuvent se vanter d'avoir traversé notre époque sans avoir eu à effacer de pareilles taches... J'ai à répondre qu'aucune preuve n'est émise à l'appui de l'infâme accusation, tandis que, moi, messieurs, j'ai, au contraire, mille preuves qu'Ali Pacha m'a tenu dans son amitié et dans sa confiance jusqu'au dernier moment... Voici ma commission signée de lui... Voici son anneau, signe de commandement, avec lequel il cachetait d'ordinaire ses lettres, et qu'il m'avait donné lorsqu'il m'envoya à Constantinople pour traiter en son nom avec le Grand Sultan... et pour que je pusse, lors de mon retour, à quelque heure du jour ou de la nuit que ce fût, pénétrer jusqu'à lui, fût-il dans son harem... Malheureusement, comme vous le savez, messieurs, la négociation échoua, et, lorsque je revins, mon bienfaiteur était déjà mort; mais, à son dernier moment, sa confiance en moi était encore si grande, si entière, que ce fut à moi qu'il légua sa favorite Vasiliki et sa fille chérie Haydée.

LE PRÉSIDENT.

Ainsi, ce fut à vous, comte, que le pacha confia, en mourant, sa fille et sa maîtresse?

MORCERF.

Oui, monsieur... Mais, en cela comme dans tout le reste, le malheur me poursuivit; à mon retour, Vasiliki et sa fille avaient disparu.

LE PRÉSIDENT.

Vous les connaissiez, comte?

MORCERF.

Mon intimité avec le pacha, et l'extrême confiance qu'il avait en ma fidélité, m'avaient permis de les voir plus de vingt fois.

LE PRÉSIDENT.

Avez-vous quelque idée de ce qu'elles sont devenues?

MORCERF.

Oui, monsieur; j'ai entendu dire qu'elles avaient succombé à leurs chagrins et peut-être à leur misère... Comme on me savait fidèle serviteur du pacha, ma vie courait de grands dangers, et, à mon suprême regret, je ne pus me mettre à leur recherche.

LE PRÉSIDENT.

Messieurs, vous avez entendu et suivi M. le comte dans ses explications. Ces attaques anonymes, si franchement, si loyalement repoussées par notre honorable collègue, vous paraissent-elles mériter plus ample information? (Muette dénégation des Pairs.) Voulez-vous vous retirer, monsieur le comte? Nous allons délibérer.

L'HUISSIER.

Une lettre!

LE PRÉSIDENT.

Donnez!

MORCERF.

Veuillez vous rappeler, messieurs, que j'ai la preuve la plus convaincante que l'on puisse fournir contre une attaque anonyme, c'est-à-dire l'absence de tout témoignage contre ma parole d'honnête homme... et la pureté de toute ma vie militaire.

LE PRÉSIDENT.

Je regretterais que vous eussiez parlé trop tôt, comte.

MORCERF.

Que voulez-vous dire, monsieur?

LE PRÉSIDENT.

Ou plutôt, je n'en doute point, le témoin qui se présente, et qui vient de se produire de lui-même, est appelé à prouver la parfaite innocence de notre collègue... Voici la lettre que je reçois : « Monsieur le président, à la mort d'Ali Pacha, j'assistais à ses derniers moments; je puis donc fournir à la commission d'enquête, chargée d'examiner la conduite de M. le général comte de Morcerf, en Épire et en Macédoine, les renseignements les plus positifs. Je sais ce que devinrent Vasiliki et Haydée; je me tiens à la disposition de la commission, et réclame même l'honneur de me faire entendre... Je serai dans le vestibule de la Chambre, au moment où l'on vous remettra ce billet. »

MORCERF.

Oh!... et quel est ce témoin, ou plutôt cet ennemi?

LE PRÉSIDENT.

Nous allons le savoir, monsieur, si la commission est d'avis de l'entendre.

LES PAIRS.

Oui, oui, qu'il soit entendu... à l'instant même, séance tenante.

LE PRÉSIDENT, à l'Huissier.

Y a-t-il quelqu'un qui attende dans le vestibule?

L'HUISSIER.

Oui, monsieur le président.

LE PRÉSIDENT.

Qui est-ce?

L'HUISSIER.

Une femme.

LE PRÉSIDENT.

Bien.

(Il fait un signe à l'Huissier.)

MORCERF, à part.

Oh! mon Dieu! qui cela peut-il être?

SCÈNE II

Les Mêmes, HAYDÉE.

Elle est couverte d'un voile qu'elle lève en descendant en scène.

LE PRÉSIDENT.

Madame, c'est vous qui avez écrit à la commission, offrant de lui donner des renseignements sur l'affaire de Janina?

HAYDÉE.

Oui, monsieur.

LE PRÉSIDENT.

Et vous avez avancé, dans la lettre, que vous aviez été témoin oculaire des événements.

HAYDÉE.

C'est la vérité!

LE PRÉSIDENT.

Permettez-moi de vous dire que vous étiez bien jeune alors, madame.

HAYDÉE.

J'avais quatre ans; mais, comme ces détails avaient pour moi une suprême importance, aucun d'eux n'est sorti de ma mémoire.

LE PRÉSIDENT.

Mais quelle importance avaient donc pour vous ces événements?

HAYDÉE.

Il s'agissait de la vie ou de la mort de mon père.

LE PRÉSIDENT.

De votre père!... Qui donc êtes-vous?

HAYDÉE.

Je suis Haydée, fille d'Ali Tebelin, pacha de Janina, et de Vasiliki, sa femme bien-aimée.

MORCERF, à part.

Haydée! Haydée!

LE PRÉSIDENT.

Madame, permettez-moi une seule question, qui n'est pas un doute... Pouvez-vous prouver l'authenticité de ce que vous dites?

HAYDÉE.

Je le puis, monsieur; car voici l'acte de ma naissance, rédigé par mon père, et signé par ses principaux officiers; car voici, avec l'acte de ma naissance, l'acte de mon baptême, mon père ayant consenti à ce que je fusse élevée dans la religion chrétienne, acte que le primat de Macédoine et d'Épire a revêtu de son sceau... Voici enfin l'acte de vente, de la vente qui fut faite de ma personne et de celle de ma mère, au marchand arménien El Kebbir par l'officier franc qui, dans son infâme marché avec la Porte, s'était réservé, pour sa part de butin, la fille et la femme de son bienfaiteur, qu'il vendit pour la somme de mille bourses, c'est-à-dire pour quatre cent mille francs, à peu près.

LE PRÉSIDENT.

Voici l'acte. (Lisant.) « Moi, El Kebbir, marchand d'esclaves, et fournisseur du harem de Sa Hautesse, reconnais avoir reçu, pour la remettre au sublime empereur, du seigneur franc comte de Monte-Cristo, une émeraude évaluée deux mille bourses, pour prix d'une jeune esclave chrétienne, âgée de onze ans, du nom de Haydée, et fille reconnue du défunt seigneur Ali Tebelin, pacha de Janina, et de Vasiliki, sa favorite... »

HAYDÉE.

Continuez.

LE PRÉSIDENT

« Laquelle m'avait été vendue, il y a sept ans, avec sa mère, morte en arrivant à Constantinople, par un colonel franc au service du visir Ali, nommé Fernand Mondego. Fait et délivré à Constantinople, avec l'autorisation de Sa Hautesse, l'an 1247 de l'Hégire. *Signé :* EL KEBBIR. — Le présent acte, pour lui donner toute foi, toute croyance et toute authenticité, sera revêtu du sceau impérial, que le vendeur s'oblige à y faire apposer. » Monsieur de Morcerf, d'après l'authenticité incontestable de ces actes, reconnaissez-vous madame pour la fille d'Ali Tebelin, pacha de Janina?

MORCERF.

Non, et c'est sans doute quelque trame ourdie par mes ennemis.

HAYDÉE.

Tu ne me reconnais pas? tu ne me reconnais pas pour la fille d'Ali? Mais, heureusement, je te reconnais, moi... Tu es Fernand Mondego, l'officier franc qui instruisait les troupes de mon noble père; c'est toi qui as livré les châteaux de Janina; c'est toi qui, envoyé à Constantinople pour traiter directement avec l'empereur de la vie ou de la mort de ton bienfaiteur, as rapporté un faux firman qui accordait grâce entière, tandis que le véritable firman demandait sa tête; c'est toi, enfin, qui nous as vendues, ma mère et moi, au marchand El Kebbir... Assassin! assassin! assassin! tu as encore au front le sang de ton maître. Regardez tous!

(Morcerf porte la main à son front.)

LE PRÉSIDENT.

Vous reconnaissez donc positivement M. de Morcerf pour être le même que l'officier Fernand Mondego?

HAYDÉE.

Si je le reconnais! O ma mère, tu m'as dit: « Haydée! tu étais libre, tu avais un père que tu aimais, tu étais destinée à être presque une reine; regarde bien cet homme, qui a jeté dans le manteau de séraskier la tête coupée de ton père, c'est lui qui nous a vendues, c'est lui qui nous a livrées... Regarde bien sa main droite, celle qui a une cicatrice; si tu oubliais son visage, tu le reconnaîtrais à cette main, dans laquelle sont tombées, une à une, les pièces d'or du marchand El Kebbir... » Si je le reconnais!... Oh! qu'il dise maintenant lui-même si je ne le reconnais pas.

(Le Comte tombe sur une chaise, la tête dans ses mains.)

LE PRÉSIDENT.

Monsieur le comte, ne vous laissez point abattre; la justice de la cour est suprême et égale pour tous comme celle de Dieu. Elle ne vous laissera point écraser par vos ennemis... sans vous donner les moyens de les combattre. Répondez... Que décidez-vous?

MORCERF.

Rien!

LE PRÉSIDENT.

La fille d'Ali Tebelin a donc déclaré bien réellement la vérité? elle est donc bien réellement ce témoin terrible auquel il arrive toujours que le coupable n'ose répondre non? Vous avez donc fait bien réellement toutes les choses dont on vous accuse?

MORCERF se lève chancelant, ouvre violemment son habit pour respirer, et s'élance hors de la chambre en criant.

Oh! je saurai qui!

LE PRÉSIDENT.

Messieurs, le comte de Morcerf est-il convaincu de félonie, de trahison et d'indignité? (Signe affirmatif des Pairs.) A partir de cette heure, M. de Morcerf ne fait plus partie de la chambre haute.

HAYDÉE, ramenant son voile sur ses yeux.

C'est justice!

(Elle sort lentement.)

NEUVIÈME TABLEAU

Chez Morcerf. — Même décoration qu'au premier acte.

SCÈNE PREMIÈRE

ALBERT, à une table et écrivant.

Voici l'inventaire exact de tout ce que je possède, ou plutôt de tout ce que je possédais. Vienne le dernier coup; maintenant, je suis prêt.

GERMAIN, annonçant.

M. de Beauchamp.

ALBERT.

Faites entrer.

SCÈNE II

ALBERT, BEAUCHAMP, puis GERMAIN.

ALBERT.

Eh bien, mon ami?

BEAUCHAMP.

Eh bien, le jugement est rendu.

ALBERT.

Condamné?

BEAUCHAMP.

Rayé de la liste des pairs.

ALBERT.

Je m'y attendais, mon ami. Venez, il faut que vous me rendiez un grand, un dernier service.

BEAUCHAMP.

Dites, mon cher; je ferai tout ce qui pourra vous être agréable.

ALBERT.

Je juge l'avenir par le passé, Beauchamp, et vous avez déjà fait pour moi plus qu'on ne fait d'ordinaire pour un ami.

BEAUCHAMP.

Eh bien, dites, que voulez-vous?

ALBERT.

Beauchamp, je quitte Paris, la France, l'Europe. Voici un inventaire de tout ce que je possède, de mes tableaux, de mes porcelaines, de mes armes, de mon argenterie; mes deux chevaux et mon coupé sont portés dessus. Beauchamp, à cet inventaire est joint une procuration; moi parti, vous ferez vendre tout cela.

BEAUCHAMP.

Bien, mon ami, et je vous en enverrai l'argent.

ALBERT.

Non, mon ami, l'argent a un autre emploi. Vous le déposerez à la caisse des prisonniers.

BEAUCHAMP.

A la caisse des prisonniers?

ALBERT.

Oui. Ne m'interrogez pas, Beauchamp, c'est une expiation; cet or et ces billets leur appartiennent pareillement.

BEAUCHAMP.

Mais vous vous dénudez, mon cher !

ALBERT.

Non, mon cher, car il me reste cinq cents francs.

BEAUCHAMP.

Cinq cent francs !

ALBERT.

Oui... que vous allez me prêter.

BEAUCHAMP, tirant son porte-monnaie.

Oh ! par exemple, avec le plus grand bonheur, mon cher.

ALBERT.

Je dois vous prévenir d'une chose, Beauchamp : c'est que je ne sais pas quand je vous les rendrai. Je sais que je vous les rendrai, voilà tout.

BEAUCHAMP.

Oh ! mon ami !

ALBERT.

Maintenant, Beauchamp, quelque part que je sois, vous savez que, sous l'habit que je porterai, il y a un cœur reconnaissant et prêt à verser pour vous son sang jusqu'à la dernière goutte.

BEAUCHAMP.

Ah ! cher Albert, qu'il doit y avoir quelque chose de grand sous ce que je ne vois pas !

ALBERT.

Vous me faites meilleur que je ne suis, Beauchamp. (A Germain, qui entre.) Que me voulez-vous ?

GERMAIN.

M. le comte rentre de la Chambre.

ALBERT.

Après ?

GERMAIN.

M. le comte me fait demander.

ALBERT.

Eh bien ?

GERMAIN.

Je n'ai pas voulu me rendre chez M. le comte sans prendre les ordres de monsieur.

ALBERT.

Pourquoi cela ?

GERMAIN.

Parce que M. le comte sait que, ce matin, monsieur a dû se battre, et que j'ai accompagné monsieur sur le terrain.

ALBERT.

Achevez.

GERMAIN.

Et, si M. le comte me fait demander, c'est sans doute pour m'interroger sur ce qui s'est passé là-bas. Que dois-je répondre?

ALBERT.

La vérité.

GERMAIN.

Alors, je dirai que la rencontre n'a pas eu lieu.

ALBERT.

Vous direz que j'ai fait des excuses à M. le comte de Monte-Cristo, et que M. le comte de Monte-Cristo a bien voulu les recevoir; allez. (Le Domestique sort.) Maintenant, Beauchamp, mon ami, l'heure est venue de nous quitter; embrassez-moi.

BEAUCHAMP.

Cher Albert!

ALBERT.

Et si, moi parti, on m'attaque?

BEAUCHAMP.

Oh! soyez tranquille, j'ai les deux grands moyens de défense de ce monde, la plume et l'épée.

ALBERT.

Si l'on m'attaque, ne me défendez pas; j'ai l'avenir, il défendra le passé. Adieu, Beauchamp, adieu!

BEAUCHAMP.

Adieu, mon ami!

(Il sort.)

SCÈNE III

ALBERT, puis MERCÉDÈS.

ALBERT.

Allons! c'est le premier détachement du monde, ce n'est malheureusement pas le plus douloureux! (Il va pour sortir, Mercédès paraît en costume de Catalane.) Ma mère, j'allais chez vous.

MERCÉDÈS.

Je viens chez toi.

ALBERT.
Que signifie ce costume, ma mère?

MERCÉDÈS.
C'est le seul que j'aie le droit d'emporter de cet hôtel; car c'est le seul qui n'ait point été payé avec l'argent de la trahison.

ALBERT.
Et vos meubles, vos bijoux, vos châles, ma mère?

MERCÉDÈS.
Je viens de laisser un état exact de tout cela, et tout cela sera vendu.

ALBERT.
Vendu?

MERCÉDÈS.
Oui.

ALBERT.
Vendu!

MERCÉDÈS.
Au profit...

ALBERT.
Au profit...?

MERCÉDÈS, avec effort.
Des prisonniers.

ALBERT.
Ah! ah! ma mère, je suis donc meilleur que je ne croyais, puisque j'ai eu la même idée que vous!

MERCÉDÈS.
Albert, je pars.

ALBERT.
Moi aussi, ma mère.

MERCÉDÈS.
Oh! je m'en doutais; mais j'ai compté, je l'avoue, que mon fils m'accompagnerait; me suis-je trompée?

ALBERT.
Ma mère, je ne puis vous faire partager le sort que je me destine; il faut que je vive désormais sans nom, sans fortune. J'ai dû, pour commencer l'apprentissage de cette rude existence, emprunter à un ami le pain que je mangerai.

MERCÉDÈS.
Toi, mon pauvre enfant, souffrir de la misère, souffrir de

la faim. Oh! ne dis pas cela, tu briserais toutes mes résolutions.

ALBERT.

Prenez garde de trop insister ma mère, car mes résolutions étaient prises pour moi seul, et non pour vous. En partant, je croyais vous laisser ici, sinon heureuse, du moins riche. Et cependant, j'avais prévu toute la grandeur de votre âme, toute la noblesse de votre cœur. Attendez, je n'ai qu'une adresse à mettre à cette lettre... (Il écrit.) Veuillez sonner ma mère. (Elle sonne.) Germain, il y a réponse.

GERMAIN.

Bien, monsieur. L'intendant de M. le comte de Monte-Cristo est là, il demande à remettre une lettre à vous-même.

ALBERT.

Faites entrer.

MERCÉDÈS.

Une lettre du comte!

SCÈNE IV

Les Mêmes, BERTUCCIO.

BERTUCCIO.

Une lettre du comte, Excellence.

ALBERT.

Y a-t-il réponse?

BERTUCCIO.

Non, Excellence.

ALBERT.

Merci, mon ami. Germain, dites au suisse que nous n'y sommes pour personne. A propos, M. de Morcerf?

GERMAIN.

Il a ordonné de ne pas dételer sa voiture; il est enfermé chez lui; je crois qu'il écrit.

ALBERT.

C'est bien; allez.

SCÈNE V

MERCÉDÈS, ALBERT.

ALBERT.

Lisons, ma mère... (Mercédès s'approche, Albert lit tout haut.) « Albert, en vous montrant que j'ai pénétré le projet auquel vous êtes sur le point de vous abandonner, je crois vous montrer aussi que je comprends la délicatesse. Vous voilà libre, vous quittez l'hôtel du comte, et vous allez retirer chez vous votre mère, libre comme vous. Mais réfléchissez, Albert, vous lui devez plus que vous ne pouvez lui payer ; pauvre noble cœur que vous êtes, gardez pour vous la lutte, réclamez pour vous la souffrance, mais épargnez-lui cette première misère qui accompagnera nécessairement vos premiers efforts, car elle ne mérite pas même le reflet du malheur qui la frappe aujourd'hui, et la Providence ne veut pas que l'innocent paye pour le coupable. Je sais que vous allez quitter tous deux la maison de la rue du Helder sans rien emporter. Comment je l'ai appris, ne cherchez point à le découvrir : je le sais, voilà tout. Écoutez, Albert : il y a vingt-quatre ans, je revenais bien joyeux et bien fier dans ma patrie ; j'avais une fiancée, Albert, une sainte jeune fille que j'adorais, et je rapportais à ma fiancée cent cinquante louis que j'avais amassés péniblement, par un travail sans relâche. Cet argent était pour elle ; je le lui destinais, et, sachant combien la mer est perfide, j'avais enterré notre trésor dans le jardin de la maison que mon père habitait à Marseille, sur les allées de Meilhan. Votre mère, Albert, connaît bien cette pauvre chère maison. Dernièrement, en venant à Paris, j'ai passé par Marseille, j'ai été voir cette maison aux douloureux souvenirs, et, le soir, une bêche à la main, j'ai sondé le coin où j'avais enfoui mon trésor. La cassette de fer était encore à la même place, personne n'y avait touché. Elle est à l'angle qu'un beau figuier, planté par mon père le jour de ma naissance, couvre de son ombre. Eh bien, Albert, cet argent qui autrefois devait aider à la vie et à la tranquillité de cette femme que j'adorais, voilà qu'aujourd'hui, par un hasard étrange et douloureux, il a retrouvé le même emploi, voilà que cette petite maison que nous devions habiter à nous deux, voilà qu'elle va l'habiter seule. Oh ! comprenez bien ma pensée, à moi qui pourrais offrir des millions à cette pauvre femme, et qui lui rends seulement le morceau de pain noir oublié sous notre pauvre toit, depuis le jour où j'ai été séparé de celle que j'aimais!... EDMOND DANTÈS. »

MERCÉDÈS.

Oh! j'accepte. Il a le droit de payer la dot que j'apporterai dans un couvent.

ALBERT.

Oh! ma mère! ma mère! je vous dirai, comme Hamlet : quelle différence!...

MERCÉDÈS, se laissant glisser à genoux.

Albert!

ALBERT, l'embrassant.

Eh bien, voyons, ma mère, calculons toutes nos richesses; j'ai besoin d'un total pour échafauder mes plans : d'abord, trois mille six cents francs. Avec ces trois mille six cents francs et ce dont je puis disposer de mon côté, j'ai la prétention de faire face à toutes nos dépenses.

MERCÉDÈS.

Pauvre enfant!

ALBERT.

Oh! je vous ai dépensé assez d'argent, ma mère, pour en connaître le prix, soyez tranquille. Sur ces trois mille six cents francs, je viens donc de bâtir un avenir d'éternelle sécurité.

MERCÉDÈS.

Eh bien, voyons, qu'avez-vous décidé, Albert?

ALBERT.

D'abord, avec deux cents francs, nous allons tous les deux à Marseille.

MERCÉDÈS.

Mais les avez-vous, même, ces deux cents francs?

ALBERT.

Je viens d'en emprunter cinq cents à Beauchamp; donc, ces deux cents francs, les voici, et trois cents autres encore! puis, tenez...

MERCÉDÈS.

Qu'est-ce que cela?

ALBERT.

Mille francs, ma mère!

MERCÉDÈS.

Mais d'où te viennent ces mille francs?

ALBERT.

Écoutez, et ne vous émotionnez pas trop. (Il l'embrasse.) Vous n'avez pas idée, ma mère, comme je vous trouve belle sous ce costume.

MERCÉDÈS.

Chère enfant!

ALBERT.

En vérité, il ne vous manquait que d'être malheureuse pour changer mon amour en adoration.

MERCÉDÈS.

Je ne suis pas malheureuse tant que j'ai mon fils ; je ne serai pas malheureuse tant que je l'aurai.

ALBERT.

Ah! justement, voilà où commence l'épreuve. Ma mère, vous savez ce qui est convenu?

MERCÉDÈS.

Sommes-nous convenus de quelque chose?

ALBERT.

Oui. Nous sommes convenus que vous habiteriez Marseille et que moi... et que moi... je partirais pour l'Afrique.

MERCÉDÈS.

Oh!

ALBERT.

Depuis ce matin, je me suis engagé dans les spahis, ou plutôt, croyant que mon corps était bien à moi et que je pouvais le vendre, depuis ce matin, je remplace quelqu'un.

MERCÉDÈS.

Mon Dieu!

ALBERT.

Je me suis vendu, comme on dit, plus cher, ma foi, que je ne croyais valoir : deux mille francs !

MERCÉDÈS.

Et ces mille francs?

ALBERT.

Ce sont les arrhes, la moitié de la somme, car le marché était conditionnel; si vous ne partiez pas, si vous restiez à Paris, je m'engageais seulement.

MERCÉDÈS.

Mon Dieu! Et c'est pour moi?... Non, non.

ALBERT.

La lettre que je viens d'envoyer par Germain rend le marché définitif; les autres mille francs viendront dans un an.

MERCÉDÈS.

Oh! le prix de son sang!

ALBERT.

Oui, si je suis tué. Oh! mais je t'assure, bonne mère, que je suis, au contraire, dans l'intention de défendre énergiquement ma vie. Je ne me suis jamais senti en si bonne disposition de vivre que dans ce moment.

MERCÉDÈS.

Mon Dieu! mon Dieu!

ALBERT.

D'ailleurs, pourquoi voulez-vous que je sois tué? Est-ce que nos grands généraux de l'armée d'Afrique ont été tués? est-ce que Morel, que nous connaissons, a été tué? Vous verrez comme je serai beau sous mon uniforme brodé; j'ai choisi celui-là par un reste de coquetterie. Eh bien, donc, vous comprenez, ma mère, voilà déjà cinq mille six cents francs assurés. Avec cela, dans la petite maison qui vous appartiendra, vous vivrez deux bonnes années.

MERCÉDÈS.

Je vivrai avec la moitié, avec le quart; je vivrai de pain, s'il le faut; mais ne pars pas!

ALBERT.

Ma mère, je partirai; vous m'aimez trop pour me laisser près de vous, oisif et inutile; d'ailleurs, j'ai signé.

MERCÉDÈS.

Tu feras selon ta volonté, mon fils; moi, je ferai selon celle de Dieu.

ALBERT.

Non pas selon ma volonté, ma mère, mais selon la raison, selon la nécessité. Nous sommes deux créatures désespérées, n'est-ce pas? qu'est-ce que la vie pour vous aujourd'hui? Rien. Qu'est-ce que la vie aujourd'hui pour moi? Oh! bien peu de chose; car, je vous le jure, cette vie eût cessé à l'heure où mon père avait déshonoré notre nom... Enfin, je vis; si vous me permettez d'espérer encore, si vous me laissez le soin de faire votre bonheur à venir, vous doublez ma force. Alors, je vais trouver, là-bas, le gouverneur de l'Algérie. C'est un cœur loyal et essentiellement soldat; je lui conte ma lugubre histoire, je le prie de tourner, de temps en temps, les yeux du côté où je serai, et, s'il me tient parole, s'il me regarde faire, avant six mois, sous un nouveau nom, sous le vôtre, ma mère, Albert sera officier ou mort. Si je suis officier, votre sort est assuré, car j'aurai de l'argent pour vous et pour moi, et, de plus, un nouveau nom, dont nous serons fiers tous les deux. Si je suis tué, alors, chère mère, vous mourrez, s'il vous plait de mourir, et, alors, nos malheurs auront leur terme dans leur excès même.

MERCÉDÈS.

C'est bien, tu as raison, mon fils. Prouvons à de certaines gens qui nous regardent et qui attendent nos actes pour nous juger, prouvons-leur que nous sommes au moins dignes d'être plaints.

ALBERT.

Mais pas de funèbres idées, chère mère. Une fois au service, me voilà riche; une fois dans la maison de M. Dantès, vous voilà tranquille. Essayons, ma mère, essayons.

MERCÉDÈS.

Oui, essayons, car tu dois vivre, car tu dois être heureux.

ALBERT.

Et quand quittez-vous l'hôtel?

MERCÉDÈS.

A l'instant même.

ALBERT.

Nous partons pour Marseille?

MERCÉDÈS.

Dans une heure, si tu veux.

ALBERT.

Ma mère, je vous attends.

MERCÉDÈS.

Je suis prête.

ALBERT.

Ma mère!

MERCÉDÈS.

Mon fils?

ALBERT.

Avant de quitter Paris, n'est-il pas un homme à qui nous devons un dernier adieu?

MERCÉDÈS.

A Edmond Dantès!

ALBERT.

Non, au comte de Monte-Cristo.

MERCÉDÈS.

Viens, mon enfant, viens.

DIXIÈME TABLEAU

Chez Monte-Cristo. — La salle des Armes.

SCÈNE PREMIÈRE

MONTE-CRISTO, assis ; HAYDÉE, couchée à ses pieds.

MONTE-CRISTO.

Et tu lui es donc apparue comme la Némésis vengeresse, à cet homme?

HAYDÉE.

Oh! oui, noble seigneur! l'âme de mon père était passée dans la mienne, elle donnait l'accent de la conviction à chacune de mes paroles, et il a roulé, du haut de son orgueil, comme un Titan du haut de Pélion.

MONTE-CRISTO.

Que tu es belle, ma fille!

HAYDÉE.

Que tu es bon, monseigneur!

MONTE-CRISTO.

O mon Dieu Seigneur, ne me laissez pas trop aller à cette espérance, qu'il peut exister, pour le même homme, deux Mercédès dans le même monde.

SCÈNE II

LES MÊMES, BERTUCCIO.

BERTUCCIO.

Excellence!

MONTE-CRISTO.

Hein?

BERTUCCIO.

Je sais que Son Excellence avait défendu sa porte ; mais...

MONTE-CRISTO.

Mais ?...

BERTUCCIO.

Mais c'est M. le comte de Morcerf.

MONTE-CRISTO.

Le comte ou le vicomte ?

BERTUCCIO.

Le comte ; et comme il a dit que c'était pour une affaire d'honneur, j'ai cru, moi qui connais Son Excellence, que devant ce mot-là, toutes les portes devaient s'ouvrir.

MONTE-CRISTO.

Vous avez raison, Bertuccio ; où est le comte ?

BERTUCCIO.

A la porte, dans son coupé.

MONTE-CRISTO.

Faites-le venir.

(Bertuccio sort.)

HAYDÉE.

Mon Dieu, n'est-ce point fini encore ?

MONTE-CRISTO.

Je ne sais si c'est fini, mon enfant bien-aimée ; mais ce que je sais, c'est que tu n'as rien à craindre.

HAYDÉE.

Prends garde, monseigneur, prends garde ; tu sais que c'est un misérable à qui tous les moyens sont bons.

MONTE-CRISTO.

Cet homme ne peut rien sur moi, Haydée ; c'est quand j'avais affaire à son fils que tu devais craindre.

HAYDÉE.

Aussi, ce que j'ai souffert, moi qui avais tout entendu, oh ! tu ne le sauras jamais, monseigneur.

MONTE-CRISTO, étendant la main.

Par la tombe de mon père, je te jure que, s'il arrive malheur, ce ne sera point à moi.

HAYDÉE.

Je te crois, monseigneur, comme si Dieu me parlait.

MONTE-CRISTO.

Cet homme ne doit pas te voir Haydée ; laisse-nous.

7.

HAYDÉE, *lui présentant le front.*

Tu as dit que je n'avais rien à craindre pour l'âme de mon corps?

MONTE-CRISTO.

Non.

HAYDÉE.

Je te laisse, monseigneur.

MONTE-CRISTO.

Mon Dieu permettriez-vous donc que je puisse aimer encore?

(Haydée sort.)

SCÈNE III

MONTE-CRISTO, MORCERF.

MONTE-CRISTO.

Eh! c'est M. de Morcerf... Je croyais avoir mal entendu, monsieur, quand on vous a annoncé à moi tout à l'heure.

MORCERF.

Oui, c'est moi-même, monsieur.

MONTE-CRISTO.

Il me reste à savoir maintenant la cause qui me procure l'honneur de voir M. de Morcerf, honneur auquel je ne m'attendais pas.

MORCERF.

Monsieur, vous avez eu, ce matin, une rencontre avec mon fils.

MONTE-CRISTO.

Vous savez cela?

MORCERF.

Et je sais aussi que mon fils avait de bonnes raisons pour désirer se battre contre vous et faire tout ce qu'il pourrait pour vous tuer.

MONTE-CRISTO.

En effet, monsieur, il en avait de bonnes; mais vous voyez que, malgré cela, non-seulement il ne m'a pas tué, mais encore il ne s'est pas battu.

MORCERF.

Et cependant il vous regardait comme la cause du déshonneur de son père, comme la cause de la ruine effroyable qui, en ce moment-ci, accable ma maison.

MONTE-CRISTO.

C'est vrai, monsieur; cause secondaire, par exemple, et non principale.

MORCERF.

Mais, sans doute, vous lui avez fait quelque excuse ou donné quelque explication?

MONTE-CRISTO.

Je ne lui ai donné aucune explication, et c'est lui qui m'a fait des excuses.

MORCERF.

Alors, à quoi attribuez-vous cette conduite?

MONTE-CRISTO.

A la conviction qu'il y avait probablement dans tout ceci un homme plus coupable que moi.

MORCERF.

Et quel était cet homme?

MONTE-CRISTO.

Son père.

MORCERF.

Soit; mais vous savez que le coupable n'aime point à s'entendre convaincre de culpabilité.

MONTE-CRISTO.

Je le sais; aussi, je m'attendais à ce qui arrive en ce moment.

MORCERF.

Vous vous attendiez à ce que mon fils fût un lâche?

MONTE-CRISTO.

M. Albert de Morcerf n'est point un lâche.

MORCERF.

Un homme qui a dans la main une épée ou un pistolet, qui, à la pointe de cette épée ou au bout de ce pistolet, tient un ennemi mortel, cet homme, s'il ne se bat point, est un lâche. Que n'est-il ici pour que je le lui dise!

MONTE-CRISTO.

Je ne présume pas que vous soyez venu me déranger, monsieur, pour me conter vos petites affaires de famille. Allez dire cela à M. Albert; peut-être saura-t-il que vous répondre.

MORCERF.

Oh! non, non, vous avez raison; je ne suis pas venu pour cela; je suis venu pour vous dire que, moi aussi, je vous regarde comme mon ennemi. Je suis venu pour vous dire que je vous hais d'instinct, qu'il me semble que je vous ai toujours connu, toujours haï, et qu'enfin, puisque les jeunes gens de notre époque ne se battent plus, c'est aux pères de se battre pour eux. Est-ce votre avis, monsieur ?

MONTE-CRISTO.

Parfaitement. Aussi, quand je vous ai dit que j'avais prévu ce qui arrivait, c'est de l'honneur de votre visite que je voulais parler.

MORCERF.

Tant mieux ; vos préparatifs sont faits, alors ?

MONTE-CRISTO.

Ils le sont toujours, monsieur. Voyez.

(Il lui montre sur une table épées et pistolets.)

MORCERF.

Vous savez qu'une fois sur le terrain, nous nous battrons jusqu'à la mort d'un de nous deux ?

MONTE-CRISTO.

Jusqu'à la mort d'un de nous deux.

MORCERF.

Partons, alors ; car nous n'avons pas besoin de témoins.

MONTE-CRISTO.

C'est inutile, nous nous connaissons si bien.

MORCERF.

Au contraire, c'est que nous ne nous connaissons pas.

MONTE-CRISTO.

Bah ! voyons un peu. N'êtes-vous pas le soldat Fernand, qui a déserté la veille de la bataille de Waterloo ? N'êtes-vous pas le lieutenant Fernand, qui a servi de guide et d'espion à l'armée française en Espagne ? N'êtes-vous pas le colonel Fernand, qui a trahi, vendu et assassiné son bienfaiteur Ali ? et tous ces Fernand-là réunis n'ont-ils pas fait le général comte de Morcerf, ex-pair de France ?

MORCERF.

Oh ! le misérable, à qui je propose un duel et qui me marque avec un fer rouge. Oh ! misérable, qui me reproche ma honte au moment peut-être où il va me tuer ! Non, je n'ai point dit que je t'étais inconnu. Je sais bien, démon, que tu as pénétré dans la nuit du passé, et que tu y as lu — à la lueur de quel flambeau, je l'ignore, — chaque page de ma vie ; mais peut-être y a-t-il encore plus d'honneur en moi, dans mon opprobre, qu'en toi, sous tes dehors pompeux. Mon nom, je te suis connu, je le sais; mais c'est toi que je ne connais pas, aventurier cousu d'or et de pierreries! Tu t'es fait appeler, à Paris, le comte de Monte-Cristo; en Italie, Sindbad le Marin; à Malte, que sais-je, moi? je l'ai oublié. Mais c'est ton nom réel que je te demande; c'est ton vrai nom que je veux savoir, au milieu de tes cent noms, afin que je le prononce sur le terrain du combat, au moment où je t'enfoncerai mon épée dans le cœur. (Monte-Cristo s'élance dans un cabinet.) Eh bien, tu m'échappes, tu me fuis? Oh! je te suivrai.

(Il prend un pistolet sur la table, et s'élance. Au moment où il s'approche du seuil de la porte, Monte-Cristo reparaît. Il a eu le temps de jeter sa robe de chambre de velours noir, d'endosser une veste de marin et de se coiffer d'un chapeau de marin.)

MONTE-CRISTO.

Fernand, de mes cent noms, je n'aurais besoin de t'en dire qu'un seul pour te foudroyer; mais ce nom, tu le devines, n'est-ce pas? ou plutôt tu te le rappelles; car, malgré tous mes chagrins, toutes mes tortures, je te montre aujourd'hui un visage que la vengeance rajeunit, un visage que tu dois avoir vu bien souvent dans tes rêves, depuis ton mariage avec Mercédès, ta fiancée... Regarde, regarde!

MORCERF, épouvanté.

Edmond Dantès!...

(Il fuit dans la chambre à côté. On entend un coup de pistolet. Monte-Cristo s'élance, regarde, et jette un cri.)

BERTUCCIO, annonçant.

M. le vicomte et madame la comtesse de Morcerf.

MONTE-CRISTO, tirant vivement la portière qui cache le corps.

Oh!... (A Bertuccio.) C'est bien.

SCÈNE IV

MONTE-CRISTO, MERCÉDÈS, ALBERT.

MERCÉDÈS.

Edmond!

MONTE-CRISTO.

Mercédès!

MERCÉDÈS.

Je pars pour Marseille, Edmond; pardonnez-moi! Mon fils part pour l'Afrique; bénissez-le!

MONTE-CRISTO.

Oh!...

(Il ouvre ses bras.)

MERCÉDÈS.

Albert dans les bras de Dantès... Oh! mon Dieu! je vous remercie, car j'ai vu ce que je n'espérais jamais voir. Viens, Albert. Adieu, Edmond.

MONTE-CRISTO.

Adieu!... Adieu!...

(Mercédès et Albert s'éloignent.)

SCÈNE V

MONTE-CRISTO, HAYDÉE.

HAYDÉE, se glissant sous le bras de Monte-Cristo.

Dieu m'a faite plus jeune qu'elle, monseigneur, pour que j'aie le bonheur de t'aimer plus longtemps.

MONTE-CRISTO.

Sois la bienvenue, ange de l'espérance, qui viens trouver l'ange du châtiment!

FIN DU COMTE DE MORCERF

VILLEFORT

(QUATRIÈME PARTIE DE MONTE-CRISTO)

DRAME EN CINQ ACTES, EN DIX TABLEAUX

EN SOCIÉTÉ AVEC M. AUGUSTE MAQUET

Ambigu-Comique. — 8 mai 1851.

DISTRIBUTION

VILLEFORT......................................	MM. CHILLY.
MONTE-CRISTO................................	ARNAULT.
LE MAJOR CAVALCANTI......................	VERNER.
ANDREA CAVALCANTI.........................	LAURENT.
MAXIMILIEN MOREL...........................	GASTON.
D'AVRIGNY.....................................	LYONNET.
DANGLARS......................................	STAINVILLE.
DEBRAY...	BOUSQUET.
CADEROUSSE...................................	BOUTIN.
BERTUCCIO.....................................	MACHANETTE.
EMMANUEL.....................................	DEBREUIL.
BARROIS..	DE PRELLE.
BAPTISTIN......................................	CUREY.
LE NOTAIRE....................................	MARTIN.
ALI..	LAVERGNE.
ÉDOUARD.......................................	LE PETIT SYLVAIN.
VALENTINE.....................................	Mmes NAPTAL-ARNAULT.
MADAME DE VILLEFORT.......................	MÉSANGES.
MADAME DE SAINT-MÉRAN...................	LEMAIRE.
MADAME DANGLARS...........................	MARIE-CLARISSE.
JULIE...	LANGLET.
MADAME GRIGNON.............................	CAROLINE.

ACTE PREMIER

PREMIER TABLEAU

Chez Julie et Emmanuel. — Un salon. — A gauche, au premier plan, une porte ; au deuxième plan, une fenêtre. A droite, une cheminée.

SCÈNE PREMIÈRE

MAXIMILIEN, entrant, dans les bras de JULIE et d'EMMANUEL.

MAXIMILIEN.

Oui, me voilà, ma sœur ; oui, me voilà, mon cher Emmanuel, et pour passer tout un trimestre avec vous, encore !

JULIE.

Oh ! mon cher Maximilien, que nous sommes heureux !

MAXIMILIEN.

Et moi donc ! Mais d'abord cette bourse, que je la baise en mémoire de notre pauvre père.

EMMANUEL.

Tiens !

MAXIMILIEN.

Oh ! mes amis, qu'il m'est arrivé une chose étrange !

JULIE.

Celle que tu nous racontes dans ta lettre ?

MAXIMILIEN.

Oui ; comprenez-vous, au milieu de la Méditerranée, dans une île déserte, qui s'appelle Monte-Cristo, trouver un nabab, un ami de notre famille qui me connaissait, qui te connaissait, qui connaissait Emmanuel... C'est incompréhensible !

JULIE.

Et cet homme doit venir à Paris ? cet homme doit venir nous voir ?

MAXIMILIEN.

Il m'a dit qu'il serait à Paris avant moi, et qu'une de ses premières visites serait pour la petite maison de la rue Meslay.

JULIE.

Et quel âge ?

MAXIMILIEN.

Jeune encore ; quarante ans peut-être.

JULIE.

Beau ?

MAXIMILIEN.

Beau, oui, si l'expression fait la beauté.

JULIE.

Et riche?

MAXIMILIEN.

A millions !

EMMANUEL.

Tiens, une voiture s'arrête à la porte.

JULIE.

Quelle étrange chose, si c'était lui !...

MAXIMILILN.

Oh ! cela ne m'étonnerait pas. (Il ouvre la fenêtre.) Miracle !

EMMANUEL.

Comment !

MAXIMILIEN

Je vous annonce le comte de Monte-Cristo.

EMMANUEL et JULIE.

Le comte de Monte-Cristo !

MAXIMILIEN.

En personne.

JULIE.

Oh ! reçois-le, mon frère ; il faut que je passe une robe.

(Elle se sauve.)

EMMANUEL.

Et moi une redingote.

(Il sort vivement.)

MAXIMILIEN.

Ah ! bon, bon... Ah ! monsieur le comte, voilà vos millions qui font leur effet. (Allant à la porte.) Par ici, monsieur le comte, par ici.

SCÈNE II

MONTE-CRISTO, MAXIMILIEN.

MONTE-CRISTO.

Eh bien, monsieur, suis-je homme de parole? J'avais dit que je serais arrivé avant vous.

MAXIMILIEN.
Ah ! monsieur le comte, il y a dix minutes que je suis ici.
MONTE-CRISTO.
Moi, je suis arrivé il y a quelques jours, et, ces quelques jours, je les ai bien employés, je vous le jure. Mais on m'avait dit que vous étiez avec votre sœur et votre beau-frère.
MAXIMILIEN.
Oui ; seulement, à l'annonce de votre arrivée, tout cela s'est sauvé, mais, soyez tranquille, pour reparaître bientôt, et dans une tenue plus digne de vous.
MONTE-CRISTO.
Ah çà ! mon cher, je vois avec douleur que je fais révolution dans votre famille.
MAXIMILIEN.
Oh ! révolution pacifique ! Tous deux jardinaient quand je suis arrivé et étaient en tenue de jardinier. Emmanuel troque sa veste contre une redingote, et Julie son peignoir contre une robe.
MONTE-CRISTO.
Vous avez là une heureuse famille, n'est-ce pas ?
MAXIMILIEN.
Oh ! oui, je vous en réponds ; que voulez-vous ! ils sont jeunes, ils sont gais, ils s'aiment, et, avec leurs vingt-cinq mille livres de rente, eux qui ont côtoyé tant d'immenses fortunes, ils se figurent posséder les richesses de Crésus. Ils sont heureux !

(Il soupire.)

MONTE-CRISTO.
Et vous, Maximilien, est-ce que vous n'êtes pas heureux ?
MAXIMILIEN.
Oh ! moi... (Il soupire encore.) C'est différent.
MONTE-CRISTO.
Pourquoi soupirez-vous ? Pourquoi vous taisez-vous ? Vous vous défiez de moi ? Maximilien, est-ce que vous ne m'aimez pas ?
MAXIMILIEN.
Moi ?... Tenez, ce que je vais vous dire est étrange, comte ; car, entre hommes, on ne se fait guère de ces sortes de confidences. Si je vous aime ? Oui ; du moment que je vous ai vu, j'ai éprouvé pour vous une étrange sympathie. Je vous regarde, je cherche inutilement à vous reconnaître. Eh bien, quoique

ma raison soit là qui me dise que je ne vous avais jamais vu avant notre rencontre à l'île de Monte-Cristo, il me semble, à moi, que nous nous sommes vus autrefois; où? je n'en sais rien. Supposez que les deux âmes d'Euryale et de Nisus se retrouvent dans les générations qui suivirent la leur, eh bien, mon âme près de vous éprouve quelque chose de pareil à ce que leurs âmes auraient dû éprouver.

MONTE-CRISTO.

Bon Maximilien! c'est une permission de la Providence, mon ami.

MAXIMILIEN.

Aussi, j'ai bien envie de vous faire une confidence, comte.

MONTE-CRISTO.

Quand cela?

MAXIMILIEN.

Un jour que nous serons bien seuls...

MONTE-CRISTO.

Une confidence d'amour?

MAXIMILIEN.

Oui.

MONTE-CRISTO.

Oh! mon cher Maximilien, prenez garde! Quand les hommes comme vous aiment, ils aiment de toute la puissance de leur organisation; ils aiment avec leur cœur, avec leur âme; toute leur existence, tout leur bonheur, tout leur avenir est dans leur amour. Vous croyez-vous aimé, Maximilien?

MAXIMILIEN.

Oh! d'un amour égal au mien, j'en suis sûr.

MONTE-CRISTO.

Eh bien, alors, que demandez-vous à moi? Demandez à Dieu que cet amour dure, et, tant qu'il durera, prenez en dédain les hommes, prenez en dédain le monde, vivez de votre amour et dans votre amour.

MAXIMILIEN.

Oh! rien de nos douleurs ne vient d'elle ni de moi; ce sont ses parents qui veulent la marier à un autre.

MONTE-CRISTO.

Et vous comptez sur moi pour combattre cette opposition?

MAXIMILIEN.

Oui.

MONTE-CRISTO.

Je les connais donc?

MAXIMILIEN.

Peut-être. Eh! ne connaissez-vous pas tout le monde?

MONTE-CRISTO.

De sorte que vous désirez...?

MAXIMILIEN.

Écoutez, je ne sais quelle fée a présidé à votre naissance, mon cher comte, mais elle vous a donné le pouvoir de la persuasion. Oui, si je suis seul, les parents de celle que j'aime feront de grandes difficultés pour me la donner; si, au contraire, le comte de Monte-Cristo consent à me servir de parrain, je suis convaincu que toute difficulté se lèvera devant lui.

MONTE-CRISTO.

Écoutez, Morel, je vous l'ai déjà dit et je vous le répète, je vous aime comme un fils, plus qu'un fils même. Vous avez raison, je puis beaucoup quand je veux. Eh bien, je veux que vous soyez heureux, Morel, et, pour que vous soyez heureux, je donnerais, non-seulement ma fortune, mais encore mon sang.

MAXIMILIEN.

Ah! comte!

MONTE-CRISTO.

Vous savez que je ne suis pas prodigue de pareilles démonstrations. Venez me trouver à ma maison de Paris, quand vous voudrez, avenue des Champs-Élysées, n° 30, porte à porte avec la maison de madame de Villefort.

MAXIMILIEN.

Porte à porte avec madame de Villefort!

MONTE-CRISTO.

Vous la connaissez?

MAXIMILIEN.

Oh!

MONTE-CRISTO.

Venez donc quand vous voudrez. Nous déjeunerons ensemble, nous causerons ensuite, et, pour quelque chose que ce soit, vous disposerez de votre ami...

MAXIMILIEN.

Vous êtes si bon, que je veux vous dire...

MONTE-CRISTO, voyant entrer Emmanuel.

Nous ne sommes plus seuls...

MAXIMILIEN.

Mon beau-frère Emmanuel, monsieur le comte.

SCÈNE III

Les Mêmes, EMMANUEL, puis JULIE.

MONTE-CRISTO.

Venez, monsieur le philosophe, que je vous fasse mon compliment; on me présente un homme content de sa fortune. J'ai beaucoup voyagé, monsieur Herbaut, et c'est la première fois que je rencontre pareil prodige.

EMMANUEL.

C'est que nous avons mis notre joie ailleurs, monsieur.

MONTE-CRISTO.

Oui, dans les douces et chastes passions. Je sais déjà cela, monsieur. Aussi, comme tout à l'heure j'étais triste et que je me sentais en train de devenir mauvais, j'ai dit à mon cocher : « Rue Meslay, n° 15 ; » car je savais trouver ici le calme, l'innocence, l'amour, ces trois plantes sacrées avec lesquelles on fait le baume qui guérit toutes les plaies humaines.

MAXIMILIEN, à Julie, qui entre.

Allons, viens prendre ta part de compliments ; le comte est en train de nous gâter. Comte, si, depuis que vous êtes à Paris, vous ne savez pas encore ce que c'est qu'une bourgeoise du Marais, voici ma sœur qui va vous l'apprendre.

MONTE-CRISTO.

Madame, pardonnez-moi une émotion qui doit vous étonner, vous, accoutumée à cette paix et à ce bonheur que je rencontre ici ; mais, pour moi, c'est chose si nouvelle que la satisfaction sur un visage humain, que je ne me lasse pas de vous regarder, vous et votre mari.

JULIE.

Nous sommes bien heureux, en effet, monsieur ; mais nous avons été longtemps à souffrir et peu de gens ont acheté leur bonheur aussi cher que nous.

MONTE-CRISTO.

Ah ! vraiment ! Si j'étais plus avant dans votre intimité, mon cher Maximilien, je vous dirais de me conter cela.

MAXIMILIEN.

Oh! c'est toute une histoire de famille, et, pour vous, monsieur le comte, habitué à voir d'illustres malheurs et des joies splendides, il y aurait peu d'intérêt dans ce tableau d'intérieur. Toutefois, nous avons, comme vient de vous le dire Julie, souffert de bien vives douleurs, quoiqu'elles fussent renfermées dans un petit cadre.

MONTE-CRISTO.

Et Dieu vous a versé la consolation sur la souffrance?

JULIE.

Oui, monsieur le comte, nous pouvons le dire; car il a fait pour nous ce qu'il ne fait pas pour ses élus, il nous a envoyé un de ses anges.

EMMANUEL.

Ceux qui sont nés dans un berceau de pourpre et qui n'ont jamais rien désiré, ne savent pas ce que c'est que le bonheur de vivre, de même que ceux-là ne connaissent pas le prix d'un ciel pur, qui n'ont jamais livré leur vie à la merci de quatre planches, ballottées par une mer en fureur.

MONTE-CRISTO, se levant tout ému.

Oui, vous avez raison, raison tous deux!

(Il regarde le salon.)

MAXIMILIEN.

Notre magnificence vous fait sourire, monsieur le comte.

MONTE-CRISTO, s'arrêtant devant un globe sous lequel est la bourse que Maximilien a baisée en arrivant.

Non; je me demandais seulement ce que c'était que cette bourse, qui, d'un côté, renferme un papier, ce me semble, et, de l'autre, un assez beau diamant.

MAXIMILIEN, gravement.

Cette bourse, monsieur le comte, c'est le plus précieux de nos trésors de famille.

MONTE-CRISTO.

En effet, ce diamant est fort beau.

JULIE.

Oh! mon frère ne vous parle pas du prix de la pierre, quoiqu'elle soit estimée cent mille francs, monsieur le comte; il veut seulement vous dire que les objets qui sont renfermés dans cette bourse sont les reliques de l'ange dont nous vous parlions tout à l'heure.

MONTE-CRISTO.

Voilà ce que je ne saurais comprendre, madame, et cependant ce que je n'ose pas vous demander. Pardonnez-moi, je n'ai pas voulu être indiscret.

JULIE.

Indiscret? Oh! que vous nous rendez heureux au contraire, monsieur le comte, en nous offrant une occasion de nous étendre sur ce sujet; si nous cachions comme un secret la belle action que rappelle cette bourse, nous ne l'exposerions pas ainsi à la vue. Oh! nous voudrions pouvoir la publier dans tout l'univers, pour qu'un tressaillement de notre bienfaiteur inconnu nous révélât sa présence.

MONTE-CRISTO.

Oh! vraiment!

MAXIMILIEN, prenant la bourse et la portant à ses lèvres.

Monsieur le comte, cette bourse, que je baise avec respect et reconnaissance, a touché la main d'un homme par lequel mon père a été sauvé de la mort, nous de la ruine, et notre nom de la honte; d'un homme grâce auquel, nous autres, pauvres enfants voués à la misère et aux larmes, nous pouvons entendre des gens s'extasier sur notre bonheur. (Maximilien tire une lettre de la bourse.) Cette lettre fut écrite par lui, un jour où mon père avait pris une résolution bien désespérée. Et ce diamant fut donné en dot à ma sœur par ce généreux inconnu.

MONTE-CRISTO ouvre la lettre et lit.

« Rendez-vous à l'instant même aux allées de Meilhan; entrez dans la maison n° 15; demandez à la concierge la clef de la chambre du cinquième; entrez dans cette chambre; prenez sur le coin de la cheminée une bourse en filet de soie rouge et apportez cette bourse à votre père. Il est important qu'il l'ait avant onze heures. Vous avez promis de m'obéir aveuglément, je vous rappelle votre promesse. SYNDBAD LE MARIN. »

MAXIMILIEN.

Et dans cette bourse, monsieur, il y avait, d'un côté, une traite acquittée, une traite de deux cent quatre-vingt-sept mille cinq cents francs, qui était cause que mon père allait se brûler la cervelle, et, de l'autre, le diamant qui y est encore, avec ces trois mots écrits sur un petit morceau de parchemin : *Dot de Julie.*

MONTE-CRISTO.

Et l'homme qui vous a rendu service vous est resté inconnu ?

MAXIMILIEN.

Oui, monsieur; nous n'avons jamais eu le bonheur de serrer sa main ; ce n'est pas faute, cependant, d'avoir demandé à Dieu cette faveur.

JULIE.

Oh! moi, je n'ai pas encore perdu tout espoir de baiser cette main, comme je baise cette bourse, qu'elle a touchée, il y a quatre ans. Pénélon était à Trieste, lorsqu'il vit sur le quai un Anglais qui allait s'embarquer dans un brick... Pardon, vous ne savez pas ce que c'était que Pénélon ; c'était un vieux marin qui montait le *Pharaon*, quand le *Pharaon* fit naufrage. Eh bien, il reconnut, dans cet Anglais, celui qui vint chez mon père le 5 juin 1829, et qui m'écrivit le 5 septembre. C'était bien le même, à ce qu'il assure ; malheureusement, il n'osa point lui parler.

MONTE-CRISTO.

Un Anglais, dites-vous? c'était un Anglais? Alors, cet Anglais ne serait-il pas un homme auquel votre père aurait rendu lui-même quelque grand service, et qui, avec le conseil de Dieu, aurait trouvé ce moyen de s'acquitter envers vous ?

MAXIMILIEN.

Ma sœur, ma sœur, rappelle-toi, je t'en prie, ce que nous a dit souvent notre bon père : « Non, ce n'est pas un Anglais qui nous a fait ce bonheur. »

MONTE-CRISTO.

Votre père vous disait cela, monsieur Morel?

MAXIMILIEN.

Mon père, monsieur, voyait dans cette action un miracle. Mon père croyait à un bienfaiteur sorti pour nous de la tombe. Oh! la touchante superstition que celle-là, monsieur, et comme, tout en la repoussant moi-même, j'étais loin de vouloir détruire cette croyance dans son cœur! Aussi, combien de fois y rêva-t-il en prononçant tout bas un nom d'ami bien cher, un nom d'ami perdu! et, lorsqu'il fut près de mourir, lorsque l'approche de l'éternité eut donné à son esprit quelque chose de l'illumination de la tombe, cette pensée, qui, jusque-là, n'avait été qu'un doute, devint une conviction, et les dernières paroles qu'il prononça en mourant furent celles-ci : « Maximilien ! c'était Dantès ! »

MONTE-CRISTO, très-ému.

Dantès ! Dantès !

JULIE.

Maximilien, voilà encore un nom inconnu à M. le comte...

MAXIMILIEN.

Que tous ces détails intéressent peu, d'ailleurs...

MONTE-CRISTO.

Oh ! non, vous vous trompez.

MAXIMILIEN.

Et monsieur, qui sait compatir au malheur ne resterait pas indifférent au nom que je viens de prononcer, s'il savait combien Dantès a souffert.

MONTE-CRISTO.

Ah ! ce... cet homme a souffert beaucoup ?

MAXIMILIEN.

Tout ce que Dieu, inépuisable dans sa colère comme dans sa bienfaisance, peut verser de douleurs et d'agonies sur une seule tête !

JULIE.

Pauvre Edmond !

MONTE-CRISTO.

Vraiment ?

MAXIMILIEN.

Edmond Dantès était le second d'un bâtiment dont mon père était l'armateur. Il avait vingt ans ; il était le plus loyal, le plus pur, le plus joyeux des hommes. La vie lui souriait, il souriait à la vie. Edmond adorait son père, un bon vieillard spirituel et doux comme ceux de l'ancien temps. Il était fiancé à une jeune fille des Catalans, la plus belle de Marseille, et qui l'aimait de toute son âme.

MONTE-CRISTO.

Ah !...

JULIE.

Ne s'appelait-elle pas Mercédès ?

MAXIMILIEN.

Mercédès, oui, un nom charmant, n'est-ce pas, comte ?

MONTE-CRISTO.

Un nom charmant.

MAXIMILIEN.

Edmond venait, au retour d'un voyage, d'être nommé par mon père, capitaine de navire. Il serrait la main du vieux Dantès. Il baisait la main de sa fiancée, quand des gendarmes vinrent l'arrêter. Il avait été dénoncé à un magistrat comme faisant partie d'un complot politique. Dénoncé, par qui? on l'ignore. Ce magistrat trouva, dit-on, des charges si fortes contre Edmond Dantès, qu'il dut l'envoyer au château d'If. Hélas! le prisonnier fut oublié!

MONTE-CRISTO.

Ah! personne ne le réclama?

MAXIMILIEN.

Mon père, nos amis, tout ce qui s'intéressait à ce pauvre jeune homme. Nous fîmes une demande pour qu'il fût jugé, nous offrîmes des garanties...

MONTE-CRISTO.

Et cette demande...?

MAXIMILIEN.

Fut oubliée comme le prisonnier. Le temps s'écoula. Il étendit son crêpe noir sur cette famille qui s'était vue si heureuse! Le père Dantès succomba le premier, tous les jours attendant son fils, à chaque heure l'appelant; à bout de ressources, trop fier pour demander, trop malheureux pour désirer de vivre, il s'enferma dans sa pauvre maison déserte, et, un soir que les voisins ne l'entendirent plus marcher lentement dans sa chambre, on monta... Il était mort, mort de douleur, mort de faim!

MONTE-CRISTO, suffoquant.

Oh!...

MAXIMILIEN.

Quant à la fiancée du pauvre Edmond, elle succomba.

MONTE-CRISTO, surpris.

Elle mourut?

MAXIMILIEN.

Non, elle se maria, et elle quitta le pays. Ce pauvre prisonnier, on a dit qu'il tenta de fuir, et qu'en se précipitant du haut des terrasses du château d'If, il se brisa sur les rochers. La mer engloutit son corps. Dieu a gardé le secret de ses douleurs! C'est égal, je suis sûr que, si Edmond, comme l'a cru mon père, avait échappé miraculeusement à la prison, à la mort, et trouvé sous d'autres cieux une nouvelle vie, une nouvelle fortune, je suis sûr que la mort de ce vieillard et la trahison de Mercédès sont deux souvenirs qui l'eussent empêché à jamais d'être bon et d'être heureux.

MONTE-CRISTO.

C'est vrai. Mais le magistrat dont la... sévérité a causé tant de malheurs, qu'est-il devenu? vit-il?

JULIE.

Riche, honoré, aux premiers rangs de la magistrature!

MONTE-CRISTO.

Qui est-ce donc, madame?

JULIE.

C'est...

MAXIMILIEN, vivement.

Ma sœur, oublions! ma sœur, je t'en prie, ne nommons personne!

MONTE-CRISTO.

M. Maximilien a raison; ce nom-là, prononcé tout haut, réveillerait peut-être la colère de Dieu.

MAXIMILIEN.

Qu'avez-vous?

MONTE-CRISTO.

Rien; l'histoire de ce pauvre marin m'a ému. C'est bien naturel, n'est-ce pas, madame? (A Emmanuel, saluant.) Monsieur... Maximilien... Mes amis...

MAXIMILIEN.

Vous partez?...

MONTE-CRISTO.

Oui; mais permettez-moi de venir quelquefois vous rendre mes devoirs, madame, mes amitiés. J'aime votre maison et je vous suis reconnaissant de votre accueil; car voici la première fois, oui, la première fois que je m'étais oublié depuis bien des années. Adieu! adieu!

SCÈNE IV

Les Mêmes, hors MONTE-CRISTO.

EMMANUEL.

Quel homme étrange!

MAXIMILIEN.

Étrange ou non, il a un cœur excellent, et je suis sûr qu'il nous aime.

DEUXIÈME TABLEAU

Le jardin de la maison d'Auteuil. — A droite, au deuxième plan, un pavillon. Au fond, sur la droite, la grille d'entrée.

SCÈNE PREMIÈRE

MONTE-CRISTO et LE NOTAIRE, apparaissant au haut du perron.

MONTE-CRISTO.

Dame, monsieur, ce n'est ni beau ni neuf; mais, en dépensant trois ou quatre cent mille francs là dedans, ce sera habitable.

LE NOTAIRE.

J'ai suivi en tout point les instructions de M. le comte. Il m'a dit d'acheter, à quelque prix que ce soit, la maison n° 28, rue de la Fontaine, à Auteuil, et je l'ai achetée.

MONTE-CRISTO.

Oui, j'avais envie de cette maison, on m'en avait parlé; d'ailleurs, on peut se passer un caprice, quand ce caprice ne coûte que cinquante mille francs.

LE NOTAIRE.

Quarante mille, monsieur.

MONTE-CRISTO.

Oh! je dis cinquante, parce qu'avec les frais d'enregistrement, les honoraires, etc., etc...

LE NOTAIRE.

Vous vous trompez, monsieur le comte : tous frais compris, cela montera à quarante-trois mille cinq cents francs seulement.

MONTE-CRISTO.

Oh! que vous êtes chicaneur, monsieur! Tenez, voilà un bon de cinquante mille francs sur le Trésor.

LE NOTAIRE.

Mais j'ai l'honneur de faire observer à M. le comte...
MONTE-CRISTO.

C'est bon; s'il y a une différence, ce sera pour l'étude. — Ali! Ali!

SCÈNE II

Les Mêmes, ALI.

LE NOTAIRE, s'inclinant.

Monsieur le comte...
MONTE-CRISTO.

Allez, monsieur!... (Quand le notaire a disparu.) Ali! tu m'as souvent parlé de ton adresse à lancer le lasso? (Ali fait signe que oui.) Ainsi, avec ton lasso, tu arrêterais un taureau, un tigre, un lion? (Ali fait signe que oui.) Plus facilement encore, par conséquent, deux chevaux emportés? (Ali sourit.) Eh bien, écoute. Tout à l'heure une voiture passera, emportée par deux chevaux gris pommelés. Dusses-tu te faire écraser il faut que tu arrêtes tout cela devant cette porte. (Ali ouvre la porte, ramasse une pierre et trace une ligne.) C'est bien, la voiture ne passera pas cette ligne. Je comprends. Prépare donc ton lasso, et tiens-toi prêt. (Ali salue et s'avance vers la porte où il a tracé une ligne.) Monsieur Bertuccio! monsieur Bertuccio!

SCÈNE III

MONTE-CRISTO, BERTUCCIO.

MONTE-CRISTO.

Monsieur Bertuccio! mais venez donc quand on vous appelle. Oh! mon Dieu, comme vous êtes pâle!
BERTUCCIO.

Monsieur le comte, par grâce...
MONTE-CRISTO.

Eh! qu'y a-t-il donc, bon Dieu?
BERTUCCIO.

Excusez, Excellence, mais c'est que ce jardin... Oh! tenez, je voudrais aller plus loin, mais cela m'est impossible.

MONTE-CRISTO.

Hein! qu'est-ce à dire?

BERTUCCIO.

Oh! monsieur le comte, il y a là-dessous complot ou fatalité.

MONTE-CRISTO.

Complot ou fatalité! Voilà de bien grands mots, monsieur, pour un si petit personnage que vous êtes. Voyons, en quoi y a-t-il complot, en quoi y a-t-il fatalité contre M. Bertuccio?

BERTUCCIO.

Mais vous voyez bien, monsieur le comte, que ce n'est point une chose naturelle, qu'ayant une maison à acheter aux environs de Paris, vous l'achetiez justement à Auteuil, et que, l'achetant à Auteuil, cette maison soit le n° 28 de la rue de la Fontaine. Oh! j'ai eu un pressentiment quand j'ai entendu M. le comte parler du désir qu'il avait de se fixer à Auteuil et de l'acquisition qu'il y avait faite. Et cependant j'espérais que la maison achetée par M. le comte était une autre maison que celle-ci, comme s'il y avait à Auteuil une autre maison que celle de l'assassinat!

MONTE-CRISTO.

Oh! quel vilain mot vous venez de prononcer là, monsieur Bertuccio! Vilain homme! Corse enraciné, va! toujours des mystères et des superstitions! Allons, venez, et, si vous avez peur de tomber, asseyez-vous sur ce banc.

BERTUCCIO.

Jamais! jamais, monsieur le comte!

MONTE-CRISTO.

Et pourquoi cela?

BERTUCCIO.

Parce que ce banc... ce banc est justement celui sur lequel il est tombé avant de rouler à terre.

MONTE-CRISTO.

Mon cher monsieur Bertuccio, revenez à vous; je vous y engage. Nous ne sommes point ici à Sarthènes ni à Corte. Ceci n'est point un maquis, c'est un jardin, mal entretenu, sans doute, mais qu'il ne faut point calomnier pour cela. (S'asseyant sur le banc.) Allons, venez, je vous attends.

BERTUCCIO.

Jamais, monseigneur! jamais! Oh! que ne vous ai-je tout

dit avant de rentrer en France ! que ne vous ai-je tout avoué avant d'entrer ici !

MONTE-CRISTO.

Que m'eussiez-vous dit? que m'eussiez-vous avoué? Voyons: qu'en véritable Corse que vous êtes, vous n'avez pu pardonner à M. de Villefort la mort de votre frère, condamné par lui?

BERTUCCIO.

Mon Dieu !

MONTE-CRISTO.

Que vous l'avez suivi de Nîmes à Paris ; qu'à Paris, au milieu d'un bal, vous lui avez déclaré la vendetta ; que, le même soir, sachant qu'il avait affaire dans cette maison, vous vous êtes embusqué là, derrière cet arbre?

BERTUCCIO.

Mon Dieu ! mon Dieu !

MONTE-CRISTO.

Et qu'au pied de cet autre arbre où je suis, au moment où il enterrait un trésor, vous l'avez frappé d'un coup de poignard ; après quoi, en homme qui ne perd pas la tête, vous l'avez emporté tout courant? Voleur !

BERTUCCIO.

Oh ! mais ce que Votre Excellence ne sait pas, c'est que ce coffre renfermait...

MONTE-CRISTO.

Un enfant... Eh ! mon Dieu, si, je sais cela.

BERTUCCIO.

Je n'ai jamais dit la chose qu'à un moine.

MONTE-CRISTO.

Au père Busoni.

BERTUCCIO.

Eh bien, oui, au père Busoni. Mais ce n'est pas le tout : j'ai emporté l'enfant; je l'ai élevé; je comptais en faire mon propre fils.

MONTE-CRISTO.

Quand il s'est sauvé de Rogliano, en emportant la bourse du voisin Vasilio. Oh ! c'était un gaillard qui avait des dispositions que ce cher Benedetto... C'était Benedetto qu'il s'appelait, n'est-ce pas ?

BERTUCCIO.

Oh ! Excellence, épargnez-moi. Non, en vérité, le Seigneur,

qui nous jugera tous un jour, vivants ou morts, le Seigneur n'est pas mieux instruit que vous ne l'êtes. Et vous savez où il est, le malheureux?

MONTE-CRISTO.

Mais n'est-il pas pour trois ans encore aux environs de Toulon, dans un établissement philanthropique où la justice prend la peine de mettre elle-même une chaîne à la jambe des gens qui vont trop vite; et, par économie sans doute, pour utiliser l'autre bout de cette chaîne, n'y a-t-on pas attaché un de vos amis, un certain Caderousse, qui tenait, sur la route de Nîmes à Beaucaire, l'auberge du *Pont-du-Gard*, auberge dans laquelle, pendant une nuit d'orage, il a assassiné un brave juif auquel il venait de vendre un diamant quarante-cinq mille livres, et cela dans le but d'avoir à la fois les quarante-cinq mille livres et le diamant? Ah! par ma foi! vous avez là de bien belles connaissances, monsieur Bertuccio.

BERTUCCIO.

Oh! pardon, monseigneur, pardon!

MONTE-CRISTO.

Que je vous pardonne? Mais c'est fait depuis longtemps. Est-ce que je vous eusse gardé à mon service si vous n'étiez point pardonné?

BERTUCCIO.

Oh! monseigneur...

MONTE-CRISTO.

Et maintenant, retenez bien mes paroles, monsieur Bertuccio. A tous les maux il est deux remèdes, le temps et le silence. Laissez-moi me promener un instant dans ce jardin; ce qui est une émotion poignante pour vous, acteur dans cette terrible scène, sera pour moi une sensation presque douce et qui donnera un double prix à cette propriété. Les arbres, voyez-vous, monsieur Bertuccio, ne plaisent que parce qu'ils font de l'ombre, et l'ombre elle-même ne plaît que parce qu'elle est pleine de rêveries et de visions. Voilà que j'ai acheté un jardin, croyant acheter un simple enclos fermé de murs, et tout à coup cet enclos se trouve être un jardin tout plein de fantômes qui ne sont point portés sur le contrat. Or, j'aime les fantômes, moi; car je n'ai jamais entendu dire que les morts eussent fait, en six mille ans, autant de mal que les vivants en font en un jour. Rentrez donc, monsieur Bertuccio, et dormez en paix. Allez, monsieur Bertuccio, allez!

(Bertuccio s'incline et sort.)

SCÈNE IV

MONTE-CRISTO, seul.

Ici, près de ce platane, la fosse où l'enfant fut déposé; là-bas, la petite porte par laquelle on entrait dans le jardin; à cet angle, l'escalier dérobé qui conduit à la chambre à coucher. Je ne crois pas avoir besoin d'inscrire tout cela sur mes tablettes, car voilà devant mes yeux, autour de moi, sous mes pieds, le plan vivant... (On entend un grand bruit.) Qu'est-ce que cela? Il me semble que c'est notre attelage gris pommelé qui fait des siennes. (On entend un grand bruit de gens qui crient : « Arrêtez! arrêtez! » des cris de femme, un roulement de voiture, puis quelque chose comme le bruit d'une voiture qui verse.) Courez donc, monsieur Bertuccio! courez donc! Vous voyez bien qu'il se passe quelque chose d'extraordinaire derrière cette porte.

(Bertuccio, qui allait disparaître, court ouvrir la porte.)

BERTUCCIO.

Une femme, un enfant, monsieur le comte.

MONTE-CRISTO, à part.

Ce sont eux, en vérité! Ali est un adroit coquin. (A madame de Villefort, qui entre précipitamment suivie d'Ali, portant dans ses bras Édouard évanoui.) Ne craignez rien, madame, vous êtes sauvée.

SCÈNE V

LES MÊMES, MADAME DE VILLEFORT, ÉDOUARD.

MADAME DE VILLEFORT.

Oh!. ce n'est pas pour moi que je crains, monsieur; c'est pour cet enfant.

MONTE-CRISTO.

Oui, madame, je comprends; mais, soyez tranquille, il n'est arrivé aucun mal à votre fils, et c'est la peur seule qui l'a mis dans cet état. (A Bertuccio.) Ma boîte à flacons, monsieur Bertuccio.

MADAME DE VILLEFORT.

Ah! monsieur, ne dites-vous point cela pour me rassurer? Voyez comme il est pâle! Mon enfant, mon fils, mon Édouard, réponds donc à ta mère... Ah! monsieur, un médecin, je vous en prie, un médecin!

MONTE-CRISTO.

C'est inutile, madame; je suis un peu médecin moi-même, et, grâce à quelques gouttes de cette liqueur...

(Il prend un flacon dans la boîte.)

MADAME DE VILLEFORT.

Oh! donnez, donnez, je vous en supplie.

MONTE-CRISTO.

Oh! pardon, madame, moi seul connais la dose à laquelle cette liqueur peut être donnée... Voyez, je vous le disais bien, madame, que ce charmant enfant n'était qu'évanoui.

MADAME DE VILLEFORT.

Ah! où suis-je, monsieur, et à qui dois-je d'avoir surmonté une pareille épreuve?

MONTE-CRISTO.

Vous êtes, madame, chez un homme bien fier d'avoir pu vous épargner un chagrin, chez le comte de Monte-Cristo.

MADAME DE VILLEFORT.

Et moi, monsieur, je suis la femme de M. de Villefort, que vous connaissez peut-être de nom.

(Monte-Cristo s'incline.)

BERTUCCIO, à part.

La femme de M. de Villefort? Mon Dieu!

MADAME DE VILLEFORT.

Ah! monsieur le comte, que mon mari vous sera reconnaissant! car, enfin, vous lui aurez sauvé son fils.

MONTE-CRISTO.

J'admire cette abnégation maternelle, madame. Vous ne pensez pas que le danger était pour vous comme pour cet enfant. Vous l'aimez donc bien?

MADAME DE VILLEFORT.

Si je l'aime! si j'aime mon fils!... Ah! monsieur! que tous les maux de l'humanité viennent me frapper demain, que mon cœur cesse de battre, que tout sur la terre cesse de vivre, mais que mon fils soit épargné! Que, misérable en ce monde, je sois maudite encore dans l'autre, mais que mon fils soit heureux; qu'il vive riche, joyeux, tout-puissant, fût-ce au prix de ma vie terrestre, fût-ce au prix de ma vie éternelle!...

MONTE-CRISTO.

Hélas! madame, je n'ai pas le bonheur de vous avoir rendu directement service, et voilà votre véritable sauveur.

(Il montre Ali.)

MADAME DE VILLEFORT.

Oh! j'espère que vous me permettrez bien de récompenser le dévouement de cet homme?

MONTE-CRISTO.

Madame, ne me gâtez point Ali, je vous prie, ni par les louanges ni par les récompenses. Ce sont des habitudes que je ne veux pas qu'il prenne. Ali est mon esclave. En vous sauvant, il me sert, et c'est son devoir de me servir.

MADAME DE VILLEFORT.

Mais il a risqué sa vie.

MONTE-CRISTO.

J'ai acheté cette vie, madame, et, par conséquent, elle m'appartient. Un mot de moi suffira. — Je suis content de toi, Ali.

MADAME DE VILLEFORT.

Édouard, vois-tu ce bon serviteur? Il a été bien courageux, car il a exposé sa vie pour arrêter les chevaux qui nous emportaient et la voiture qui allait se briser. Remercie-le donc, mon enfant; car probablement, sans lui, à cette heure, nous serions morts tous deux.

ÉDOUARD.

Il est trop laid.

MONTE-CRISTO.

Entends-tu, Ali? cet enfant, à qui tu viens de sauver la vie, dit que tu es trop laid pour qu'il te remercie. (A Édouard, qui joue avec les flacons.) Oh! ne touchez pas à cela, mon ami; quelques-unes de ces liqueurs sont dangereuses.

MADAME DE VILLEFORT, écartant son fils.

Oh! dangereuses, dites-vous, monsieur?

MONTE-CRISTO.

J'aurais dû dire mortelles.

MADAME DE VILLEFORT.

Mais cette liqueur dont vous avez versé une goutte sur ses lèvres n'est point malfaisante?

MONTE-CRISTO.

C'est la plus dangereuse de toutes.

MADAME DE VILLEFORT.

Ah !

MONTE-CRISTO.

Voilà pourquoi j'ai si vivement écarté le flacon de sa main.

MADAME DE VILLEFORT.

En vérité, monsieur, plus je vous regarde et plus je vous écoute...

MONTE-CRISTO.

Plus il vous semble, madame, que ce n'est point la première fois que nous nous rencontrons ?

MADAME DE VILLEFORT.

En effet, monsieur, il me semble que cette conversation n'est que la suite d'une conversation commencée ailleurs. Mais j'ai beau interroger mes souvenirs... J'ai honte de mon peu de mémoire.

MONTE-CRISTO.

Je vais vous aider... C'était à Pérouse, en Italie, dans le jardin de la poste. Pendant une journée brûlante, vous voyagiez avec mademoiselle Valentine et cet enfant. Édouard courait après un paon.

MADAME DE VILLEFORT.

Ah ! je m'en souviens.

MONTE-CRISTO.

L'enfant courait après un beau paon. Vous, vous étiez à demi couchée sous une treille en berceau. Mademoiselle Valentine s'éloigna dans les profondeurs du jardin... Votre fils disparut, courant après l'oiseau.

ÉDOUARD.

Oui, et je l'ai attrapé, et je lui ai arraché trois plumes de la queue.

MONTE-CRISTO.

Vous, madame, vous demeurâtes sous le berceau de vigne.

MADAME DE VILLEFORT.

C'est vrai ! c'est vrai !

MONTE-CRISTO.

Ne vous souvient-il donc plus d'avoir causé assez longuement avec quelqu'un ?

MADAME DE VILLEFORT.

Oui, vraiment! avec un homme enveloppé d'un long manteau de laine... un médecin, je crois.

MONTE-CRISTO.

Justement, madame... Cet homme, c'était moi. Depuis quinze jours, j'habitais dans cette hôtellerie. J'avais guéri mon valet de chambre de la fièvre, de sorte que l'on me regardait comme un grand docteur. Nous causâmes longtemps de différentes choses, de choses d'art; puis, de l'art, nous passâmes à la science, à la chimie. Vous êtes chimiste, madame, et même chimiste fort savante pour une femme. Je me rappelle que vous faisiez des recherches sur cette fameuse aqua-tofana qu'on prétend être le poison des Borgia, et dont quelques personnes, vous avait-on dit, conservaient le secret à Pérouse.

MADAME DE VILLEFORT.

Oui, et j'avais cherché vainement!

MONTE-CRISTO.

Lorsque vous m'interrogeâtes à mon tour; j'eus le bonheur, je me le rappelle, de vous donner, au sujet de la composition de ce poison terrible, tous les renseignements que vous me demandiez.

MADAME DE VILLEFORT.

Oui, vous avez raison, je crois.

MONTE-CRISTO.

Oh! cette circonstance, vous devez vous la rappeler; vous prîtes la recette sur un petit carnet d'écaille, orné d'un chiffre en or, d'un H et d'un V, Hermine de Villefort, n'est-ce point cela?

MADAME DE VILLEFORT.

Vous avez bonne mémoire, monsieur; eh bien, oui, c'est vrai. Les principales études de ma jeunesse ont été la botanique et la chimie; et, bien souvent, j'ai regretté, je l'avoue, de n'être pas un homme pour devenir un Flammel, un Fontana ou un Cabanis.

MONTE-CRISTO.

D'autant plus, madame, que certains peuples, les Orientaux par exemple, se font du poison un bouclier ou un poignard. Mithridate...

ÉDOUARD.

Mithridates, rex ponticus, celui qui déjeunait tous les matins avec une tasse de poison à la crème.

MADAME DE VILLEFORT.

Édouard, taisez-vous, méchant enfant!

MONTE-CRISTO.

Mais c'est son *Cornelius* que récite M. Édouard, et cette citation prouve que son précepteur n'a pas perdu son temps avec lui.

ÉDOUARD.

Maman, allons-nous-en; maman, je m'ennuie.

MONTE-CRISTO.

Voici un charmant enfant, madame, qui me priverait trop tôt du bonheur de vous voir si je n'avais l'espoir que vous me permettrez de me présenter chez vous pour prendre de vos nouvelles.

MADAME DE VILLEFORT.

Comment donc, monsieur! mais c'est moi qui vous en prie, et, si cela ne suffit pas, M. de Villefort viendra vous en prier lui-même.

MONTE-CRISTO.

S'il m'accordait cet honneur, madame, comme je ne veux pas lui faire faire le voyage d'Auteuil, il me trouverait dans ma maison de Paris, rue des Champs-Élysées, n° 30.

MADAME DE VILLEFORT.

Monsieur, ma calèche est brisée, et, vraiment je n'ose...

MONTE-CRISTO.

Madame, on a dû, d'après mon ordre, atteler vos chevaux à ma voiture, et Ali, ce garçon si laid, va vous reconduire chez vous, tandis que votre cocher restera ici pour faire raccommoder la calèche.

MADAME DE VILLEFORT.

Oh! mais, avec les mêmes chevaux, je n'oserai jamais m'en aller.

MONTE-CRISTO.

Vous allez voir que, sous la main d'Ali, ils vont devenir doux comme des agneaux. (Ouvrant la grille.) Tenez...

MADAME DE VILLEFORT.

Puisque vous me répondez de tout, je me hasarde.

SCÈNE VI

MONTE-CRISTO, puis BERTUCCIO.

MONTE-CRISTO.

Allons ! allons ! voilà une bonne terre, et le grain qu'on y laisse tomber n'y avortera pas. — Monsieur Bertuccio !

BERTUCCIO.

Excellence ?

MONTE-CRISTO.

J'attendais deux étrangers. Sont-ils arrivés ?

BERTUCCIO.

Oui, Excellence !

MONTE-CRISTO.

Les avez-vous vus ?

BERTUCCIO.

Non, Excellence... C'est Baptistin qui les a reçus.

MONTE-CRISTO.

Il les a fait entrer dans deux endroits séparés, comme j'en avais donné l'ordre ?

BERTUCCIO.

Oui, Excellence ; ils attendent depuis une demi-heure.

MONTE-CRISTO.

Faites d'abord entrer le major Timoteo Cavalcanti. A tout seigneur tout honneur !

UN LAQUAIS, annonçant.

Le major Cavalcanti.

SCÈNE VII

MONTE-CRISTO, LE MAJOR.

MONTE-CRISTO.

Je vous attendais, monsieur le major.

LE MAJOR.

Vraiment, Votre Excellence m'attendait ?

MONTE-CRISTO.

N'êtes-vous pas M. le marquis Timoteo Cavalcanti ?

LE MAJOR.

Timoteo Cavalcanti, c'est bien cela.

MONTE-CRISTO.

Major au service de l'Autriche ?

LE MAJOR.

Est-ce major ou sergent ?

MONTE-CRISTO.

Major, marquis, major!

LE MAJOR.

Major soit, monsieur le comte ; je suis trop poli pour vous démentir.

MONTE-CRISTO.

D'ailleurs, vous ne venez pas ici de votre propre mouvement, n'est-ce pas?

LE MAJOR.

Oh! non; de mon propre mouvement, je n'aurais jamais osé.

MONTE-CRISTO.

Vous m'êtes adressé par cet excellent père Busoni.

LE MAJOR.

Du moins, la lettre que j'ai reçue est signée de ce nom; voyez !

MONTE-CRISTO.

C'est bien cela. « Le major Cavalcanti... »

LE MAJOR.

Sergent.

MONTE-CRISTO.

« Patricien de Lucques, descendant des Cavalcanti de Florence,... »

LE MAJOR.

Eh ! eh !

MONTE-CRISTO.

Vous êtes bien leur descendant?

LE MAJOR.

Un peu descendu, c'est vrai.

MONTE-CRISTO.

« Et jouissant d'une fortune de trois à quatre millions... »

LE MAJOR.

Y a-t-il trois ou quatre millions?

MONTE-CRISTO.

Dame, c'est écrit en toutes lettres.

LE MAJOR.

Va pour quatre millions.

MONTE-CRISTO.

Vous ne croyiez pas être si riche?

LE MAJOR.

Ma parole d'honneur, non!

MONTE-CRISTO.

C'est que votre intendant vous vole.

LE MAJOR.

Vous venez de m'éclairer, mon cher monsieur ; je mettrai le drôle à la porte. Continuez, je vous prie.

MONTE-CRISTO.

« Et auquel il ne manquait qu'une chose pour être heureux... »

LE MAJOR.

Oh! mon Dieu, oui, qu'une seule.

MONTE-CRISTO.

« De retrouver un fils adoré... »

LE MAJOR, soupirant.

Heu!

MONTE-CRISTO.

« Enlevé dès son enfance, soit par des bohémiens, soit par un ennemi de sa noble famille... » Pauvre père!...

LE MAJOR.

Heu!

MONTE-CRISTO.

« Mais je lui rends l'espoir et la vie en lui annonçant, monsieur le comte, que vous pouvez lui faire retrouver ce fils qu'il cherche en vain depuis quinze ans... »

LE MAJOR.

Heu! le pouvez-vous, monsieur?

MONTE-CRISTO.

Je le puis.

LE MAJOR.

Mais cette lettre était donc vraie?

MONTE-CRISTO.

Jusqu'au bout.

LE MAJOR.

Post-scriptum compris?

MONTE-CRISTO.

Ah! il y a un post-scriptum?

LE MAJOR.

Une misère!

MONTE-CRISTO.

« Pour ne pas causer au major Cavalcanti l'embarras de déplacer des fonds de chez son banquier, je lui envoie une somme de deux mille francs pour ses frais de voyage, et le crédite sur vous d'une autre somme de quarante-huit mille francs. » Très-bien !

LE MAJOR, à part.

Il a dit : « Très-bien ! » (Haut. Ainsi le post-scriptum...?

MONTE-CRISTO.

Le post-scriptum ?

LE MAJOR.

Est accueilli aussi favorablement que le reste ?

MONTE-CRISTO.

Sans doute.

LE MAJOR.

De sorte que vous me remettrez ces quarante-huit mille francs ?

MONTE-CRISTO.

A votre première réquisition. Mais que fais-je donc ! je vous tiens debout depuis un quart d'heure.

LE MAJOR.

Ne faites pas attention, et, du moment que le post-scriptum...

MONTE-CRISTO.

Maintenant, voulez-vous prendre quelque chose, un verre de porto, de mancenilla ou d'alicante ?

LE MAJOR.

D'alicante, c'est mon vin de prédilection.

MONTE-CRISTO.

J'en ai là d'excellent. N'est-ce pas, avec un biscuit ?

LE MAJOR.

Avec un biscuit, puisque vous m'y forcez.

(Monte-Cristo frappe deux coups sur le timbre. Baptistin paraît.)

MONTE-CRISTO, au Laquais.

Bertuccio n'est-il point là ?

BERTUCCIO.

Me voilà, Excellence.

MONTE-CRISTO.

Un verre de vin d'Alicante et des biscuits au major. (Allant à Baptistin, tandis que Bertuccio va vers le Major.) Vous avez fait entrer M. Andrea dans ce pavillon ?

LE LAQUAIS.

Oui, Excellence !

MONTE-CRISTO.

Bien, allez ! (Au Major.) Ainsi, vous habitiez Lucques; vous étiez riche; vous jouissiez de la considération générale...

LE MAJOR.

Je jouissais de la considération générale.

MONTE-CRISTO.

Enfin, vous aviez tout ce qui peut rendre un homme heureux; il ne manquait qu'une chose à votre bonheur, c'était de retrouver votre enfant.

LE MAJOR.

Oui, il ne me manquait que cette chose ; mais elle me manquait bien !

MONTE-CRISTO.

Buvez donc, cher monsieur Cavalcanti; l'émotion vous étouffe... A propos, vous apportez tous vos papiers bien en règle ?

LE MAJOR.

Quels papiers ?

MONTE-CRISTO.

Mais votre acte de mariage avec sa mère ?

LE MAJOR.

Ah ! avec sa mère ?...

MONTE-CRISTO.

Oui... Plus, l'acte de naissance de l'enfant ?

LE MAJOR.

L'acte de naissance de l'enfant ?

MONTE-CRISTO.

Sans doute, de votre fils, d'Andrea Cavalcanti. Ne se nommait-il pas Andrea ?

LE MAJOR.

— Je crois que oui.

MONTE-CRISTO.

Comment, vous croyez ?

LE MAJOR.

Dame, il y a si longtemps qu'il est perdu !

MONTE-CRISTO.

C'est vrai ! Enfin, vous avez tous ces papiers ?

LE MAJOR.

Monsieur le comte, c'est avec regret que je vous annonce que, n'étant pas prévenu de me munir de toutes ces pièces, j'ai négligé de les apporter avec moi.

MONTE-CRISTO

Ah! diable!

LE MAJOR.

Étaient-elles donc tout à fait nécessaires?

MONTE-CRISTO.

Indispensables... Vous comprenez! si on allait élever ici quelques doutes sur la validité de votre mariage, sur la légitimité de votre enfant...

LE MAJOR.

C'est juste. On pourrait élever des doutes.

MONTE-CRISTO.

Oh! ce serait fâcheux pour le jeune homme.

LE MAJOR.

Ce serait fatal!

MONTE-CRISTO.

Cela pourrait lui faire manquer un magnifique mariage que j'avais rêvé pour lui.

LE MAJOR.

Un mariage?

MONTE-CRISTO.

Avec la fille d'un banquier.

LE MAJOR.

Riche?

MONTE-CRISTO.

Millionnaire!

LE MAJOR.

Oh! *peccato!*

MONTE-CRISTO.

Ainsi, vous n'avez pas ces papiers?

LE MAJOR.

Hélas, non!

MONTE-CRISTO.

Heureusement, je les ai, moi.

LE MAJOR.

Vous?

MONTE-CRISTO.

Oui.

LE MAJOR.
Ah! par exemple, voilà un bonheur!

MONTE-CRISTO.
Tenez.

LE MAJOR, prenant les papiers.
Tout est en règle, par ma foi.

MONTE-CRISTO.
Eh bien, maintenant que tout est en règle, que vos souvenirs, remis à neuf, ne vous trahiront point, vous avez deviné sans doute que je veux vous ménager une surprise.

LE MAJOR.
Agréable?

MONTE-CRISTO.
Ah! le cœur d'un père ne se trompe pas.

LE MAJOR.
Hein!

MONTE-CRISTO.
Vous avez deviné qu'il était ici.

LE MAJOR.
Qui?

MONTE-CRISTO.
Votre enfant, votre fils, votre Andrea.

LE MAJOR.
Je l'ai deviné.

MONTE-CRISTO.
Je comprends toute votre émotion. Il faut vous donner le temps de vous remettre; je veux aussi préparer le jeune homme à cette entrevue tant désirée. Rentrez dans la chambre, je ne vous demande que cinq minutes.

LE MAJOR.
Alors, vous me l'amènerez, vous pousserez la bonté jusqu'à me l'amener vous-même?

MONTE-CRISTO.
Non! je ne veux pas me placer entre un père et son fils; vous serez seul, monsieur le major.

LE MAJOR.
A propos, vous saurez que je n'ai emporté avec moi que les deux mille francs que le père Busoni m'avait fait toucher à Livourne. Là-dessus, j'ai fait le voyage, et...

MONTE-CRISTO.
Et vous avez besoin d'argent?

9.

LE MAJOR.

Oui.

MONTE-CRISTO.

C'est trop juste, cher monsieur Cavalcanti, et voilà, pour faire un compte, huit billets de mille francs chacun.

LE MAJOR.

Huit !

MONTE-CRISTO.

C'est quarante mille francs que je vous redois.

LE MAJOR.

Votre Excellence veut-elle un reçu ?

MONTE-CRISTO.

Vous me donnerez un reçu général en allant toucher les quarante mille francs chez mon banquier, M. Danglars.

LE MAJOR.

Est-ce que ce banquier serait le père de la jeune personne ?

MONTE-CRISTO.

Allons, je vois qu'il ne faut pas vous répéter deux fois la même chose, mon cher monsieur Cavalcanti. Maintenant, me permettrez-vous une petite observation ?

LE MAJOR.

Comment donc ! mais je la sollicite.

MONTE-CRISTO.

Il n'y aurait pas de mal à ce que vous quittassiez votre polonaise.

LE MAJOR.

Vraiment ?

MONTE-CRISTO.

Oui, cela se porte encore à Lucques ; mais à Paris...

LE MAJOR.

Ah ! c'est dommage !

MONTE-CRISTO.

Si vous y tenez absolument, vous la reprendrez en quittant la France.

LE MAJOR.

Mais, en attendant, que mettrai-je, moi ?

MONTE-CRISTO.

Ce que vous trouverez dans vos malles.

LE MAJOR.

Comment, dans mes malles ? Mais je n'ai qu'un portemanteau.

MONTE-CRISTO.

Parce que vous avez envoyé vos malles en avant; mais, soyez tranquille, vos malles sont arrivées à l'hôtel des *Princes*, rue de Richelieu ; c'est là que vous logez.

LE MAJOR.

Très-bien.

MONTE-CRISTO.

Et maintenant, cher monsieur Cavalcanti, passez dans cette chambre, et affermissez votre cœur contre les sensations trop vives qui vous attendent, en achevant ces biscuits et en finissant cette bouteille. — Monsieur Bertuccio, portez ces biscuits et cette bouteille dans la chambre de M. le major.

(Le Major sort.)

SCÈNE VIII

MONTE-CRISTO, BERTUCCIO.

Monte-Cristo va pour ouvrir la porte du pavillon où est Andrea, Bertuccio revient vivement et l'arrête.

BERTUCCIO.

Excellence !

MONTE-CRISTO.

Eh bien, quoi ?

BERTUCCIO.

On vous trompe.

MONTE-CRISTO.

Comment, on me trompe ?

BERTUCCIO.

Oui, cet homme...

MONTE-CRISTO.

Cet homme qui vient d'entrer là ? Eh bien ?

BERTUCCIO.

Eh bien, il n'est pas marquis, il n'est pas major, il n'est pas noble. C'est un misérable que j'ai vu croupier aux eaux de Lucques.

MONTE-CRISTO.

Eh bien, moi aussi ; après ?

BERTUCCIO.

Comment ! Son Excellence sait... ?

MONTE-CRISTO.

Son Excellence sait ce qu'elle fait, monsieur Bertuccio, et n'a de comptes à rendre à personne.

BERTUCCIO.

Excusez, Excellence.

MONTE-CRISTO.

Allez, allez, monsieur. (Bertuccio sort.) Ce pauvre Bertuccio!

(Il ouvre la porte.)

SCÈNE IX

MONTE-CRISTO, ANDREA.

MONTE-CRISTO.

Venez, monsieur.

ANDREA.

J'ai l'honneur de parler, je crois, à M. le comte de Monte-Cristo?

MONTE-CRISTO.

Et moi, à M. le comte Andrea Cavalcanti?

ANDREA.

Oui, monsieur.

MONTE-CRISTO.

En ce cas, vous devez avoir une lettre qui vous accrédite près de moi.

ANDREA.

De la maison Thompson et French, de Rome.

MONTE-CRISTO.

Très-bien. Maintenant, monsieur le comte, aurez-vous la bonté de me donner quelques renseignements sur votre famille?

ANDREA.

Très-volontiers, monsieur. Je suis le comte Andrea Cavalcanti, descendant des Cavalcanti, inscrits au livre d'or de Florence. Notre famille, très-riche encore, puisque mon père possède deux cent mille livres de rente, à éprouvé bien des malheurs, et moi-même, monsieur, depuis l'âge de cinq ans, j'ai été enlevé, livré et vendu aux ennemis de ma famille par un gouverneur infidèle, de sorte que, depuis quinze ans, je n'ai pas revu l'auteur de mes jours. Enfin, je désespérais de le revoir jamais, lorsque je reçus cette lettre du mandataire de la maison Thompson et French, de Rome, qui me facilitait les moyens de venir à Paris, et qui m'autorisait à m'adresser à vous pour avoir des nouvelles de ma noble famille.

MONTE-CRISTO, à part.

Allons, il sait admirablement sa leçon. (Haut.) En vérité, monsieur, ce que vous me racontez là est on ne peut plus intéressant, et vous avez bien fait de vous rendre à l'invitation de la maison Thompson et French ; car monsieur votre père est en effet ici et vous cherche.

ANDREA, vivement.

Mon père ! mon père ici !... Bertuccio ?

MONTE-CRISTO.

Oui, votre père, le major Timoteo Cavalcanti.

ANDREA.

Ah ! c'est vrai ! Et vous dites qu'il est ici, ce cher père ?

MONTE-CRISTO.

Oui, monsieur. Vous étiez dans le midi de la France quand vous avez reçu cette lettre qui vous accréditait près de moi ?

ANDREA.

Dans le midi de la France, oui, sur les bords de la Méditerranée.

MONTE-CRISTO.

Entre Marseille et Hyères.

ANDREA.

C'est bien cela, monsieur.

MONTE-CRISTO.

Une voiture devait vous attendre à Nice ?

ANDREA.

Et elle m'a conduit de Nice à Gênes, de Gênes à Turin, de Turin à Chambéry, de Chambéry à Lyon et de Lyon à Paris. Ce n'était pas le chemin le plus court.

MONTE-CRISTO.

Non ; mais c'était peut-être le plus sûr.

ANDREA.

C'est possible. Eh bien, me voilà, monsieur.

MONTE-CRISTO.

Et, comme vous voyez, vous êtes le bienvenu. Une seule chose inquiète cependant le major Cavalcanti.

ANDREA.

Laquelle ?

MONTE-CRISTO.

Dame, c'est délicat à dire.

ANDREA.

Oh! dites.

MONTE-CRISTO.

Vous êtes resté longtemps dans une position fâcheuse; j'ignore laquelle. Je connais la philanthropie de celui qui vous en a tiré, et je ne lui ai fait aucune question. Je ne suis pas curieux.

ANDREA.

Ah!

MONTE-CRISTO.

Eh bien, votre père désirerait savoir si vous vous croyez vous-même en état de soutenir dignement dans le monde le nom qui vous appartient.

ANDREA.

Voilà tout ce qu'il veut savoir?

MONTE-CRISTO.

Oh! mon Dieu, oui; et, si vous me dites vous-même que le monde dans lequel vous allez entrer n'a rien qui vous effraye...

ANDREA.

Rien, monsieur... D'ailleurs, s'il y avait en moi quelque défaut d'éducation, on aurait, je suppose, l'indulgence de m'excuser en considération des malheurs qui ont accompagné ma naissance et poursuivi ma jeunesse.

MONTE-CRISTO.

Et puis, vous le savez, comte, une grande fortune fait passer sur bien des choses.

ANDREA.

Le major Cavalcanti est donc réellement riche?

MONTE-CRISTO.

Millionnaire, mon cher monsieur.

ANDREA.

Alors, je vais me trouver dans une position agréable?

MONTE-CRISTO.

Des plus agréables. Il vous fait cinquante mille francs de rente pendant tout le temps que vous resterez à Paris.

ANDREA.

Mais j'y resterai toujours, en ce cas.

MONTE-CRISTO.

Eh! qui peut répondre des circonstances. L'homme propose et Dieu dispose.

ANDREA.

Hélas! c'est bien vrai.

MONTE-CRISTO.

Maintenant, comte, êtes-vous préparé?

ANDREA.

A quoi?

MONTE-CRISTO.

A embrasser ce digne major.

ANDREA.

En doutez-vous, monsieur?

MONTE-CRISTO.

En ce cas (il ouvre la porte), venez, major, venez!

ANDREA.

Vous vous retirez?

MONTE-CRISTO.

Par discrétion.

(Monte-Cristo sort. Le Major entre.)

SCÈNE X

LE MAJOR, ANDREA.

ANDREA.

Ah! monsieur et cher père, est-ce bien vous?

LE MAJOR.

Bonjour, monsieur et cher fils!

ANDREA.

Ne nous embrassons-nous point?

LE MAJOR.

Comme vous voudrez.

ANDREA.

Alors, embrassons-nous; cela ne peut pas faire de mal. Ainsi donc, nous voilà réunis!

LE MAJOR.

Nous voilà réunis.

ANDREA.

Et vous m'apportez les papiers à l'aide desquels il me sera possible de constater le sang dont je sors?

LE MAJOR.

J'ai fait trois cents lieues dans ce seul but.

ANDREA.

Et ces papiers?

LE MAJOR.

Les voilà.

ANDREA, regardant les papiers.

Ah çà! mais il n'y a donc pas de galères en Italie?

LE MAJOR.

Et pourquoi cela?

ANDREA.

Qu'on y fabrique impunément de pareilles pièces! Pour la moitié, très-cher père, en France, on vous enverrait prendre l'air à Toulon pendant cinq ans.

LE MAJOR, majestueusement.

Plait-il, jeune homme?

ANDREA.

Mon cher monsieur Cavalcanti, combien vous donne-t-on par an pour être mon père?... Chut! Je vais vous donner l'exemple de la confiance. A moi, on me donne cinquante mille francs par an pour être votre fils... Eh! soyez donc tranquille, nous sommes seuls.

LE MAJOR.

Eh bien, à moi, on me donne cinquante mille francs pour être votre père.

ANDREA.

Une fois donnés?

LE MAJOR.

Une fois donnés.

ANDREA.

Ce n'est pas payé.

LE MAJOR.

N'importe! Je trouve cela fort joli.

ANDREA.

Monsieur le major, croyez-vous aux contes de fées?

LE MAJOR.

Autrefois, je n'y croyais pas. Mais, aujourd'hui, il faut bien que j'y croie.

ANDREA.

Avez-vous des preuves?

LE MAJOR, tirant ses billets.

Palpables.

ANDREA.

Des billets carrés?

LE MAJOR.

Un à-compte.

ANDREA.

— Et ils ne sont pas comme vos papiers?

LE MAJOR.

Jeune homme!

ANDREA.

Alors, vous arrivez de Lucques?

LE MAJOR.

Et vous de...?

ANDREA.

Et moi de... Je ne veux pas vous le dire.

LE MAJOR.

Pourquoi cela?

ANDREA.

Parce qu'alors vous seriez aussi savant que moi, ce qui est inutile.

LE MAJOR.

Et qui vous a donné avis de revenir?

ANDREA.

Une lettre.

LE MAJOR.

C'est comme moi.

ANDREA.

Faites voir cette lettre.

LE MAJOR.

A la condition que vous me ferez voir la vôtre.

ANDREA, tirant sa lettre.

Donnant! donnant!

(Chacun d'eux passe sa lettre à l'autre.)

ANDREA, lisant.

« Vous êtes pauvre, une vieillesse malheureuse vous attend. Voulez-vous devenir, sinon riche, du moins indépendant? Partez pour Paris à l'instant même, et allez réclamer à M. le comte de Monte-Cristo, à Auteuil, rue de la Fontaine, n° 28, un fils que vous devez avoir eu de la marquise Oliva Corsinari. Ce fils, qui vous a été enlevé à l'âge de cinq ans, se nommé Andrea Cavalcanti. Pour que vous ne révoquiez pas en doute l'intention qu'a le soussigné de vous être agréable, vous trouverez ci-joints: 1° un bon de deux mille quatre cents livres toscanes, payable chez M. Gozzi, banquier, à Livourne; 2° une lettre d'introduction pour M. le comte de Monte-Cristo, laquelle vous crédite sur lui de la somme de quarante-huit mille francs de France. Soyez chez le comte le 26 juillet, à une heure de l'après midi. — Le père BUSONI. »

LE MAJOR.

A mon tour, vous permettez?

ANDREA.

Comment, donc!

LE MAJOR, lisant.

« Vous êtes pauvre, vous n'avez qu'un avenir misérable. Voulez-vous avoir un nom, être libre et riche? Prenez la chaise de poste que vous trouverez tout attelée en sortant de Nice par la porte de Gênes. Passez par Turin, Chambéry, Lyon. Ne vous arrêtez point à Paris et faites-vous conduire tout droit à Auteuil, rue de la Fontaine, n° 28, chez M. le comte de Monte-Cristo, le 26 juillet, à une heure de l'après-midi, et demandez-lui votre père. Vous êtes le fils du major Timoteo Cavalcanti et de la marquise Oliva Corsinari, ainsi que le constatent les papiers qui vous seront remis par le major lui-même, et qui vous permettront de vous présenter dans le monde. Quant à votre rang, un revenu de cinquante mille francs vous mettra à même de le soutenir. Ci-joint un bon de deux mille francs sur M. Torrea, banquier, à Nice, et une lettre de recommandation pour M. le comte de Monte-Cristo, chargé de subvenir à vos besoins. — YORICK, mandataire de la maison Thompson et French. »

LE MAJOR.

C'est fort beau!

ANDREA.

N'est-ce pas?

LE MAJOR.

Y comprenez-vous quelque chose?

ANDREA.

Ma foi, non!

LE MAJOR.

Seulement, il y a une dupe dans tout cela.

ANDREA.

Ce n'est ni vous ni moi.

LE MAJOR.

Non.

ANDREA.

Eh bien, alors, allons jusqu'au bout et jouons serré.

LE MAJOR.

Soit; vous verrez que je suis digne de faire votre partie.

ANDREA.

Je n'en ai jamais douté, mon très-cher père.

LE MAJOR.

Vous me faites honneur, mon très-cher fils.

SCÈNE XI

Les Mêmes, MONTE-CRISTO.

ANDREA.

Chut! (Ils se regardent et se jettent dans les bras de l'un de l'autre.) Ah!

MONTE-CRISTO.

Eh bien, monsieur le major, il paraît que vous avez retrouvé un fils selon votre cœur?

LE MAJOR.

Ah! monsieur le comte, je suffoque de joie!

MONTE-CRISTO.

Et vous, jeune homme?

ANDREA.

Ah! monsieur le comte, j'étouffe de bonheur.

MONTE-CRISTO.

Heureux père! heureux enfant!... Et maintenant, voyons, jeune homme, confessez-vous.

ANDREA.

Que je me confesse? A qui?

MONTE-CRISTO.

Mais à votre père. Dites-lui l'état de vos finances.

ANDREA.

Ah! monsieur, vous touchez là la corde sensible.

MONTE CRISTO.

Entendez-vous, major?

LE MAJOR.

Sans doute que je l'entends.

MONTE-CRISTO

Eh bien?

LE MAJOR.

Que voulez-vous que j'y fasse?

MONTE-CRISTO.

Que vous lui donniez de l'argent, pardieu!

LE MAJOR.

Moi?

MONTE-CRISTO.

Oui, vous. (Il passe entre eux deux.) Tenez, comte.

(Il donne des billets à Andrea.)

ANDREA.

Qu'est-ce que cela?

MONTE-CRISTO.

La réponse de votre père. Il me charge de vous remettre cela.

ANDREA.

Ah! cher père!

MONTE-CRISTO.

Silence! Vous voyez bien qu'il ne veut pas que vous sachiez que la chose vient de lui.

ANDREA.

J'apprécie cette délicatesse.

MONTE-CRISTO.

C'est bien. Allez, maintenant.

ANDREA.

Et quand aurons-nous l'honneur de vous revoir?

LE MAJOR.

Ah! oui, et quand aurons-nous cet honneur?

MONTE-CRISTO.

D'aujourd'hui en huit jours, si vous voulez. D'aujourd'hui en huit, je donne à dîner, ici, à M. Danglars, un banquier...

LE MAJOR.

Un banquier? Ah! diable!

MONTE-CRISTO.

A M. de Villefort, un magistrat illustre.

ANDREA.

Un magistrat? Diable!

LE MAJOR.

Alors, grande tenue?

MONTE-CRISTO.

Grande tenue : uniforme, brochette, culottes courtes.

ANDREA.

Et moi?

MONTE-CRISTO.

Oh! vous, très-simplement : pantalon noir, bottes vernies, gilet blanc, habit noir. Moins vous afficherez de prétention dans votre mise, étant riche comme vous l'êtes, mieux cela vaudra. Si vous achetez des chevaux, prenez-les chez Devedeux ; si vous achetez une voiture, prenez-la chez Baptistin. Pas trop de diamants ; un solitaire de deux à trois mille francs au petit doigt, c'est tout ce que je vous permets.

ANDREA.

C'est bien, monsieur le comte. Et à quelle heure pourrons-nous nous présenter ?

MONTE-CRISTO.

Mais à six heures et demie.

LE MAJOR.

C'est bien ; on y sera, monsieur le comte. Venez, mon cher fils.

ANDREA.

Venez, mon cher père.

(Ils sortent en se tenant par-dessous le bras.)

SCÈNE XII

MONTE-CRISTO, seul, les regardant s'éloigner.

Voilà, en vérité, deux bien grands misérables. C'est bien malheureux que ce ne soit pas le père et le fils !

SCÈNE XIII

MONTE-CRISTO, BERTUCCIO.

BERTUCCIO, se précipitant.

Monsieur le comte! monsieur le comte!

MONTE-CRISTO.

Eh bien, que diable avez-vous encore, monsieur Bertuccio?

BERTUCCIO.

Monsieur le comte, ce jeune homme...

MONTE-CRISTO.

Eh bien ?

BERTUCCIO.

Ce jeune homme, que vous croyez s'appeler Andrea Caval-canti...

MONTE-CRISTO.

Après?

BERTUCCIO.

Que vous croyez être le fils du major...

MONTE-CRISTO.

Après?

BERTUCCIO.

Que vous croyez arrivé d'Italie...

MONTE-CRISTO.

Après?

BERTUCCIO.

C'est Benedetto, mon fils, ou plutôt le fils de M. de Villefort, et qui s'est sauvé du bagne.

MONTE-CRISTO.

Où il était attaché à la même chaîne que votre ami Caderousse. C'est possible.

BERTUCCIO.

Comment?

MONTE-CRISTO.

Mon cher monsieur Bertuccio, vous avez une mauvaise habitude, c'est de reconnaître les gens qui veulent rester inconnus.

BERTUCCIO.

Mon Dieu !

MONTE-CRISTO.

Tenez, voilà un mendiant qui se présente à la grille pour demander l'aumône. Eh bien, je ne serais pas étonné que ce fût encore quelqu'un de votre connaissance.

(La porte s'ouvre, un Mendiant paraît.)

SCÈNE XIV

Les Mêmes, le Mendiant.

LE MENDIANT, à part.

Rue de la Fontaine, n° 28 ; un savoyard m'a dit qu'il y avait là un bon seigneur, bien généreux. (Apercevant Monte-Cristo.) Ah ! mon bon seigneur, la charité, s'il vous plaît !

MONTE-CRISTO.

Tenez, monsieur Bertuccio, voici un louis ; portez-le à ce pauvre diable... « Qui donne aux pauvres prête à Dieu, » a dit un grand poëte.

BERTUCCIO, allant au Mendiant.

Tenez, mon ami... (Le regardant.) Caderousse !

CADEROUSSE.

Bertuccio !... Ah !

(Il se sauve.)

BERTUCCIO, chancelant.

Ah ! j'en deviendrai fou !

ACTE DEUXIÈME

TROISIÈME TABLEAU

Un jardin chez M. de Villefort. — A droite, un mur avec une brèche. Au deuxième plan, au milieu du théâtre, un bosquet à jour.

SCÈNE PREMIÈRE

MAXIMILIEN, sur la brèche ; VALENTINE, près de lui.

MAXIMILIEN.

Ne craignez rien, Valentine ; d'ici, je vois jusqu'au fond de l'allée qui conduit à votre maison. S'il venait quelqu'un, je vous avertirais. Ne craignez rien.

VALENTINE.

C'est bien imprudent à moi d'avoir quitté le salon, d'avoir laissé ma grand'mère qui souffre, et qui peut s'étonner de mon absence. Oh! c'est plus qu'imprudent, c'est mal.

MAXIMILIEN.

Valentine! ne me reprochez pas les quelques minutes que vous m'accordez.

VALENTINE.

Et vous-même... Si, de l'autre côté, l'on nous voyait.

MAXIMILIEN.

De l'autre côté?... par là?... Valentine, par là, je suis chez moi.

VALENTINE.

Comment, chez vous ?

MAXIMILIEN.

Depuis ce matin, j'ai loué ce terrain désert. J'y puis faire bâtir, si je veux, une cabane; j'y puis vivre le jour, j'y puis rester la nuit. Je puis, à toute heure, sans cesse, sans crainte, vous guetter, vous attendre, vous voir, vous parler, vous dire que je vous aime, que je vis par vous, pour vous!

VALENTINE.

Est-ce possible !

MAXIMILIEN.

Quel bonheur!... Oh! Valentine! que Dieu est bon!

VALENTINE.

Trop bon, Maximilien !...

MAXIMILIEN.

Pourquoi vous plaindre de ce que tout conspire à nous rendre les plus heureux du monde, même les malheurs qui vous frappent? N'est-ce pas à l'affreux malheur qui vous a frappée, à la mort de votre grand-père, M. de Saint-Méran, que nous devons notre repos depuis cinq mois?... Ces projets de mariage qui avaient failli me rendre fou, votre deuil les a interrompus. Depuis trois mois, nous n'avons plus entendu dire que M. Frantz d'Épinay fût destiné à devenir l'époux de Valentine. Depuis trois mois, M. d'Épinay est en Italie.

VALENTINE.

Vous voulez donc que je croie au bonheur, Maximilien! vous voulez donc que je revive à l'espérance! Oh! cela est si doux d'aimer, cela est si doux d'espérer, que vous n'aurez pas grand'peine à me convaincre, et à me faire dire avec vous:

Dieu est souverainement bon! Béni soit Dieu pour le bonheur qu'il nous donne! Mais ne le tentons pas!... n'abusons pas!... A présent que nous allons être libres, trop libres, gardons-nous d'une sécurité qui nous perdrait.

MAXIMILIEN.

Oh! vous êtes injuste; fût-il jamais un esclave plus soumis que moi! vous m'avez permis de vous parler, de vous regarder, vous m'avez donné ce mur pour limite. Ce mur, ridicule obstacle pour ma jeunesse et pour ma force, l'ai-je jamais franchi? ai-je jamais touché votre main, effleuré le bas de votre robe? Je ne sais pas, Valentine, si vous serez jamais aimée par quelqu'un plus que vous ne l'êtes par moi... je défie que vous soyez respectée davantage.

VALENTINE.

Bon Maximilien!... tenez, en ce moment, vous ressemblez aux mendiants qui se plaignent pour qu'on double l'aumône! Eh bien, quoi donc?

MAXIMILIEN.

Valentine! il vient quelqu'un dans l'allée.

VALENTINE.

Vite, vite!

MAXIMILIEN.

J'avais tant de choses à vous dire!

VALENTINE.

C'est Barrois...

MAXIMILIEN.

Je vais attendre qu'il soit parti...

VALENTINE.

Soit, allez!

MAXIMILIEN.

Et madame de Villefort avec lui!...

(Il part.)

VALENTINE.

Madame de Villefort! que vient-elle faire? Me soupçonnerait-elle?... Que tient-elle à la main?

BARROIS, arrivant le premier.

Mademoiselle! mademoiselle!

SCÈNE II

VALENTINE, MADAME DE VILLEFORT, BARROIS.

MADAME DE VILLEFORT.

Ah ! vous voici, mademoiselle ; j'étais bien sûre qu'on vous trouverait ici.

VALENTINE.

Je sais que M. de Villefort aime à venir prendre ici son café après le dîner, et j'étais venue...

MADAME DE VILLEFORT.

C'est vrai. Barrois, débarrassez-vous de ce plateau.

VALENTINE.

Oui, Barrois, disposez les tasses sur cette table. A propos, madame de Saint-Méran, ma grand'mère, a-t-elle tout ce dont elle a besoin ?

BARROIS.

Mademoiselle sait que madame de Saint-Méran ne veut boire que de l'eau de chicorée.

VALENTINE.

Bonne maman descendra-t-elle ?

BARROIS.

Elle a dit qu'elle ferait son possible pour cela.

MADAME DE VILLEFORT.

C'est bien, Barrois, retournez à la maison, et veillez à ce que madame de Saint-Méran ne manque de rien.

(Barrois sort.)

SCÈNE III

VALENTINE, MADAME DE VILLEFORT.

VALENTINE.

Vous avez quelque chose à me dire, madame ?

MADAME DE VILLEFORT.

Oui, Valentine, une chose assez importante.

VALENTINE.

Ah !

MADAME DE VILLEFORT.

Une chose qui intéresse votre avenir ; et, comme je suis

pour vous une amie, presque une mère, j'ai voulu vous parler la première, et savoir votre pensée.

VALENTINE.

De quoi s'agit-il donc, madame?

MADAME DE VILLEFORT.

Lisez.

VALENTINE.

Une lettre de M. d'Épinay.

MADAME DE VILLEFORT.

Adressée à votre père, Valentine, et que j'ai voulu vous communiquer avant de la lui rendre à lui-même.

VALENTINE.

Ah! mon Dieu!

MADAME DE VILLEFORT.

Eh bien, vous ne lisez pas?

VALENTINE.

Oh! madame, je devine.

MADAME DE VILLEFORT.

Votre deuil est expiré... M. d'Épinay réclame l'exécution de vos promesses; il sera demain à Paris.

VALENTINE.

Pauvre Maximilien! nous nous sommes réjouis trop vite!

MADAME DE VILLEFORT.

Plaît-il?... Vous êtes pâle, vous avez des larmes dans les yeux.

VALENTINE.

Moi, madame? Mais...

MADAME DE VILLEFORT.

Mais?... Voyons, nous sommes seules; j'ai bien quelques droits à votre confiance. Ma démarche vous le prouve. Ouvrez-moi votre cœur, dites-moi ce que vous pensez...

VALENTINE.

Ce que je pense, madame, c'est que j'ai bien du chagrin.

MADAME DE VILLEFORT.

Valentine, vous n'avez pas à vous plaindre de moi, je pense?

VALENTINE.

Oh! madame.

MADAME DE VILLEFORT.

Votre bonne maman vous aime de toute son âme.

VALENTINE.

Bonne maman est bien malade, madame, depuis la mort de mon grand'père.

MADAME DE VILLEFORT.

Cette maladie cessera. Il n'y a pas de quoi vous affliger ainsi. Votre douleur a une autre cause.

VALENTINE.

Non...

MADAME DE VILLEFORT.

C'est ce mariage, peut-être. Vous savez, Valentine, que l'idée n'est pas venue de moi, mais de votre père. Vous savez qu'il tient à vous établir, et qu'il a choisi lui-même votre futur époux. Je n'ai pas influencé M. de Villefort; vous ne le croyez pas, au moins?

VALENTINE.

Madame, je ne vous accuse pas.

MADAME DE VILLEFORT.

« Je ne vous accuse pas!... » En vérité, Valentine, vous êtes étrange avec moi qui m'empresse d'être toute affectueuse avec vous; c'est de l'injustice.

VALENTINE.

Ah! madame, je vous en conjure, n'interprétez pas mal mes paroles, et surtout ne les redites pas à mon père; il est déjà froid, indifférent pour moi, et c'est bien naturel à cause de l'amour qu'il a pour vous.

MADAME DE VILLEFORT.

Quoi! vous supposeriez que M. de Villefort vous ôte l'affection qu'il m'accorde?

VALENTINE.

Non, madame, je ne suppose rien; je disais cela parce que mon père aime si tendrement votre fils Édouard...

MADAME DE VILLEFORT.

Mon fils Édouard! mais c'est votre frère, c'est le fils de votre père; faut-il donc qu'il n'aime pas son fils?...

VALENTINE.

Voilà que vous vous fâchez, madame; que j'ai de malheur, je ne puis me faire comprendre! Madame, comprenez-moi, je suis bien à plaindre, allez! J'ai eu ma mère qui m'aimait beaucoup, je l'ai perdue; mon grand-père Saint-Méran est mort. Bonne maman, hélas! j'ai bien peur de ne pas la conserver longtemps; je n'ai plus qu'elle, voyez-vous; personne ne m'aimera plus quand elle sera partie, personne! Mon père a tant de devoirs à remplir, il est si grave, si sévère! vous, je ne vous suis rien, vous avez votre fils... Eh bien, est-ce que je ne suis pas seule au monde? est-ce que l'avenir n'est pas bien sombre pour moi? est-ce que je n'ai pas derrière moi la tombe de ma mère et de mon aïeul, devant moi une autre tombe qui attend? Oh! madame, avouez-le, vous qui tout à l'heure vous appeliez mon amie, quand tout mon bonheur en ce monde est suspendu à cette frêle existence de ma bonne vieille mère, avouez-le, j'ai bien le droit de vous dire que je suis destinée à être malheureuse.

MADAME DE VILLEFORT.

Si j'avoue cela, Valentine, vous avouerez aussi que le devoir d'un bon père et d'une bonne mère est de donner un protecteur à une jeune fille qui se dit ainsi abandonnée. Quelle meilleure protection que celle d'un époux?

VALENTINE.

Oh!...

MADAME DE VILLEFORT.

C'est l'avis de votre bonne maman elle-même; l'autre jour encore, elle le disait devant vous.

VALENTINE.

Oh! s'il n'y avait que bonne maman pour me forcer à ce mariage...

MADAME DE VILLEFORT.

Vous forcer... On vous force donc?... Qui vous force? Est-ce moi?... Mais quel intérêt puis-je avoir?... Valentine, soyez donc sincère.

VALENTINE.

Je le suis.

MADAME DE VILLEFORT.

Soyez confiante!

VALENTINE.

Confiante!

MADAME DE VILLEFORT.

Dites-moi que vous avez de la répugnance pour M. d'Épinay; dites-moi que vous avez d'autres pensées, d'autres sympathies...

VALENTINE.

Madame...

MADAME DE VILLEFORT.

Eh bien?...

10.

VALENTINE.

Je vous assure que vous vous trompez.

MADAME DE VILLEFORT.

Bien; j'oubliais que vous ne vous appelez pas ma fille, et que, si vous avez des secrets, vous les gardez pour votre grand'mère.

VALENTINE.

Madame !

MADAME DE VILLEFORT.

Adieu, Valentine; pardonnez-moi si j'ai été indiscrète. Je retourne porter à mon mari la lettre de M. d'Epinay; il a reçu notre parole pour le 15 de ce mois; nous sommes aujourd'hui le 5. Adieu.

(Elle sort.)

SCÈNE IV

VALENTINE, seule.

Ce mariage!... cette haine, que je sens vivace et menaçante sous son éternel sourire... Ah! bonne grand'mère, seras-tu assez forte pour défendre ton enfant contre cette femme?... Mais, j'oubliais, j'ai encore un protecteur, j'ai encore un ami. (Appelant à la grille.) Maximilien! Maximilien!... Le malheur est immense, mais il y a là un brave cœur qui m'aidera à en porter la moitié !

SCÈNE V

MAXIMILIEN, VALENTINE.

MAXIMILIEN.

Me voici.

VALENTINE.

Venez, Maximilien, venez!

MAXIMILIEN.

Près de vous?... là?...

VALENTINE.

Oui.

MAXIMILIEN, sautant dans le jardin.

Mais c'est donc un jour de joie, un jour d'ivresse, le jour heureux parmi tous les autres!

VALENTINE.

C'est le jour du malheur et du désespoir, Maximilien; c'est un jour si douloureux, si fatal, que la jeune fille peut elle-même vous appeler à ses côtés et vous dire : Venez! Regardez-moi! serrez cette main que vous n'avez jamais touchée; dans quelques heures vous ne me verrez plus, dans quelques heures cette main ne sera plus à vous.

MAXIMILIEN.

Valentine...

VALENTINE.

M. d'Épinay arrive demain, il m'épouse dans dix jours.

MAXIMILIEN.

Oh! oh!...

VALENTINE.

Le coup est mortel, n'est-ce pas? Vous voilà, comme moi, anéanti.

MAXIMILIEN.

Valentine, écoutez-moi, répondez-moi comme à quelqu'un qui attend de vous la mort ou la vie ; que comptez-vous faire?

VALENTINE.

Moi?

MAXIMILIEN.

Il y a des gens qui courbent le front sous leur malheur, d'autres qui luttent.

VALENTINE.

Lutter contre la volonté de mon père, contre une parole qu'il a donnée, contre la vœu de ma grand'mère mourante? Ah! Maximilien!

MAXIMILIEN.

Je ne suis pas un gentilhomme, moi; mais je suis un bon soldat, fils de braves gens, j'ai de l'avenir dans l'armée, j'ai une belle fortune ; pourquoi ne vous demanderais-je pas à votre père?

VALENTINE.

Parce que vous êtes d'une famille dont mon père abhorre les opinions politiques, parce qu'il veut M. d'Épinay pour gendre, et que ce qu'il veut, il le fait. Ah! Maximilien, si ce moyen de nous réunir eût été possible, c'est moi qui vous l'eusse indiqué. Tout nous sépare, ne luttons pas! Dieu m'en préserve! ce serait un sacrilège! Affliger mon père, troubler les derniers moments de mon aïeule? Jamais! jamais!

MAXIMILIEN.

Ainsi, vous vous sacrifiez; ainsi, vous me sacrifiez moi-même plutôt que de tenter un effort!... ce serait un sacrilége que de nous sauver l'un et l'autre... Vous avez peut-être raison, mademoiselle...

VALENTINE.

Mademoiselle!... c'est ainsi que vous me parlez?

MAXIMILIEN.

Ainsi, entourée d'égoïstes, entourée d'ennemis, seule, vous ne cherchez pas même un appui, un conseil chez celui que vous appeliez votre ami tout à l'heure?

VALENTINE.

Un conseil! un appui! mais lequel?

MAXIMILIEN.

Oh! je vois bien que je parlerais en vain; mieux vaut que je me taise!

VALENTINE.

Vous me torturez à plaisir! le temps passe, on va venir, il va falloir nous séparer, et vous ne me dites rien!

MAXIMILIEN.

Voyons, mon amie! mon seul amour! la vie est longue pour le désespoir, elle peut être longue aussi pour le bonheur; ce que je vais vous dire, Valentine, Dieu l'entend; il sait mon respect, il sait ma religion pour vous, Valentine; ce conseil que vous me demandez, le voici : vous ne devez pas épouser M. Frantz d'Épinay, vous devez fuir le malheur qu'on vous prépare; vous avez chez votre père, Valentine, une ennemie mortelle, oh! j'en suis sûr! Suivez-moi chez ma sœur, qui vous aimera comme une sœur, et, sur la mémoire de mon père, Valentine, je vous le jure, avant que mes lèvres aient touché votre front, vous serez ma femme...

VALENTINE.

Non.

MAXIMILIEN.

Nous passerons en Angleterre, en Amérique; nous attendrons que les obstacles se soient aplanis.

VALENTINE.

Non.

MAXIMILIEN.

Vous refusez

VALENTINE.

Que diriez-vous si quelqu'un donnait à votre sœur le conseil que vous me donnez?

MAXIMILIEN.

Vous avez raison, j'étais un fou, pardonnez-moi.

(Il s'éloigne.)

VALENTINE.

Qu'allez-vous faire?

MAXIMILIEN.

Vous souhaiter tant de bonheur, que vous n'ayez pas même un regret de moi, et étouffer jusqu'au souvenir d'un amour que vous ne partagez pas. Adieu !

VALENTINE.

Je ne l'aime pas !

MAXIMILIEN.

Adieu !

VALENTINE.

Où allez-vous ? pourquoi me quittez-vous?

MAXIMILIEN, revenant.

Avez-vous changé de résolution ?

VALENTINE.

Vous savez bien que je ne le peux pas!

MAXIMILIEN.

Adieu, donc !...

VALENTINE.

Oh! vous ne partirez pas ainsi. Je lis d'affreux projets dans votre regard.

MAXIMILIEN.

Ne craignez rien. Je ne m'en prendrai pas à M. d'Épinay. Est-il coupable, lui ? Non.

VALENTINE.

C'est donc moi qui le suis ? c'est donc à moi que vous en voulez?

MAXIMILIEN.

Celle qu'on aime est sacrée ! on ne s'en prend pas à elle, Valentine.

VALENTINE.

Alors, c'est à vous?...

MAXIMILIEN.

Sans doute.

VALENTINE.

Maximilien !...

MAXIMILIEN.

Qu'ai-je fait? J'avais attendu, j'avais espéré; M. d'Épinay pouvait se dédire, il pouvait mourir en voyage. Vous pouviez, s'il revenait, vous résoudre à faire ce que je vous ai proposé. Il revient, vous l'acceptez pour époux...

VALENTINE.

Je l'accepte !... oh !...

MAXIMILIEN.

Assurément... Eh bien, je n'ai plus rien à faire dans ce monde, moi; rien ne m'y retenait que vous; je vous perds, c'est fini.

VALENTINE.

Vous allez... ?

MAXIMILIEN.

Je vais écrire à ma sœur, à mon beau-frère, les deux seuls amis que j'aie ; et, demain, quand vous serez fiancée à M. d'Épinay, au coin de quelque bois, sur le revers de quelque fossé, au bord de quelque rivière, aussi vrai que je suis le fils du plus honnête homme de France, je me ferai sauter la cervelle. Adieu, Valentine !

VALENTINE.

Ah! par pitié, par pitié, vivez !

MAXIMILIEN.

Non !

VALENTINE.

Je vous en prie ! je vous en prie ! je vous en prie !

MAXIMILIEN.

Non !

VALENTINE.

Mon ami ! mon frère ! mon amant ! sois courageux ! subis la douleur sur la terre, nous serons réunis au ciel.

MAXIMILIEN.

Adieu !...

VALENTINE.

Mon Dieu ! vous le voyez, j'ai fait tout ce que j'ai pu pour garder l'honneur et le respect de mes parents, j'ai résisté, j'ai prié, j'ai imploré à genoux !... Mon Dieu ! je vous atteste qu'il a douté de mon courage et de mon amour et que j'ai persisté; mais je ne puis le laisser mourir, n'est-ce pas, mon Dieu?

ce serait un crime! Vous voulez bien que je meure de honte, vous ne voulez pas que je meure de mes remords! Je cède; vivez Maximilien, je ne serai pas à M. d'Épinay, je serai à vous, je vous suivrai... A quelle heure? à quel moment? est-ce tout de suite? Parlez, ordonnez! me voici, je suis prête.

MAXIMILIEN.

Oh! si c'est avec ces larmes, avec ce désespoir que vous me dites de vivre, Valentine, si vous m'épargnez par humanité, laissez-moi, laissez-moi, j'aime mieux mourir.

VALENTINE.

Au fait, qui est-ce qui m'aime sur la terre? Lui! Qui m'a consolée de toutes mes douleurs? Lui! Sur qui reposent mes seules espérances? Sur lui! Oh! tu as raison à ton tour, Maximilien; pour toi, je quitterai la maison paternelle; pour toi, je quitterai ma bonne mère; tout, tout... (Pleurant.) Ma bonne grand'mère... Oh! ingrate que je suis!...

(Elle sanglote.)

MAXIMILIEN.

Chère! chère Valentine!

VALENTINE.

Écoute! l'amour m'a persuadée, je ne lutterai plus; mais j'ai toute ma raison, écoute.

MAXIMILIEN.

Parle! parle!

VALENTINE.

Un dernier effort pour garder notre honneur à tous deux... Ma grand'mère va venir, je vais me jeter à ses pieds, je vais tout lui dire; elle m'aime tant, elle pardonnera, elle me défendra, peut-être! Je suis son héritière; elle est riche, et mon père tient beaucoup à ne pas lui déplaire; qui sait? Peut-être obtiendra-t-elle pour moi...

MAXIMILIEN.

Oh! Valentine, si elle refuse, si elle n'obtient rien?

VALENTINE.

Maximilien, dans deux heures, j'aurai fait la tentative; dans deux heures, je saurai de madame de Saint-Méran ce que nous avons à espérer. Revenez dans deux heures, mon ami; si j'ai été exaucée, je puis rester ici, vous ne craindrez plus; si l'on m'a refusée...

MAXIMILIEN.

Eh bien?...

VALENTINE.

Je n'ai qu'une parole comme je n'ai qu'un cœur, Maximilien, et ce cœur est à vous, et cette parole, je vous la donne.

MAXIMILIEN.

Merci! merci!

VALENTINE.

On vient! fuyez!

MAXIMILIEN, escaladant le mur.

Adieu, ma femme!

VALENTINE.

Votre femme, oui! Adieu!

MAXIMILIEN.

Dans deux heures, ici?

VALENTINE.

Dans deux heures! Voici Édouard, vite! vite!... Pardonnez-moi, mon Dieu! n'est-ce pas que vous me pardonnez?

SCÈNE VI

VALENTINE, puis VILLEFORT et MONTE-CRISTO.

ÉDOUARD, courant à la brèche.

Madame monte à sa tour,
Mironton, ton, ton, mirontaine.

VALENTINE, l'arrêtant.

Édouard!

ÉDOUARD.

Ah! un moineau sur l'arbre.

(Il ramasse une pierre et la jette dans l'enclos.)

VALENTINE.

Édouard, Édouard, que faites-vous?

(Villefort et Monte-Cristo paraissent.)

VILLEFORT.

Valentine, ma fille, monsieur le comte! (Présentant Monte-Cristo à Valentine.) M. le comte de Monte-Cristo.

ÉDOUARD.

Roi de la Chine! empereur de la Cochinchine!

VILLEFORT.

Emmène cet enfant, Valentine.

VALENTINE.

Viens!

ÉDOUARD.

Je ne veux pas m'en aller, moi.

VILLEFORT.

Édouard, obéissez!

(L'enfant s'éloigne en pleurant et en battant sa sœur.)

MONTE-CRISTO.

Toujours charmant, cet enfant!

VILLEFORT.

Pardon de ne pas vous avoir tenu compagnie pendant tout le temps de votre visite, monsieur le comte, mais, vous le savez, mes occupations sont graves, pas un de mes moments ne m'appartient.

MONTE-CRISTO.

Vous accomplissez une noble tâche, monsieur, et cependant j'étais venu dans l'espérance de vous enlever pendant quelques heures à vos travaux. J'inaugure, dans cinq ou six jours, une petite maison que j'ai achetée à Auteuil; aurai-je le bonheur de vous compter au nombre de mes convives?...

VILLEFORT.

Je suis un triste convive, monsieur, et peu fait pour égayer un repas... Mais n'importe, je me ferai un véritable bonheur de répondre à votre invitation... Dans quelle rue est située votre maison, monsieur le comte?

MONTE-CRISTO.

Mais vous devez connaître cette maison, monsieur; car mon notaire m'a dit qu'elle avait appartenu autrefois à M. de Saint-Méran.

VILLEFORT.

Serait-ce vous, monsieur, qui auriez acheté la maison n° 28?

MONTE-CRISTO.

Rue de la Fontaine, oui, monsieur.

VILLEFORT, troublé.

En ce cas, je ne puis vous répondre...

MONTE-CRISTO.

Auriez-vous des motifs de ne pas rentrer dans cette maison, monsieur?

VILLEFORT.

Aucun, non, monsieur.

MONTE-CRISTO.

Je puis donc compter sur vous?

VILLEFORT.

Comptez-y, monsieur.

MONTE-CRISTO.

Oh! c'est que, comme le notaire m'avait dit que jamais on ne vous avait revu à Auteuil, depuis je ne sais quelle blessure... N'avez-vous pas failli être assassiné, monsieur?

VILLEFORT.

Oui... Mais n'importe, monsieur, je n'ai aucun motif, aucune raison...

MONTE-CRISTO.

Alors, à jeudi prochain?

VILLEFORT.

A jeudi prochain.

MONTE-CRISTO.

Quelque chose qui arrive?

VILLEFORT.

Comptez sur moi.

(Il veut reconduire Monte-Cristo.)

MONTE-CRISTO.

Oh! je vous supplie.

(Il sort.)

SCÈNE VII

VILLEFORT, VALENTINE, MADAME DE SAINT-MÉRAN, BARROIS, puis MADAME DE VILLEFORT.

VILLEFORT.

Voilà un homme étrange; il faut que je sache qui il est et d'où il vient.

VALENTINE, sous les arbres, à madame de Saint-Méran.

Êtes-vous bien ici, bonne maman?

MADAME DE SAINT-MÉRAN.

Je serai bien partout où je pourrai causer tranquillement avec toi et avec ton père.

VALENTINE, à part.

Irait-elle au-devant de mes vœux? (Haut.) Vous entendez, monsieur, ma bonne mère désire causer avec vous.

VILLEFORT, s'approchant.

Comment vous trouvez-vous, marquise?

MADAME DE SAINT-MÉRAN.

Mal, monsieur, mal... Voilà pourquoi une conversation devient urgente.

VILLEFORT.

Il fallait nous faire appeler dans votre chambre, madame.

MADAME DE SAINT-MÉRAN.

Non, pas dans une chambre... Dans une chambre, il y a des portes, des tapisseries; on croit être seul, et on ne l'est pas.

VALENTINE, bas.

Vous entendez, Barrois, ma bonne maman souffre; allez, sans rien dire, chercher notre médecin, M. d'Avrigny; qu'il vienne comme pour une visite amicale.

BARROIS.

Bien, mademoiselle, je comprends.

MADAME DE SAINT-MÉRAN

Barrois, apportez-moi donc mon eau de chicorée.

BARROIS.

La voici, madame.

VALENTINE.

Est-elle fraîche?

BARROIS.

On vient de la préparer à l'instant même.

VALENTINE.

Allez, Barrois, allez.

VILLEFORT.

Eh bien, nous voilà seuls, madame.

MADAME DE SAINT-MÉRAN.

Monsieur, je n'emploierai ni circonlocutions ni détours, et j'aborderai franchement ce que j'ai à vous dire. Je voudrais, avant ma mort, voir cette enfant mariée.

VALENTINE.

Oh! bonne mère...

MADAME DE SAINT-MÉRAN.

Tais-toi, enfant, et laisse-moi continuer.

VILLEFORT.

Avant votre mort, avez-vous dit, madame? Mais, alors, nous avons du temps devant nous, je l'espère.

MADAME DE SAINT-MÉRAN.

Vous vous trompez, monsieur: quand la mort se met dans

une famille, elle ne la quitte pas aussi facilement que vous dites... Voyez M. de Saint-Méran, il y a un an qu'il est mort; lui aussi croyait avoir encore de longues années à vivre. Eh bien, moi, je sens que je ne tarderai pas à le rejoindre.

VILLEFORT.

Vous vous frappez à tort, madame.

VALENTINE.

Bonne mère, vous vous inquiétez sans raison.

MADAME DE SAINT-MÉRAN.

Monsieur, je vous dis qu'il faut que l'on se hâte de marier cette enfant, afin qu'elle ait au moins sa bonne grand'mère pour bénir son mariage... Je suis la seule qui lui reste du côté de ma chère Renée, que vous avez si vite oubliée, monsieur.

VILLEFORT.

Eh! madame, vous ne songez point qu'il fallait donner une mère à cette enfant, qui n'en avait plus.

MADAME DE SAINT-MÉRAN.

Une belle-mère n'est pas une mère, monsieur! Mais ce n'est point de cela qu'il s'agit: il s'agit de Valentine... Laissons les morts tranquilles... Revenons donc à ce que je disais ; je veux voir ma Valentine mariée, avant de mourir, entendez-vous! mais bien mariée ; je le veux !

(Madame de Villefort traverse le jardin et vient écouter.)

VILLEFORT.

Eh bien, cela tombe à merveille, marquise! M. Frantz d'Épinay est arrivé aujourd'hui d'Italie.

VALENTINE, s'appuyant à un arbre.

Mon Dieu!

VILLEFORT.

Et, comme nous n'attendions que son retour...

MADAME DE SAINT-MÉRAN.

Alors, qu'on le fasse venir dès ce soir ; je veux le connaître; je veux lui ordonner de rendre ma petite-fille heureuse; je veux qu'il s'y engage par un serment terrible, afin que j'aie le droit de me lever du fond de mon sépulcre et de venir le trouver, s'il n'était pas pour cette enfant tout ce qu'il doit être.

VILLEFORT.

Marquise, éloignez ces idées exaltées, qui touchent au delà

de la vie; les morts, une fois couchés dans leur tombeau, y dorment sans se relever jamais.

VALENTINE.

Oh! oui, calme-toi, bonne mère, calme-toi.

MADAME DE SAINT-MÉRAN.

Et moi, monsieur, je vous dis qu'il n'en est point ainsi que vous croyez... Cette nuit, cette nuit, j'ai dormi d'un sommeil terrible! car je me voyais en quelque sorte dormir, comme l'âme voit dormir le corps quand elle le quitte... Mes yeux, que je m'efforçais d'ouvrir, se refermaient malgré moi, et cependant... oh! je sais bien que cela va vous paraître impossible, à vous surtout, monsieur; eh bien, avec mes yeux fermés, j'ai vu, venant de l'angle de ma chambre où il y a une porte donnant dans le cabinet de toilette de madame de Villefort, j'ai vu entrer sans bruit une forme blanche.

MADAME DE VILLEFORT, à part.

Elle m'a vue!

VALENTINE.

Oh!

VILLEFORT.

C'était la fièvre qui vous agitait, madame.

MADAME DE SAINT-MÉRAN.

Doutez, si vous voulez, incrédule; mais je sais ce que j'ai vu; j'ai vu un fantôme, vous dis-je. Qui donc serait entré dans ma chambre, sinon un fantôme?

MADAME DE VILLEFORT, à part.

Elle ne m'a pas reconnue.

MADAME DE SAINT-MÉRAN.

Et, comme si Dieu eût craint que je récusasse le témoignage d'un seul de mes sens, j'ai entendu remuer mon verre; tenez, celui-là même qui est là près de la carafe, et qui était sur la table près de mon lit.

VALENTINE.

Oh! bonne mère, c'était un rêve.

MADAME DE SAINT-MÉRAN.

C'était si peu un rêve, que j'ai étendu la main vers la sonnette, et qu'alors l'ombre a disparu... Eh bien, cette ombre, c'était celle de la pauvre Renée, monsieur, qui venait m'avertir de veiller sur sa fille.

(Barrois rentre.)

VALENTINE.

Eh bien?

BARROIS.

Le médecin me suit.

VILLEFORT.

Oh! madame, ne vous abandonnez pas à de pareilles pensées, vous vivrez longtemps encore, vous vivrez au milieu de nous.

MADAME DE SAINT-MÉRAN.

Et je vous dis, moi, que je n'ai peut-être pas vingt-quatre heures à vivre... Aussi, Barrois! Barrois!

BARROIS.

Madame la marquise?

MADAME DE SAINT-MÉRAN.

Vous irez chercher mon notaire.

VILLEFORT.

Votre notaire?

MADAME DE SAINT-MÉRAN.

Oui, tout de suite; je veux que le contrat de mariage soit dressé ce soir, je veux m'assurer que mon testament est fait en bonne forme, je veux être certaine que tout ce qui reviendra à Valentine...

VALENTINE.

Ma mère, ma mère, vous avez la fièvre; ce n'est point un notaire qu'il faut appeler, c'est un médecin.

MADAME DE SAINT-MÉRAN.

Un médecin? Je ne souffre pas; j'ai soif, voilà tout... Donnez-moi à boire, Barrois.

VALENTINE.

Tenez, ma bonne mère.

MADAME DE SAINT-MÉRAN.

Merci!

VALENTINE.

Êtes-vous mieux?

MADAME DE SAINT-MÉRAN.

C'est étrange! au lieu de me calmer, il me semble que cette boisson me brûle... Oh! de l'eau, de l'eau fraîche puisée à une source, à une fontaine... Valentine, mon enfant! mon Dieu! mon Dieu!

VALENTINE.

Ma mère, ma bonne mère! Au secours, Barrois!... M. d'Avrigny!

BARROIS.

Le voilà! le voilà!

VALENTINE, à son père.

Monsieur, conduisons ma bonne maman dans sa chambre.

SCÈNE VIII

Les Mêmes, M. D'AVRIGNY.

M. D'AVRIGNY.

Eh bien, madame, me voici! Qu'éprouvez-vous? que désirez-vous?

MADAME DE SAINT-MÉRAN.

De l'eau! de l'eau!

M. D'AVRIGNY.

Venez, madame la marquise, venez!

(Ils sortent.)

SCÈNE IX

MAXIMILIEN, MADAME DE VILLEFORT.

Madame de Villefort, sortant de l'endroit où elle était cachée, s'avance sur la pointe du pied, vide ce qui reste d'eau de chicorée dans la carafe, et disparaît.

MAXIMILIEN, à la brèche.

Valentine! Valentine!... Il me semble que j'ai entendu des cris, qu'on appelait au secours... Oh! lui serait-il arrivé malheur?... Oui, oui, il me semble qu'il y a un grand mouvement dans la maison... Oh! je ne puis résister à mon inquiétude, il faut que je sache, il faut que je voie par moi-même... (Il franchit le mur.) D'ailleurs, personne ne viendra ici, ils sont tous occupés dans la maison... Oh! ces lumières qui courent éperdues de fenêtre en fenêtre... Il se passe quelque chose de terrible, cela ressemble aux maisons dans lesquelles la mort vient d'entrer... Valentine! Valentine! (Il fait quelques pas.) Oh! ce que je fais est insensé, mais n'importe... Valentine! Valentine!... Ah! la porte s'ouvre... Quelqu'un!...

(Il recule jusque dans un massif.)

SCÈNE X

MAXIMILIEN, caché; VILLEFORT, M. D'AVRIGNY.

VILLEFORT.

Oh! cher docteur, le ciel se déclare décidément contre notre maison; quel coup de foudre! N'essayez pas de me consoler, il n'y a pas de consolation pour un pareil malheur, la plaie est trop vive et trop profonde... Morte! morte!

MAXIMILIEN, à lui-même.

Morte! qui donc cela?

M. D'AVRIGNY.

Mon cher monsieur de Villefort, je ne vous amène pas ici pour vous consoler... tout au contraire.

VILLEFORT.

Que voulez-vous dire?

M. D'AVRIGNY.

Je veux dire que, derrière le malheur qui vient de vous arriver, il en est un autre plus grand encore, peut-être.

VILLEFORT.

Oh! mon Dieu!

M. D'AVRIGNY.

Sommes-nous bien seuls, mon ami?

VILLEFORT.

Oui, bien seuls; mais que signifient toutes ces préparations?

M. D'AVRIGNY.

Elles signifient que j'ai une confidence terrible à vous faire.

VILLEFORT.

Asseyons-nous, les jambes me manquent... Parlez, docteur.

M. D'AVRIGNY.

Madame de Saint-Méran était bien âgée, mais d'une santé excellente, n'est-ce pas?

VILLEFORT.

Le chagrin l'a tuée, docteur! Depuis la mort de son mari, mort aussi inattendue que celle qui vient de la frapper elle-même...

MAXIMILIEN, respirant.

Ah!

M. D'AVRIGNY.

Ce n'est pas le chagrin, mon cher Villefort; le chagrin ne tue pas en quatre mois, en un an, en dix ans même...

VILLEFORT.

Alors?

M. D'AVRIGNY.

Vous êtes resté là pendant l'agonie?

VILLEFORT.

Oui; car vous m'aviez dit tout bas de ne pas m'éloigner.

M. D'AVRIGNY.

Avez-vous suivi cette agonie dans ses trois périodes?

VILLEFORT.

Oui, certainement; la malade a eu trois attaques successives, à quelques secondes les unes des autres, et, à chaque fois, plus rapprochées et plus graves... A la troisième, elle expira. Depuis la fin de la première crise, j'avais reconnu le tétanos, et vous me confirmâtes dans cette opinion.

M. D'AVRIGNY.

Oui, devant tout le monde; mais, maintenant que nous sommes seuls...

VILLEFORT.

Qu'allez-vous me dire, mon Dieu!

M. D'AVRIGNY.

Que les symptômes de l'empoisonnement par certaines substances sont absolument les mêmes.

VILLEFORT, se levant.

Docteur, songez-vous bien à ce que vous me dites là?

M. D'AVRIGNY.

Si bien que, dans ma conviction, non-seulement je dis: madame de Saint-Méran est morte empoisonnée, mais encore je dirai quel poison l'a tuée.

VILLEFORT.

Monsieur! monsieur!...

M. D'AVRIGNY.

Madame de Saint-Méran a succombé à une forte dose de poison que, par hasard, sans doute, par erreur peut-être, on lui a administrée.

VILLEFORT.

Oh! c'est impossible; je rêve, mon Dieu! c'est effroyable,

d'entendre dire de pareilles choses à un homme comme vous. Au nom du Ciel, je vous en supplie, cher docteur, dites-moi que vous pouvez vous tromper.

M. D'AVRIGNY.

Sans doute, je le peux, puisque je suis homme; mais...

VILLEFORT.

Mais...?

M. D'AVRIGNY.

Je ne me trompe pas...

VILLEFORT.

Mais madame de Saint-Méran n'a bu que son eau de chicorée, là, tout à l'heure.

M. D'AVRIGNY.

Là, dites-vous?

VILLEFORT.

Oui, la carafe doit y être encore.

M. D'AVRIGNY.

A-t-elle tout bu?

VILLEFORT.

Un verre à peine.

M. D'AVRIGNY.

Et la carafe...?

VILLEFORT.

Était aux trois quarts.

M. D'AVRIGNY.

Où est cette carafe?

VILLEFORT.

Là, vous dis-je. Tenez, la voici.

M. D'AVRIGNY.

Donnez.

VILLEFORT.

Vide!... elle est vide!

M. D'AVRIGNY.

C'est cela! l'empoisonneur a eu le temps de faire disparaître la trace du crime.

VILLEFORT.

Mon ami, mon ami, à ma place, que feriez-vous?... Seulement, réfléchissez avant de me répondre... Je sais bien que mon devoir comme chef de famille est de faire une enquête. Mais, docteur, introduire dans ma maison le scandale après le deuil. Oh! ma femme et ma fille en mourraient... Et moi,

moi, docteur, vous le savez, un homme n'en arrive pas où je suis, un homme n'a pas rempli les sévères fonctions dont j'ai été chargé pendant vingt-cinq ans, sans amasser bon nombre d'ennemis. J'en ai beaucoup, je le sais ; cette affaire ébruitée sera pour eux un triomphe qui les fera tressaillir de joie, et qui, moi... moi, me couvrira de honte. Docteur, pardonnez-moi mes idées mondaines... Si vous étiez un prêtre, je n'oserais vous dire cela ; mais vous êtes un homme, vous connaissez les autres hommes... Docteur, docteur, vous n'avez rien vu, vous ne m'avez rien dit, n'est-ce pas ?

M. D'AVRIGNY.

Mon cher monsieur de Villefort, mon premier devoir est l'humanité. J'eusse sauvé madame de Saint-Méran, s'il eût été au pouvoir de la science de le faire ; je l'eusse sauvée même en vous perdant tous. Elle est morte, je me dois aux vivants : ensevelissons au plus profond de nos cœurs ce terrible secret. Seulement, vous voilà prévenu, Villefort... Madame de Saint-Méran est morte empoisonnée.

VILLEFORT.

Oh !

M. D'AVRIGNY.

Madame de Saint-Méran est morte empoisonnée !

VILLEFORT.

Oh !

M. D'AVRIGNY.

Vous ne voulez pas de bruit, pas de scandale, pas d'enquête... Si une troisième personne meurt...

VILLEFORT.

Eh bien ?

M. D'AVRIGNY.

Eh bien, monsieur de Villefort, celle-là... c'est vous qui l'aurez tuée.

VILLEFORT.

Monsieur !

M. D'AVRIGNY.

J'ai promis de me taire, je me tairai... Venez !

VILLEFORT, à part.

Est-ce que tout cela serait une punition du Ciel ?

(Ils s'éloignent.)

SCÈNE XI

MAXIMILIEN, seul.

Oh! Valentine, je comprends pourquoi vous n'êtes pas venue!... Valentine, Dieu nous protége d'une terrible façon!

QUATRIÈME TABLEAU

Une chambre chez Caderousse.

SCÈNE PREMIÈRE

ANDREA, MADAME GRIGNON, tenant des fruits dans une feuille de chou.

ANDREA, passant la tête par la porte.

Dites donc, la grosse maman?

MADAME GRIGNON.

Qu'y a-t-il, mon joli garçon?

ANDREA.

Au troisième au-dessus de l'entre-sol?

MADAME GRIGNON.

Vous y êtes.

ANDREA.

M. Pailletin, boulanger retiré?

MADAME GRIGNON.

C'est ici!

ANDREA.

Est-il chez lui?

SCÈNE II

Les Mêmes, CADEROUSSE.

CADEROUSSE.

Un peu qu'il y est.

MADAME GRIGNON.

Tenez, voilà votre dessert, monsieur Pailletin.

CADEROUSSE.

Combien vous dois-je?

MADAME GRIGNON.

Cinq sous.

CADEROUSSE.

Assiette comprise?

MADAME GRIGNON.

Farceur!

CADEROUSSE.

Voilà vos vingt-cinq centimes.

MADAME GRIGNON.

Voilà un locataire qui n'aime pas les dettes criardes, il paye tout comptant.

CADEROUSSE.

Et maintenant, madame Grignon, comme c'est monsieur que j'attendais, que je n'attends plus personne et que je n'ai plus besoin de vous...

MADAME GRIGNON.

C'est ça, vous me renvoyez?

CADEROUSSE.

Non pas; seulement, je vous reconduis.

MADAME GRIGNON.

Merci de la peine, ne vous dérangez pas.

(Caderousse ferme la porte au verrou et se retourne vers Andrea.)

SCÈNE III

CADEROUSSE, ANDREA.

ANDREA.

Nous voilà seuls; que me voulez-vous?

CADEROUSSE.

Eh bien, mais ce que l'on se veut entre vieilles connaissances, se dire un petit bonjour.

ANDREA.

Voyons, pourquoi venez-vous troubler ma tranquillité?

CADEROUSSE.

Mais, toi-même, mon pauvre garçon, pourquoi te défies-tu toujours de moi?

ANDREA.

En quoi me suis-je défié de vous?

CADEROUSSE.

En quoi, tu me le demandes? Grâce à cet Anglais qui nous prend en amitié, qui nous donne une lime et à qui tu voles sa bourse, nous sortons de là-bas ensemble. Nous courons ensemble jusqu'au pont du Var. Tu me dis que tu vas voyager en Piémont, et pas du tout, tu viens à Paris.

ANDREA.

Cela vous gêne donc, que je sois à Paris?

CADEROUSSE.

Patience donc, salpêtre! J'arrive à Paris de mon côté; je n'ose y demeurer, il faut être riche pour demeurer à Paris. J'exploite la banlieue, j'arrive à Auteuil, j'interroge un savoyard sur les ressources du pays. Ce savoyard, il semblait posté là exprès pour me donner des renseignements. Il m'indique, rue de la Fontaine, nº 28, un grand seigneur italien que l'on dit fort généreux; je me rends rue de la Fontaine, nº 28; je regarde qui entre et qui sort chez ce grand seigneur, si généreux. Qui sort? C'est toi, mon petit Andrea. Avec qui? Je n'en sais rien, avec un beau monsieur, vêtu d'une polonaise, à qui tu dis en sortant: « C'est bien, nous nous retrouverons hôtel des *Princes*, puisque nous y logeons tous les deux. » Je me dis alors à moi-même: « Bravo! si le petit loge à l'hôtel des *Princes*, c'est qu'il est riche, et, s'il est riche, moi, je n'ai plus besoin de rien. »

ANDREA.

Eh bien, vous m'avez écrit à l'hôtel des *Princes*; vous m'avez donné rendez-vous au télégraphe, j'y ai été; vous m'avez demandé cent cinquante francs par mois pour vivre, je vous en ai accordé deux cents; est-ce vrai?

CADEROUSSE.

C'est vrai!

ANDREA.

Qu'avez-vous répondu? Allons, voyons! qu'avez-vous répondu?

CADEROUSSE.

J'ai répondu: « Tu es bien bon... » Je vais louer une chambre dans une maison honnête, et j'ai déjà trouvé la chambre, rue des Deux-Écus, nº 15. Je vais me couvrir d'un habit décent, je vais me raser tous les jours, aller lire les journaux au café, le soir ; j'entrerai au spectacle avec une contremarque, j'aurai l'air d'un boulanger retiré, c'est mon rêve, chacun le sien ; ton rêve, à toi, n'était-il pas d'avoir un singe?

ANDREA.

Votre rêve est accompli, vous avez touché votre **argent**, vous avez votre chambre, vous avez l'air d'un ge indre **retiré**; alors, que veut dire cette lettre, que j'ai reçue hier au soir?

CADEROUSSE, prenant la lettre et lisant.

« Tu sais où je demeure, je t'attends demain à neuf **heures** du matin... » Eh bien, elle veut dire que je t'attendais.

ANDREA.

Après ?

CADEROUSSE.

Et que, puisque te voilà, je ne t'attends plus.

ANDREA.

Voyons, que me veux-tu ?

CADEROUSSE.

Mais te voir, le petit, pas autre chose... Tiens, regarde **un** peu le bon déjeuner que nous avons : rien que des choses **que** tu aimes, tron de l'air!... (Il se met à éplucher des oignons.) **Que** t'en semble ? est-ce que ça n'embaume pas l'ayoli ?

ANDREA.

Si c'est pour déjeuner avec toi que tu me déranges, **et que** tu me forces à prendre la livrée de mon groom, que le **diable** t'emporte !

CADEROUSSE, sentencieusement.

Mon fils, en mangeant, on cause, et, en causant, on s'instruit... Mais tu n'as donc pas de plaisir à voir ton ami?... Moi, je pleure.

(Il s'essuie les yeux.)

ANDREA.

Tais-toi donc, hypocrite! tu m'aimes, toi ?

CADEROUSSE.

Allons donc ! si je ne t'aimais pas, est-ce que je supporterais la vie misérable que tu me fais ?... Regarde un peu, tu as sur ton dos l'habit de ton domestique... Donc, tu as un domestique... moi, je n'en ai pas ; ce qui fait que je suis **obligé** d'éplucher mes légumes moi-même ; tu fais fi de ma cuisine parce que tu dînes à l'hôtel des *Princes* ou au café de *Paris*... Eh bien, moi aussi, je pourrais avoir un domestique; moi aussi, je pourrais avoir un tilbury; moi aussi, je **pour-**

rais dîner où je voudrais... Eh bien, pourquoi est-ce que je m'en prive? Pour ne pas faire de peine à mon petit Benedetto. Allons, avoue seulement que je le pourrais, hein?

ANDREA.

Bon! mettons que tu m'aimes.

CADEROUSSE.

Mais tu es venu pour déjeuner, n'est-ce pas? Eh bien, déjeunons. Ah! oui, tu regardes ma chambre, mes quatre chaises de paille, mes images à dix sous le cadre... Dame, que veux-tu! ce n'est pas l'hôtel des *Princes*.

ANDREA.

Allons, te voilà dégoûté à présent, toi qui ne demandais qu'à avoir l'air d'un boulanger retiré?

CADEROUSSE.

Un boulanger retiré, mon pauvre Benedetto, c'est riche, ça a des rentes.

ANDREA.

Pardieu! tu en as, des rentes.

CADEROUSSE.

Moi?

ANDREA.

Oui, toi, puisque tu te fais deux cents francs par mois.

CADEROUSSE.

Et tu me les reproches!... En vérité, c'est humiliant, de recevoir de l'argent donné ainsi à contre-cœur, de l'argent qui peut manquer du jour au lendemain!

ANDREA.

Comment, du jour au lendemain?

CADEROUSSE.

Eh! mon ami, la fortune est inconstante, comme disait l'aumônier du... régiment... et ta prospérité peut ne pas durer... Je sais bien qu'elle est immense, ta prospérité, scélérat! tu vas épouser la fille de Danglars.

ANDREA.

Comment, de Danglars?

CADEROUSSE.

Eh! certainement, de Danglars; ne faut-il pas que je dise du baron Danglars... comme si je disais le vicomte de Benedetto?

ANDREA.

Allons donc! la jalousie te fait voir des arcs-en-ciel, Caderousse.

CADEROUSSE.

C'est bon, c'est bon, on sait ce qu'on dit; peut-être qu'un jour on mettra son habit des dimanches, et qu'on ira dire à des portes cochères : « Le cordon, s'il vous plaît! » En attendant, mets-toi là et déjeunons... Ah! ah! il paraît que tu te raccommodes avec ton maître d'hôtel?

ANDREA.

Ma foi, oui!

CADEROUSSE.

Et tu trouves cela bon, coquin?

ANDREA.

Si bon, que je ne comprends pas qu'un homme qui fricasse et qui mange de si bonnes choses puisse trouver la vie mauvaise.

CADEROUSSE.

Vois-tu, c'est que mon bonheur est gâté par une seule pensée.

ANDREA.

Laquelle?

CADEROUSSE.

C'est que je vis au dépens d'un ami! moi qui ai toujours bravement gagné ma vie.

ANDREA.

Oh! qu'à cela ne tienne! j'ai assez pour deux, ne te gêne pas.

CADEROUSSE.

Non, mais, tu me croiras si tu veux, à la fin de chaque mois, j'aurai des remords.

ANDREA.

Bon Caderousse!

CADEROUSSE.

Et puis il m'est venu une idée.

ANDREA.

Ah!

CADEROUSSE.

Vois-tu, c'est misérable d'être toujours à attendre la fin d'un mois.

ANDREA.

Et moi, ma vie ne se passe-t-elle pas aussi à attendre cette fin de mois?... Eh bien, je prends patience.

CADEROUSSE.

Oui, parce qu'au lieu d'attendre deux misérables cents francs, tu en attends cinq où six mille, peut-être dix, peut-être douze même, car tu es un cachotier, toi... Là-bas, tu avais des boursicots, des tirelires que tu essayais de soustraire au pauvre ami Caderousse... Heureusement qu'il a le nez fin, l'ami Caderousse en question.

ANDREA.

Allons, voilà que tu vas te remettre à divaguer.

CADEROUSSE.

Tu as raison, revenons aux affaires... Je voulais donc dire que, si j'étais à ta place...

ANDREA.

Eh bien, que ferais-tu?

CADEROUSSE.

Je réaliserais...

ANDREA.

Comment, tu réaliserais?

CADEROUSSE.

Oui, je demanderais un semestre d'avance, sous prétexte que je veux devenir éligible; puis, avec mon semestre, je décamperais.

ANDREA.

Tiens, ce n'est pas si mal pensé. Eh bien, pourquoi ne suis-tu pas toi-même le conseil que tu me donnes? pourquoi ne réalises-tu pas un semestre, une année même, et ne te retires-tu pas à Bruxelles? Au lieu d'avoir l'air d'un boulanger retiré, tu aurais l'air d'un banqueroutier dans l'exercice de ses fonctions; c'est très-bien porté.

CADEROUSSE.

Et comment diable veux-tu que je me retire avec douze cents francs?... Impossible! mais, voyons, toi, retire-toi avec cinquante mille, et emmène-moi.

ANDREA.

Je ferais une belle sottise!

CADEROUSSE.

En m'emmenant?

ANDREA.

Non, en me retirant.

CADEROUSSE.

Comment cela ?

ANDREA.

Parce qu'en me retirant avec cinquante mille francs, j'escompterais un capital de cinq cent mille.

CADEROUSSE.

De cinq cent mille ?

ANDREA.

Oui, et il faut que j'attende.

CADEROUSSE.

Quoi?

ANDREA.

Sa mort.

CADEROUSSE.

Quelle mort ?

ANDREA.

La mort de mon prince... celui qui me fait mes rentes, celui que tu as vu l'autre jour au télégraphe.

CADEROUSSE.

Il t'a donc porté sur son testament?

ANDREA.

Tu l'as dit.

CADEROUSSE.

Vrai?

ANDREA.

Parole d'honneur.

CADEROUSSE.

Pas possible!

ANDREA.

Caderousse, tu es mon ami!

CADEROUSSE.

A la vie, à la mort.

ANDREA.

Mais chut!

CADEROUSSE.

Muet comme une carpe.

ANDREA.

Eh bien, je crois...

CADEROUSSE.

N'aie pas peur, nous sommes seuls.

ANDREA.

Je crois que j'ai retrouvé mon père.

CADEROUSSE.

Tu me l'as déjà dit.

ANDREA.

Mais mon vrai père.

CADEROUSSE.

Pas le père Cavalcanti, alors?

ANDREA.

Non, puisqu'il va repartir, celui-là.

CADEROUSSE.

Alors, le vrai, le vrai?

ANDREA.

Oui.

CADEROUSSE.

Et ce père, c'est...?

ANDREA.

Eh bien, Caderousse, c'est le comte de Monte-Cristo.

CADEROUSSE.

Bah!

ANDREA.

Tu comprends, il ne pouvait m'avouer tout haut, après les malheurs qui m'étaient arrivés; mais il m'a fait reconnaître par M. Cavalcanti, à qui il a donné cinquante mille francs pour cela.

CADEROUSSE.

Cinquante mille francs pour être ton père! Comment n'as-tu pas pensé à moi, ingrat! j'aurais fais la chose à moitié prix.

ANDREA.

Est-ce que je savais cela? Tout cela était arrangé quand je suis arrivé à Paris? Je suis même sûr que c'est lui qui nous a fait évader de là-bas.

CADEROUSSE.

Et tu dis que par son testament...?

ANDREA.

Il me laisse cinq cent mille livres.

CADEROUSSE.

Tu en es sûr?

ANDREA.

Il me l'a montré; mais ce n'est pas tout.

CADEROUSSE.

Ce n'est pas tout?

ANDREA.

Il y a un codicille.

CADEROUSSE.

Et dans ce codicille...?

ANDREA.

Il me reconnaît comme son fils et me laisse sa maison de Paris; car il a acheté une maison à Paris.

CADEROUSSE.

Où cela?

ANDREA.

Avenue des Champs-Élysées, n° 30; mitoyenne de celle de M. de Villefort.

CADEROUSSE.

Oh! quelle drôle d'idée qu'il a comme cela de te laisser une maison si près d'un homme qui, d'un jour à l'autre, peut lancer un mandat d'amener contre son voisin.

ANDREA.

C'est vrai; mais n'importe, il me la laisse.

CADEROUSSE.

Oh! le brave homme de père, le bonhomme de père, l'honnête homme de père! Et le testament, il est bien signé?

ANDREA.

Signé et parafé par-devant notaire.

CADEROUSSE.

De sorte que, si l'on voulait, aujourd'hui, il y aurait un bon coup à faire...

ANDREA.

Caderousse, à la santé du comte de Monte-Cristo!

CADEROUSSE.

Et il est richissime?

ANDREA.

Richissime! il ne connaît pas sa fortune.

CADEROUSSE.

Est-ce possible!

ANDREA.

Écoute: avant-hier, c'était un garçon de banque qui lui apportait cinquante mille francs en papier joseph, dans un portefeuille gros comme ta serviette ; hier, un banquier qui lui apportait cent mille francs en or.

CADEROUSSE.

Et tu vas dans cette maison-là ?...

ANDREA.

Quand je veux.

CADEROUSSE.

Et il demeure, dis-tu, avenue des Champs-Élysées ?

ANDREA.

N° 30... Une belle maison entre cour et jardin ; tu ne connais que cela.

CADEROUSSE.

C'est possible ; mais ce n'est pas l'extérieur qui m'occupe.

ANDREA.

C'est l'intérieur, n'est-ce pas ?

CADEROUSSE.

Les beaux meubles qu'il doit y avoir là dedans !

ANDREA.

As-tu vu les Tuileries ?

CADEROUSSE.

Non.

ANDREA.

Eh bien, c'est plus beau que les Tuileries ?

CADEROUSSE.

Dis donc, tu devrais me conduire un jour dans cette maison-là.

ANDREA.

Impossible ! et à quel titre ?

CADEROUSSE.

Tu as raison ; mais il faut pourtant que je voie cela.

ANDREA.

Pas de bêtises, Caderousse !

CADEROUSSE.

Je me présenterai comme frotteur.

ANDREA.

Il y a des tapis partout.

CADEROUSSE.

Tâche au moins de me faire comprendre la distribution, hein ?

ANDREA.

Comment veux-tu ?

CADEROUSSE.

En me faisant un petit plan; j'ai manqué ma vocation, je devais être architecte.

ANDREA.

Il me faudrait de l'encre, du papier, une plume.

CADEROUSSE.

Attends, je vais t'aller chercher tout cela.

ANDREA, à part.

Il coupe dedans !

CADEROUSSE.

Voilà.

ANDREA.

Tiens, vois-tu, voilà le jardin, voilà la maison.

CADEROUSSE.

De grands murs au jardin ?

ANDREA.

Non, huit ou dix pieds tout au plus.

CADEROUSSE.

Voilà qui n'est pas prudent; et qu'y a-t-il dans le jardin ?

ANDREA.

Des caisses d'orangers, des pelouses, des massifs, des fleurs.

CADEROUSSE.

Pas de piéges à loup ?

ANDREA.

Non.

CADEROUSSE.

Voyons le rez-de-chaussée.

ANDREA.

Le rez-de-chaussée n'est pas intéressant.

CADEROUSSE.

Pas intéressant ?

ANDREA.

Non.

CADEROUSSE.

Passons au premier, alors... Un escalier ?...

ANDREA.

Deux : un petit et un grand...

CADEROUSSE.

Des fenêtres ?...

ANDREA.

Magnifiques! nous passerions tous les deux ensemble par le même carreau.

CADEROUSSE.

A quoi bon deux escaliers, quand on a des fenêtres pareilles?

ANDREA.

Que veux-tu! le luxe!...

CADEROUSSE.

Mais des volets?...

ANDREA.

Dont on ne se sert jamais... Un original, ce comte de Monte-Cristo! il aime à voir le ciel pendant la nuit

CADEROUSSE.

Et les domestiques, où couchent-ils?

ANDREA.

Ils ont leur maison à eux.

CADEROUSSE.

A part?

ANDREA.

Oui, à part, avec des sonnettes correspondant aux chambres.

CADEROUSSE.

Ah! diable! des sonnettes?

ANDREA.

Tu dis?...

CADEROUSSE.

Moi? Rien; je dis que ça coûte très-cher à poser, des sonnettes; et à quoi cela sert-il, je te le demande?... Et pas de chien?

ANDREA.

Non, il dit que cela mord.

CADEROUSSE.

Pas prudent! pas prudent!

ANDREA.

C'est ce que je lui disais hier : « Monsieur le comte, quand vous allez coucher à Auteuil, vous emmenez vos domestiques, et la maison de Paris reste seule... Pas prudent! »

CADEROUSSE.

Et qu'a-t-il répondu?

ANDREA.

« Pas prudent!... Pourquoi? — Parce qu'un jour on vous volera... — Eh bien, a-t-il dit, qu'est-ce que ça me fait, qu'on me vole? »

CADEROUSSE.

Andrea, il a quelque secrétaire à mécanique!

ANDREA.

A mécanique?

CADEROUSSE.

Oui, qui prend le voleur dans une grille, et qui lui joue un air... On m'a dit qu'il y en avait un comme cela à la dernière exposition.

ANDREA.

Non; il a tout bonnement un secrétaire en acajou.

CADEROUSSE.

Et ce secrétaire est au premier?

ANDREA.

Oui.

CADEROUSSE.

Fais-moi donc le plan du premier, le petit!

ANDREA.

C'est facile! Vois-tu, il y a antichambre, salon, chambre à coucher, cabinet de toilette... C'est dans la chambre à coucher qu'est le fameux secrétaire.

CADEROUSSE.

Et les fenêtres?

ANDREA.

Une là!...

CADEROUSSE.

Donnant?...

ANDREA.

Sur le jardin.

CADEROUSSE.

Et va-t-il souvent à Auteuil, ton comte?

ANDREA.

Deux ou trois fois par semaine; après demain par exemple, il doit y passer la journée et la nuit.

CADEROUSSE.

Et tu en es sûr?

ANDREA.

Il m'a invité à y aller dîner.

CADEROUSSE.

Tu iras?...

ANDREA.

Oui.

CADEROUSSE.

Et, quand tu y dînes, y couches-tu?

ANDREA.

Quand cela me fait plaisir; je suis chez le comte comme chez moi.

CADEROUSSE.

Dis donc, Benedetto, le jour où tu tiendras ton héritage?...

ANDREA.

On se souviendra des amis.

CADEROUSSE.

Oui, avec cela que tu as de la mémoire!

ANDREA.

Que veux-tu! j'ai cru d'abord que tu voulais me rançonner.

CADEROUSSE.

Oh! quelle idée! Moi qui ne te donne, au contraire, que des conseils d'ami... Ah çà! mais tu veux donc nous faire prendre, malheureux?

ANDREA.

Pourquoi cela?

CADEROUSSE.

Que tu viens me voir déguisé en domestique, et avec un pareil diamant au doigt, un diamant de deux mille francs.

ANDREA.

Diable! tu estimes juste. Pourquoi ne te fais-tu pas commissaire-priseur?

CADEROUSSE.

C'est que je me connais en diamants, j'en ai eu.

ANDREA.

Oui, je te conseille de t'en vanter.

CADEROUSSE.

J'espère que tu ne vas pas t'en aller avec celui-là?

ANDREA.

Non, tu préfères que je le laisse ici; n'est-ce pas?

CADEROUSSE.

Je crois que c'est plus prudent. Est-ce qu'il serait faux?

ANDREA.

Essaye sur un carreau... Essaye.

CADEROUSSE essaye le diamant sur une vitre.

Que veux-tu! ces voleurs de joailliers imitent si bien les diamants à cette heure, qu'on n'ose plus voler chez eux... Encore une branche de commerce paralysée.

ANDREA.

Eh bien, tu le gardes?

CADEROUSSE.

Puisque tu me l'as donné.

ANDREA.

As-tu encore quelque chose à me demander? Te faut-il ma redingote? Veux-tu ma casquette? Ne te gêne pas, pendant que tu y es.

CADEROUSSE.

Non; tu es un bon camarade, au fond.

ANDREA.

Je puis m'en aller, alors?

CADEROUSSE.

Quand tu voudras... Attends que je te reconduise.

ANDREA.

Ce n'est pas la peine.

CADEROUSSE.

Si fait.

ANDREA.

Pourquoi cela?

CADEROUSSE.

Parce qu'il y a un petit secret à la porte. C'est une mesure de précaution que j'ai cru devoir ajouter... Serrure Huret et Fichet, revue et corrigée par Gaspard Caderousse... Je t'en confectionnerai une quand tu seras capitaliste.

ANDREA.

C'est dit; je te ferai prévenir huit jours d'avance.

(Il sort.)

SCÈNE IV

CADEROUSSE, revenant prendre le plan.

Ce cher Benedetto! je crois qu'il ne sera pas fâché d'hériter.

et que celui qui avancera le jour où il doit palper ses cinq cent mille livres ne sera pas son plus méchant ennemi !

(Il sort.)

ACTE TROISIÈME

CINQUIÈME TABLEAU

Même décoration qu'au deuxième acte, moins le pavillon de droite. — La maison est remise à neuf.

SCÈNE PREMIÈRE

DANGLARS, MADAME DANGLARS, puis MONTE-CRISTO, MAXIMILIEN et DEBRAY.

MADAME DANGLARS, à part.
Oh ! je ne me trompe pas ! Mon Dieu ! mon Dieu ! après la maison, le jardin.

DANGLARS.
Eh bien, qu'avez-vous donc, baronne ?

MADAME DANGLARS.
Rien.

DANGLARS.
Alors, venez.

MONTE-CRISTO, arrivant avec Maximilien et Debray.
Excusez-moi, madame, mais c'est au seuil de la porte que j'eusse dû vous recevoir... Je prenais le soleil avec ces messieurs. Mais qu'a donc madame Danglars, baron ?

DANGLARS.
Est-ce que je sais cela, moi ?

MONTE-CRISTO.
Elle semble souffrante.

DANGLARS.
Elle a ses nerfs, probablement.

MONTE-CRISTO.
Asseyez-vous donc, baronne.

MADAME DANGLARS.

Merci.

BAPTISTIN, annonçant.

M. le major Cavalcanti! M. le comte Andrea Cavalcanti!

SCÈNE II

Les Mêmes, LE MAJOR, ANDREA.

DANGLARS.

Voici les deux seigneurs italiens dont je vous ai parlé. Soyez aimable avec eux, je vous en prie.

MADAME DANGLARS.

J'y ferai mon possible, monsieur.

MAXIMILIEN, à Debray.

Cavalcanti! Peste! un beau nom qui a son arbre généalogique dans *la Divine Comédie*.

DEBRAY.

C'est vrai, ces Italiens se nomment bien, mais ils s'habillent mal.

MAXIMILIEN.

Vous êtes difficile, monsieur Debray : leurs habits sont tout flambants neufs.

DEBRAY.

Chut! les voici.

MONTE-CRISTO, à madame Danglars.

Madame, voulez-vous me permettre d'empiéter sur les droits du baron, en vous présentant MM. Cavalcanti, qui essayent de manger, sans en venir à bout, une fortune fabuleuse?

DANGLARS.

Madame est déjà prévenue que ce sont des clients que nous espérons voir devenir nos amis.

LE MAJOR.

Nous ne demandons pas mieux, monsieur le baron. Je ne vous ai encore vu qu'une fois; mais vous m'avez reçu de manière...

DANGLARS.

Parbleu! je crois bien, je vous ai compté quarante mille francs.

MONTE-CRISTO.

Quarante mille francs! la belle bagatelle pour le major!

12.

LE MAJOR.

C'est vrai! c'est vrai! mais je n'aime pas à avoir de trop fortes sommes à la maison.

ANDREA.

Ce cher père, il a toujours peur des voleurs. On lui a dit que Paris était une ville fertile en événements désastreux, de sorte qu'il se resserre.

DANGLARS.

Mais il parle très-bien français, le jeune vicomte.

MONTE-CRISTO.

Il a été élevé dans un collége du midi de la France, à Toulon, je crois. — En tout cas, si votre père a peur des voleurs, comte, je vais le mettre en relations avec un magistrat...

ANDREA.

Ah! ah!

MONTE-CRISTO.

Auquel il pourra les dénoncer; c'est la terreur de ces messieurs.

BAPTISTIN, annonçant.

M. et madame de Villefort.

SCÈNE III

Les Mêmes, VILLEFORT, MADAME DE VILLEFORT.

MONTE-CRISTO.

Justement, le voici. (A Villefort.) Venez donc, monsieur! quoique votre promesse fût positive, je n'osais, en vérité, compter sur vous. Et madame vous accompagne! En vérité, c'est un surcroît de bonheur.

VILLEFORT.

Monsieur le comte, vous ne devez pas douter du plaisir que nous avons à venir vous assurer une fois encore de notre reconnaissance.

MAXIMILIEN, à Debray.

Oh! mon Dieu, les Villefort ici! mais il y a trois ou quatre jours à peine que madame de Saint-Méran est morte.

DEBRAY.

Madame de Saint-Méran ne leur était rien. Madame de Saint-Méran était tout bonnement la mère de mademoiselle

Renée de Saint-Méran, première femme de M. de Villefort et mère de mademoiselle Valentine.

MADAME DE VILLEFORT, à Monte-Cristo.

Oh! la charmante retraite que vous vous êtes ménagée ici, monsieur!

MAXIMILIEN.

Et en huit jours, c'est un prodige! En huit jours, le comte a fait, d'une vieille maison, une maison neuve.

DEBRAY.

Oh! c'est bien vrai, cela. Je me rappelle avoir été chargé de la visiter par un de mes ministres, qui avait des goûts classiques et qui voulait avoir une maison où Boileau en avait eu une; il y a de cela trois ou quatre ans, quand M. de Saint-Méran la mit en vente.

MADAME DE VILLEFORT.

Ah! M. de Saint-Méran! (A Villefort.) Voilà donc cette maison qui vous appartenait, monsieur, et où vous n'avez jamais voulu me conduire? Comment donc avez-vous vendu cette maison, monsieur? Mais elle est charmante!

DEBRAY.

Écoutez, je vous déclare que M. de Villefort a eu raison. Vous jugez la maison d'après ce qu'elle est et non d'après ce qu'elle était. Rien de plus triste que cette habitation, avec ses persiennes fermées, ses fenêtres closes, son jardin inculte, son herbe poussant dans les cours. En vérité, si elle n'eût pas appartenu au beau-père d'un magistrat, on eût pu la prendre pour une de ces maisons maudites, où un grand crime a été commis.

MONTE-CRISTO.

Eh bien, c'est bizarre, monsieur, mais la même idée m'est venue, à moi, la première fois que j'y suis entré. C'est au point que je ne l'eusse pas achetée, si mon intendant n'eût fait la chose pour moi, et, depuis...

VILLEFORT.

Depuis?...

MONTE-CRISTO.

Eh bien, monsieur de Villefort, j'ai acquis une certitude étrange: c'est que je ne m'étais pas trompé.

MADAME DE VILLEFORT.

Prenez garde, monsieur le comte! ne parlez pas trop haut de crime; nous avons ici M. de Villefort.

MONTE-CRISTO.

Eh bien, puisque cela se rencontre ainsi, madame, je profiterai de la circonstance pour faire ma déclaration.

VILLEFORT.

Votre déclaration ?

MONTE-CRISTO.

En face de témoins, même.

DEBRAY.

Tout cela est fort intéressant, savez-vous, mesdames ? et, s'il y a réellement crime, rien ne manquera à notre dîner.

MONTE-CRISTO.

Il y a crime, je vous le répète. Venez, monsieur de Villefort : pour qu'une déclaration soit valable, il faut qu'elle soit faite aux autorités compétentes.

MADAME DANGLARS, à part.

Mon Dieu ! mon Dieu ! que va-t-il dire ?

MONTE-CRISTO.

Imaginez-vous qu'ici, à cette place, pour rajeunir un peu ces arbres déjà vieux, j'ai fait creuser et mettre du terreau. Eh bien, mes travailleurs, en creusant, ont déterré un coffre, ou plutôt les ferrures d'un coffre, au milieu desquelles était le squelette d'un enfant nouveau-né.

DEBRAY.

Un enfant nouveau-né ? Diable ! cela devient sérieux.

VILLEFORT.

Mais qui dit que c'est un crime ?

MONTE-CRISTO.

Comment ! un enfant enterré vivant dans ce jardin, ce n'est pas un crime ? De quel nom appelez-vous donc cela, monsieur de Villefort ?

VILLEFORT.

Mais qui dit qu'il ait été enterré vivant ?

MONTE-CRISTO.

Pourquoi enterrer là un enfant mort ? Ce jardin n'est point un cimetière.

LE MAJOR.

De quelle peine punit-on les infanticides, dans ce pays-ci ?

MONTE-CRISTO.

Je l'ignore, monsieur le major ; je ne suis pas Français.

DANGLARS.

Pardieu ! on leur tranche la tête, tout bonnement.

MONTE-CRISTO

Demandez à M. de Villefort, il sait cela, lui!

VILLEFORT.

Oui ; on les punit de mort.

MADAME DANGLARS.

Oh! messieurs, plus de ces horribles histoires, je vous prie! elles m'ont bouleversée.

MONTE-CRISTO, à madame de Villefort.

N'avez-vous pas un flacon de sels, madame?

MADAME DE VILLEFORT.

Pourquoi cela?

MONTE-CRISTO.

Voyez donc la baronne, elle est près de se trouver mal.

VILLEFORT, bas, à madame Danglars.

Il faut que je vous parle.

MADAME DANGLARS.

Quand cela?

VILLEFORT.

Le plus tôt possible.

MADAME DE VILLEFORT.

Qu'avez-vous donc, chère amie?

MADAME DANGLARS.

Rien, un éblouissement; mais je me sens mieux.

MONTE-CRISTO.

Voulez-vous faire un tour du côté des serres, baronne? Le parfum des fleurs vous remettra peut-être.

MADAME DANGLARS.

Merci. Allez, je vous rejoins.

MONTE-CRISTO, à madame de Villefort.

Accepterez-vous mon bras, madame?

(Ils s'éloignent.)

DANGLARS, au Major.

On dit, monsieur le major, que l'on va établir un chemin de fer de Livourne à Florence, avec embranchement sur Pise?

MONTE-CRISTO, se retournant.

Je crois bien! M. le major y est pour trois millions.

DANGLARS.

Vraiment! c'est donc une bonne affaire?

LE MAJOR.

Excellente!

ANDREA, à part.

Le comte de Monte-Cristo vient de raconter là une histoire qui ressemble diablement à la mienne.

DEBRAY, à madame Danglars.

Avez-vous besoin de moi ?

MADAME DANGLARS.

Non, laissez-moi, je vous prie.

DEBRAY, en sortant.

Vous êtes arrivé sur un bien beau cheval, monsieur Morel !

MAXIMILIEN.

Oui, Médéah ; vous avez remarqué, c'est une bête magnifique.

SCÈNE IV

VILLEFORT, MADAME DANGLARS.

VILLEFORT.

Vous êtes seule ?

MADAME DANGLARS.

Oui. Avez-vous entendu ?

VILLEFORT.

Et vous, avez-vous compris ?

MADAME DANGLARS.

Si j'ai compris ! Regardez-moi, monsieur, et voyez-moi pâle et tremblante.

VILLEFORT.

Il est donc vrai que toutes nos actions laissent leurs traces, les unes sombres, les autres lumineuses, au travers de notre passé ! il est donc vrai que tous nos pas, dans cette vie, ressemblent à la marche du reptile sur le sable et font un sillon ! Comment est-il ressuscité, ce passé terrible ? comment, du fond de la tombe et du fond de nos cœurs où il dormait, vient-il de sortir comme un fantôme, pour faire pâlir nos joues et rougir nos fronts ?

MADAME DANGLARS.

Le hasard, sans doute.

VILLEFORT.

Détrompez-vous, madame, il n'y a point de hasard.

MADAME DANGLARS.

N'est-ce point par hasard que le comte de Monte-Cristo a

acheté cette maison? n'est-ce point par hasard qu'il a fait creuser la terre? n'est-ce point par hasard, enfin, que ce malheureux enfant, pauvre créature, notre enfant, monsieur, à qui je n'ai pu donner un baiser, mais à qui j'ai donné bien des larmes, a été retrouvé là où vous l'aviez confié à la terre? Oh! toute mon âme a volé au-devant du comte lorsqu'il a parlé de cette chère dépouille, ensevelie sous des fleurs.

VILLEFORT.

Eh bien, madame, voilà justement ce que j'ai de terrible à vous dire, c'est qu'il n'y a pas eu d'enfant déterré. Non, il ne faut point pleurer; pleurer, c'est trop peu : il faut gémir, il faut trembler.

MADAME DANGLARS.

Que voulez-vous dire, monsieur?

VILLEFORT.

Je veux dire que le comte de Monte-Cristo, en creusant sous ces arbres, n'a pu trouver ni squelette d'enfant, ni ferrure de coffre, attendu qu'il n'y avait ni l'un ni l'autre.

MADAME DANGLARS.

Ce n'est donc point là que vous aviez déposé cet enfant, monsieur? Alors, pourquoi me tromper? dans quel but? Voyons, dites!

VILLEFORT.

Écoutez-moi, je serai concis; car, d'un moment à l'autre, ils peuvent revenir, et je veux que vous sachiez tout.

MADAME DANGLARS.

Vous m'épouvantez, mais n'importe, dites, dites!

VILLEFORT.

Vous vous rappelez cette nuit de douleurs, n'est-ce pas? cette nuit, châtiment de nos coupables amours. Vous aviez cherché asile dans ce pavillon, vous alliez devenir mère; seul, je vous assistais dans ce terrible moment; l'enfant naquit et me fut remis sans mouvement, sans souffle, sans voix; nous le crûmes mort...

MADAME DANGLARS.

Il ne l'était donc pas?

VILLEFORT.

Écoutez! Nous le crûmes mort; je le mis dans un coffre qui devait lui tenir lieu de cercueil, je descendis au jardin, je creusai une fosse, là! là! et je l'enfouis à la hâte. En ce moment, le bras de l'ennemi qui me guettait, le bras de

Corse s'étendit vers moi ; je vis comme une ombre se dresser, comme un éclair reluire, je sentis une douleur, je voulus crier, un frisson glacé courut par tout mon corps, je tombai mourant, je me crus tué!

MADAME DANGLARS.

C'est à ce moment qu'ayant entendu votre cri, je m'élançai de mon lit et j'accourus.

VILLEFORT.

Oui, et je n'oublierai jamais votre sublime courage ! c'est vous, qui aviez tant besoin de soins, c'est vous qui veillâtes sur moi ; mais il fallait garder le silence sur la terrible catastrophe ; vous eûtes la force de regagner votre maison, un duel fut le prétexte de ma blessure. Contre toute attente, le secret nous fut gardé ; mais une chose me tourmentait : à travers le voile de sang qui couvrait mes yeux, il me semblait avoir vu l'assassin se baisser, prendre le coffre et s'enfuir avec lui ! A peine eus-je la force de me tenir debout qu'une nuit, malgré ma répugnance à rentrer dans ce jardin, je revins. L'herbe, pendant les trois mois qui venaient de s'écouler, avait poussé très-épaisse ; néanmoins une place moins garnie indiquait celle où j'avais fouillé la terre ; je me mis à l'œuvre et creusai à cette place... Rien, je ne trouvai rien ! Je continuai de creuser, d'élargir le trou... Rien ! toujours rien ! Le coffret n'y était plus.

MADAME DANGLARS.

Le coffret n'y était plus?

VILLEFORT.

Je creusai jusqu'au matin ; le jour vint, que je creusais encore ; mais rien ! toujours rien !

MADAME DANGLARS.

Oh ! il y avait de quoi devenir fou !

VILLEFORT.

Je n'eus pas ce bonheur ; au contraire, je rappelai toutes mes idées, toute ma raison.

MADAME DANGLARS.

Eh bien ?

VILLEFORT.

Eh bien, il me vint une idée affreuse : c'est qu'en emportant le coffre, l'assassin crut emporter un trésor, et qu'en ouvrant ce coffre, il y trouva un enfant, non pas mort, mais vivant !

MADAME DANGLARS.

Un enfant vivant! Mais, alors, mon enfant vivait donc, monsieur? Monsieur, s'il vit...

VILLEFORT.

Eh bien, madame, s'il vit, nous sommes perdus, voilà tout!

MADAME DANGLARS.

Comment cela?

VILLEFORT.

S'il vit, quelqu'un le sait; ce quelqu'un a notre secret, et, puisque M. de Monte-Cristo a acheté cette maison, puisqu'il nous a invités à y venir, puisqu'il a parlé devant nous d'un enfant déterré, là où cet enfant ne pouvait être, ce secret, c'est lui qui l'a.

MADAME DANGLARS.

Dieu juste! Dieu vengeur!

VILLEFORT.

Silence! le voici.

SCÈNE V

Les Mêmes, MONTE-CRISTO, MADAME DE VILLEFORT, LE MAJOR, ANDREA, DEBRAY, MAXIMILIEN.

MADAME DE VILLEFORT.

Eh bien, chère amie, vous trouvez-vous mieux?

MADAME DANGLARS.

Oh! bien, parfaitement bien.

BAPTISTIN, sur le perron.

Son Excellence est servie.

BERTUCCIO, remettant un billet à Monte-Cristo.

Très-pressé, Excellence!

MONTE-CRISTO.

Morel, offrez donc le bras à madame de Villefort. Monsieur de Villefort, faites-vous le cavalier de madame Danglars. Monsieur Danglars, je vous recommande MM. Cavalcanti. (Chacun s'arrange et monte le perron. — A Bertuccio.) Qui t'a remis cette lettre?

BERTUCCIO.

Un commissionnaire; mais il a dit qu'elle était très-pressée.

MONTE-CRISTO, lisant.

« M. le comte de Monte-Cristo est prévenu que, cette nuit

même, un homme s'introduira chez lui, à Paris, pour soustraire des papiers importants qu'il croit enfermés dans le secrétaire de sa chambre à coucher. On sait M. le comte de Monte-Cristo assez brave pour se faire justice lui-même sans recourir à l'intervention de la police, intervention qui pourrait compromettre gravement celui qui lui donne cet avis. » C'est bien... Monsieur Bertuccio, tout le monde couche ce soir ici. Je passerai la nuit à ma maison de Paris, avec Ali seulement. (Rentrant.) Ah! diable! voilà un incident que je n'avais pas prévu.

SIXIÈME TABLEAU

Chez Monte-Cristo. — D'un côté, la chambre à coucher ; de l'autre, le cabinet.

SCÈNE PREMIÈRE

MONTE-CRISTO, ALI.

MONTE-CRISTO, dans le cabinet.

On ne veut pas me voler, on veut m'assassiner. Ce ne sont pas des voleurs, ce sont des meurtriers, soit. Je ne veux pas que M. le préfet de police se mêle de mes affaires particulières. Je suis assez riche pour dégrever en ceci le budget de son administration... C'est toi, Ali ? (Ali fait signe que oui.) Pose là ces armes. Bien. Arrache les gâches de cette porte. Ah! ah! l'heure sonne. Ce doit être onze heures. (Il regarde à sa montre.) Oui. (Ali vient à Monte-Cristo et l'appelle vers la fenêtre à gauche du spectateur.) Ah! oui, un homme, un homme caché dans un angle de la ruelle. C'est sans doute notre voleur. (Pendant ce temps, on entend claquer une vitre. Ali fait signe à Monte-Cristo qu'il se passe quelque chose dans la chambre à côté.) Ah! ils sont deux! (Il ferme la porte, dont Ali a enlevé les gâches, et soulève la toile d'un tableau, ce qui lui permet de voir d'une chambre dans l'autre. Caderousse colle un papier contre le carreau, l'enfonce, passe son bras, ouvre la fenêtre et entre.) Voilà un hardi coquin, par exemple! C'est lui qui agira, l'autre guette.

(Il fait signe à Ali de ne pas perdre de vue l'homme du dehors.)

SCÈNE II.

Les Mêmes, CADEROUSSE.

CADEROUSSE.

Ah! ah! nous y voilà. Le plan du petit, il était exact. Pas de piéges à loup, pas de chiens. Au premier, la chambre à coucher : nous voilà dans la chambre à coucher. Voyons, est-ce bien ici? Le secrétaire à gauche, du même côté que la fenêtre. Eh! le voilà !

MONTE-CRISTO.

Décidément, est-ce un assassin ? est-ce un voleur ?

CADEROUSSE.

Voyons, commençons par fermer les portes ; les portes fermées, on est chez soi. (Il va pousser les verrous, et, ne s'apercevant pas que les gâches ont été enlevées, il croit avoir fermé la porte.) Maintenant, comme il n'y a pas de clef, il va falloir lui jouer un air, à cette petite serrure.

MONTE-CRISTO.

Ce n'est qu'un voleur.

CADEROUSSE.

Décidément, il faut un peu de clarté.

(Il tire de sa poche une lanterne sourde, et examine ses rossignols.)

MONTE-CRISTO.

Mais je ne me trompe pas, c'est... (Ali présente une arme à Monte-Cristo.) Ne bouge pas, et laisse là ta hache ; nous n'avons pas besoin d'armes, ici.

(Il ôte vivement sa redingote et son gilet, et tire d'une armoire une soutane, un chapeau de prêtre, le costume du père Busoni, enfin.)

CADEROUSSE.

Je crois que voilà mon affaire. Ah! ah! voyons, petite serrure, ma mie, ne fais pas trop la difficile ; c'est un ami, voyons !... Ah! ce n'est pas bien, cela ; tu sais que je ne voudrais pas me fâcher.

MONTE-CRISTO, s'habillant.

Oui, oui, va, tu les useras tous les uns après les autres avant d'y arriver.

CADEROUSSE.

Oh! oh! celui qui a fabriqué cette serrure était un malin;

je lui signerai son brevet quand il voudra. Mais, tron de l'air! elle ne s'ouvrira donc pas, cette maudite serrure!

MONTE-CRISTO, à Ali.

Demeure ici, et, quelque chose qui se passe, quelque bruit que tu entendes, n'entre et ne te montre que si je t'appelle par ton nom.

(Monte-Cristo, déguisé en moine, une bougie à la main, entre dans la chambre où travaille Caderousse. Caderousse voit la chambre qui s'éclaire, et se retourne.)

CADEROUSSE, se retournant.

Le père Busoni!

MONTE-CRISTO.

Eh bien, sans doute, le père Busoni lui-même en personne. Et je suis bien aise que vous me reconnaissiez, mon cher monsieur Caderousse; cela prouve que vous avez bonne mémoire; car, si je ne me trompe, voilà tantôt dix ans que nous ne nous sommes vus.

CADEROUSSE.

Mon père! mon père!

MONTE-CRISTO.

Eh bien, nous venons donc voler le comte de Monte-Cristo?

CADEROUSSE.

Mon père, je vous prie de croire... Mon père, je vous jure...

MONTE-CRISTO.

Un carreau coupé, une lanterne sourde, un trousseau de rossignols, un secrétaire à demi-forcé; allons! je vois que vous êtes toujours le même, monsieur l'assassin! Vous avez donc fini votre temps, que je vous vois en train de vous faire reconduire d'où vous venez?

CADEROUSSE.

Mon père, je n'avais pas fini mon temps.

MONTE-CRISTO.

Comment êtes-vous ici, au lieu d'être là-bas, alors; à Paris, au lieu d'être à Toulon?

CADEROUSSE.

Mon père, j'ai été délivré par quelqu'un.

MONTE-CRISTO.

Ce quelqu'un-là a rendu un fameux service à la société. Ainsi, vous êtes forçat évadé?

CADEROUSSE.

Hélas! oui, mon père.

MONTE-CRISTO.

Mauvaise récidive! cela vous conduira tout droit à la place Saint-Jacques, mon cher monsieur Caderousse.

CADEROUSSE.

Mon père, je cède à un entraînement.

MONTE-CRISTO.

Tous les criminels disent cela.

CADEROUSSE.

Le besoin...

MONTE-CRISTO.

Laissez donc! le besoin ne peut pas conduire un homme à venir forcer un secrétaire! Et, quand le bijoutier Joannès venait de vous compter quarante-cinq mille francs en échange du diamant que je vous avais donné, et que vous l'avez tué pour avoir l'argent et le diamant, était-ce aussi le besoin?

CADEROUSSE.

Pardon, mon père! vous m'avez déjà sauvé une première fois, sauvez-moi encore une seconde.

MONTE-CRISTO.

Cela ne m'encourage pas, vous comprenez bien.

CADEROUSSE.

Êtes-vous seul, mon père, ou bien avez-vous là des gendarmes tout prêts à me prendre?

MONTE-CRISTO.

Je suis seul, et j'aurai encore pitié de vous, et je vous laisserai aller, au risque des nouveaux malheurs que peut entraîner ma faiblesse, si vous me dites toute la vérité.

CADEROUSSE.

Oh! mon père, je puis bien dire que vous êtes mon sauveur, vous!

MONTE-CRISTO.

Comment vous êtes-vous évadé du bagne?

CADEROUSSE.

Eh bien, voilà: nous travaillions à Saint-Mandrier, près de Toulon. Connaissez-vous Saint-Mandrier?

MONTE-CRISTO.

Oui.

CADEROUSSE.

Eh bien, pendant qu'on dormait, de midi à une heure...

MONTE-CRISTO.

Des forçats qui font la sieste ! plaignez donc ces gaillards-là !

CADEROUSSE.

Dame, on ne peut pas toujours travailler, on n'est pas des chiens...

MONTE-CRISTO.

Heureusement pour les chiens !

CADEROUSSE.

Pendant donc qu'on faisait la sieste, nous nous sommes éloignés un peu, nous avons scié nos fers avec une lime que nous avait donnée un Anglais, et nous nous sommes sauvés à la nage.

MONTE-CRISTO.

Et qu'est devenu votre compagnon ?

CADEROUSSE.

Benedetto ?

MONTE-CRISTO.

Ah ! il se nommait Benedetto ?

CADEROUSSE.

Oui. Ce qu'il est devenu, je n'en sais rien ; nous nous sommes séparés à Hyères, et ne nous sommes pas revus depuis.

MONTE-CRISTO.

Vous mentez !

CADEROUSSE.

Mon père !

MONTE-CRISTO.

Cet homme est encore votre ami, votre complice, peut-être.

CADEROUSSE.

Oh ! mon père !

MONTE-CRISTO.

Depuis que vous avez quitté Toulon, comment avez-vous vécu ? Répondez !

CADEROUSSE.

Comme j'ai pu.

MONTE-CRISTO.

Vous mentez ! vous avez reçu de l'argent qu'il vous a donné.

CADEROUSSE.

Eh bien, c'est vrai, Benedetto est devenu le fils d'un grand seigneur.

MONTE-CRISTO.

Et comment nommez-vous ce grand seigneur?

CADEROUSSE.

Le comte de Monte-Cristo, celui-là chez qui nous sommes.

MONTE-CRISTO.

Benedetto, le fils du comte?

CADEROUSSE.

Dame, il faut bien le croire, puisque le comte lui a trouvé un faux père, puisque le comte lui fait quatre mille francs par mois, puisque le comte lui laisse cinq cent mille francs par son testament.

MONTE-CRISTO.

Ah! ah! je commence a comprendre... Et quel nom porte-t-il?

CADEROUSSE.

Il s'appelle Andrea Cavalcanti.

MONTE-CRISTO.

Alors, c'est ce jeune homme que le comte de Monte-Cristo reçoit chez lui et qui va épouser mademoiselle Danglars?

CADEROUSSE.

Justement.

MONTE-CRISTO.

Et vous souffrez cela, misérable, vous qui connaissez sa vie et ses flétrissures?

CADEROUSSE.

Pourquoi voulez-vous que j'empêche un camarade de réussir?

MONTE-CRISTO.

C'est juste! ce n'est pas à vous de prévenir M. Danglars, c'est à moi.

CADEROUSSE.

Ne faites pas cela, mon père.

MONTE-CRISTO.

Et pourquoi?

CADEROUSSE.

Parce que c'est notre pain que vous nous ferez perdre.

MONTE-CRISTO.

Et vous croyez que, pour conserver le pain à des misérables comme vous, je me ferai complice de leurs crimes?

CADEROUSSE.

Mon père!

MONTE-CRISTO.

Je dirai tout.

CADEROUSSE.

A qui?

MONTE-CRISTO.

A M. Danglars.

CADEROUSSE, frappant Monte-Cristo d'un coup de couteau.

Tron de l'air! tu ne diras rien... Ah! mille tonnerres, il est cuirassé.

MONTE-CRISTO plie Caderousse sous lui et lui met le pied sur la tête.

Je ne sais qui me retient de te briser le crâne, scélérat!

CADEROUSSE

Grâce! grâce!

MONTE-CRISTO.

Relève-toi.

CADEROUSSE.

Tudieu! quel poignet vous avez, mon père!

MONTE-CRISTO.

Silence! Dieu me donne la force de dompter une bête féroce comme toi; souviens-toi de cela, misérable! et t'épargner en ce moment est encore servir les desseins de Dieu!

CADEROUSSE.

Ouf!

MONTE-CRISTO.

Prends cette plume et ce papier, et écris ce que je vais te dicter.

CADEROUSSE.

Je ne sais pas écrire.

MONTE-CRISTO.

Tu mens! Prends cette plume et écris.

CADEROUSSE.

J'écris.

MONTE-CRISTO, dictant.

« Monsieur, l'homme à qui vous destinez votre fille est un ancien forçat échappé avec moi du bagne de Toulon; il portait le n° 59, et moi le n° 58. Il se nomme Benedetto; mais il

ignore son véritable nom, n'ayant jamais connu ses parents. »
Signe.

CADEROUSSE.

Mais vous voulez donc me perdre?

MONTE-CRISTO.

Si je voulais te perdre, imbécile, je te traînerais jusqu'au premier corps de garde. Dailleurs, à l'heure où le billet sera rendu à son adresse, il est probable que tu n'auras plus rien à craindre.

CADEROUSSE, signant.

Voilà.

MONTE-CRISTO.

L'adresse maintenant. « A monsieur le baron Danglars, rue de la Chaussée-d'Antin. » (Il prend le billet.) C'est bien. Va-t'en maintenant.

CADEROUSSE.

Par où ?

MONTE-CRISTO.

Par où tu es venu.

CADEROUSSE.

Vous voulez que je sorte par cette fenêtre ?

MONTE-CRISTO.

Tu es bien entré par là.

CADEROUSSE.

Vous méditez quelque chose contre moi, mon père.

MONTE-CRISTO.

Imbécile! que veux tu que je médite?

CADEROUSSE.

Pourquoi ne pas m'ouvrir la porte?

MONTE-CRISTO.

A quoi bon réveiller le concierge?

CADEROUSSE.

Mon père, dites que vous ne voulez pas ma mort.

MONTE-CRISTO.

Je veux ce que Dieu veut.

CADEROUSSE.

Jurez-moi que vous ne me frapperez point tandis que je descendrai.

MONTE-CRISTO.

Sot et lâche que tu es !

CADEROUSSE.

Dites tout de suite ce que vous voulez faire de moi.

MONTE-CRISTO.

J'en ai voulu faire un homme heureux, et je ne suis parvenu qu'à en faire un assassin.

CADEROUSSE.

Mon père, tentez une dernière épreuve.

MONTE-CRISTO.

Soit; tu sais que je suis homme de parole!

CADEROUSSE.

Oh! oui.

MONTE-CRISTO.

Écoute. Si tu rentres chez toi sain et sauf...

CADEROUSSE.

A moins que ce ne soit de vous, qu'ai-je à craindre?

MONTE-CRISTO.

Si tu rentres chez toi sain et sauf, quitte Paris, quitte la France, et, partout où tu seras, tant que tu te conduiras honnêtement, je te ferai passer une petite pension; car, si tu rentres chez toi sain et sauf...

CADEROUSSE.

Eh bien?

MONTE-CRISTO.

Je croirai que Dieu t'a pardonné, et je te pardonnerai aussi.

CADEROUSSE.

Vrai! vous me faites mourir de peur, mon père!

MONTE-CRISTO, lui montrant la fenêtre.

Allons, va-t'en! (Caderousse met le pied sur l'échelle.) Maintenant, descends.

(Il s'approche de Caderousse et l'éclaire.)

CADEROUSSE.

Que faites-vous! s'il passait une patrouille!

SCÈNE III

MONTE-CRISTO, ALI.

Ali vient toucher l'épaule de Monte-Cristo. Tous deux passent dans le cabinet, et regardent un instant à la fenêtre.

MONTE-CRISTO.

Oui, je m'en doutais, cet autre homme qui guette, c'est Andrea; c'est lui qui m'avait écrit, espérant que je tuerais le voleur sans explication, et qu'ainsi il serait débarrassé d'un complice, et, comme je ne l'ai pas tué, c'est lui-même qui va...

CADEROUSSE, du dehors.

Au secours! au meurtre! à l'assassin! Ah!...

MONTE-CRISTO.

Ali, va chercher cet homme et apporte-le ici.

SCÈNE IV

MONTÉ-CRISTO, seul.

O Providence! Providence!...

SCÈNE V

MONTE-CRISTO, ALI, CADEROUSSE.

CADEROUSSE.

Ah! à moi! au secours!

MONTE-CRISTO.

Qu'y a-t-il?

CADEROUSSE.

A moi! au secours! on m'a assassiné!... Oh! quels coups! oh! que de sang!

MONTE-CRISTO.

Ali, va chercher M. de Villefort, et, en même temps, ramène un médecin.

(Ali sort.)

CADEROUSSE.

Oui, un médecin, un médecin! Je sais bien qu'il ne me sauvera point la vie; mais peut-être me donnera-t-il des forces pour faire ma déclaration. Je veux faire ma déclaration.

MONTE-CRISTO.

Sur quoi?

CADEROUSSE.

Sur mon assassin!

MONTE-CRISTO.

Vous le connaissez donc?

CADEROUSSE.

Oui, je le connais: c'est Benedetto. Oh! qu'il vienne donc quelqu'un à qui je puisse dénoncer le misérable.

MONTE-CRISTO.

Voulez-vous que j'écrive votre déposition? Vous la signerez.

CADEROUSSE.

Oh! oui! oui!

MONTE-CRISTO, écrivant.

« Je meurs assassiné par mon compagnon de chaîne, à Toulon, sous le n° 59; il s'appelle Benedetto. »

CADEROUSSE.

Dépêchez-vous! dépêchez-vous! je ne pourrai plus signer. (Il signe.) Vous raconterez le reste, mon père; car vous saviez tout...

MONTE-CRISTO.

Oui, je savais tout.

CADEROUSSE.

Et vous ne m'avez pas averti! Vous saviez que j'allais être tué en sortant d'ici, et vous ne m'avez pas averti!

MONTE-CRISTO.

Non; car, dans la main de Benedetto, je voyais la justice de Dieu!

CADEROUSSE.

Oh! la justice de Dieu! Vous croyez donc à la justice de Dieu, vous?

MONTE-CRISTO.

Si j'avais eu le malheur de n'y pas croire jusqu'aujourd'hui, j'y croirais en te voyant.

CADEROUSSE, levant les poings au ciel.

Oh!

MONTE-CRISTO.

Tu nies la Providence? Eh bien, la preuve qu'il y en a une, c'est que tu es là gisant, désespéré, reniant Dieu, et que, moi, je suis debout devant toi, riche, heureux, sain et sauf, joignant les mains vers ce Dieu auquel tu essayes de ne pas croire, et qui t'épouvante cependant au fond du cœur.

CADEROUSSE.

Mais qui êtes-vous donc, alors?

MONTE-CRISTO, approchant la bougie de son visage.

Regarde-moi bien.

CADEROUSSE.

Eh bien, le père Busoni. Après?

MONTE-CRISTO, arrachant son capuchon.

Regarde !

CADEROUSSE.

Le comte de Monte-Cristo, que j'ai vu au télégraphe.

MONTE-CRISTO.

Je ne dois être pour toi ni le père Busoni, ni le comte de Monte-Cristo. Regarde bien... Cherche plus loin dans tes souvenirs... Regarde ! regarde !

CADEROUSSE.

En effet, il me semble que je vous ai vu déjà, il y a longtemps ; que je vous ai connu autrefois ; que je vous...

MONTE-CRISTO.

Oui, tu m'as vu ; oui, tu m'as connu ; oui tu m'as trahi.

CADEROUSSE.

Attendez ! attendez donc !... Les allées de Meilhan... L'auberge de la Réserve... *Le Pharaon*... Vous êtes... vous êtes.. vous êtes Edmond Dantès !

MONTE-CRISTO.

Crois-tu maintenant ?

CADEROUSSE.

Je crois !... je crois !... Mon Dieu, Seigneur, pardonnez-moi de vous avoir renié... Mon Dieu, Seigneur, vous êtes bien le père et le juge des hommes sur la terre... Mon Dieu, Seigneur, pardonnez-moi. Je meurs ! je meurs !

(Il tombe mort.)

MONTE-CRISTO.

Mort !

SCÈNE VI

MONTE-CRISTO, VILLEFORT, M. D'AVRIGNY.

VILLEFORT.

Vous nous avez appelés, monsieur le comte ?

MONTE-CRISTO.

Oui ; mais vous arrivez trop tard.

M. D'AVRIGNY.

Mort !

MONTE-CRISTO.

Voilà ce qu'il a écrit avant de mourir ; tenez.

VILLEFORT, après avoir lu.

Caderousse! Cet homme se nomme Caderousse?

MONTE-CRISTO.

Il paraît. Le connaissez-vous donc, monsieur de Villefort?

VILLEFORT.

Non! non! (A part.) Encore un souvenir de l'innocent que j'ai fait condamner à Marseille. Faites votre procès-verbal, monsieur d'Avrigny. Moi, je vais donner des ordres pour qu'on poursuive l'assassin.

MONTE-CRISTO, le regardant.

Mon Dieu! votre justice se fait parfois attendre; mais alors elle ne descend du ciel que plus complète.

ACTE QUATRIÈME

SEPTIÈME TABLEAU

Le cabinet de Monte-Cristo.

SCÈNE PREMIÈRE

MONTE-CRISTO, assis devant une table sur laquelle est déployée une carte géographique; BERTUCCIO, debout près de lui.

MONTE-CRISTO.

Monsieur, les affaires qui m'ont amené à Paris s'avancent; il se peut que je parte d'un moment à l'autre. Je veux, à compter d'aujourd'hui, des relais de six lieues en six lieues sur la route du Nord et sur la route du Midi, attendu que je ne sais pas encore laquelle des deux routes je prendrai. Allez! (Bertuccio rencontre Baptistin.) Qu'y a-t-il?

BERTUCCIO.

M. de Villefort, qui fait demander si Son Excellence est visible.

MONTE-CRISTO.

Allons, voilà votre tremblement qui vous reprend! Passez

par ici, voyons, j'ai pitié de vous. (Il fait sortir Bertuccio par une porte latérale. A Baptistin.) Introduisez M. de Villefort.

SCÈNE II

MONTE-CRISTO, VILLEFORT.

VILLEFORT.

Je vous demande pardon, monsieur le comte, de vous déranger ; mais vous comprenez qu'après l'événement dont vous avez failli être la victime, j'aurai plus d'une fois besoin de recourir à vous pour des renseignements.

MONTE-CRISTO.

Monsieur, je suis à vos ordres.

VILLEFORT.

Je ne vous dérange pas ?

MONTE-CRISTO.

Non, monsieur; vous le voyez, je voyageais.

VILLEFORT.

Sur la carte... Monsieur, je voulais vous demander si vous ne pouviez ajouter, sur l'assassin de votre assassin, quelques renseignements qui nous aident à le reconnaître.

MONTE-CRISTO.

Est-ce que la police ne le tient pas encore?

VILLEFORT.

Elle croit être sur ses traces, monsieur.

MONTE-CRISTO.

Diable, monsieur ! ses traces peuvent la mener loin, si l'assassin a toujours couru depuis le moment de l'assassinat; je croyais cependant que, grâce aux deux billets qu'avait écrits le mourant, c'était chose facile que de mettre la main sur ce jeune Corse.

VILLEFORT.

Deux billets, monsieur! je n'ai connaissance que d'un seul: en avait-il écrit deux?

MONTE-CRISTO.

Comment! je ne vous ai pas remis deux billets?

VILLEFORT.

Non, je vous jure.

MONTE-CRISTO.

Excusez-moi, monsieur; j'étais troublé sans doute; comment donc ai-je fait cela? Mais je suis certain, en vérité, qu'il y avait un second billet, un billet qui contenait l'adresse et même le nom du jeune homme; car c'est un jeune homme.

VILLEFORT.

Oh! monsieur, ce billet est de la plus haute importance: il faut, vous le comprenez bien, que ce billet se retrouve.

MONTE-CRISTO.

Comment donc! Aussi se retrouvera-t-il, j'en suis bien sûr. Je le ferai chercher, monsieur... Mais, pardon, je crois que l'on m'appelle!

VILLEFORT.

Faites, monsieur, faites...

SCÈNE III

Les Mêmes, MAXIMILIEN.

MAXIMILIEN.

Monsieur le comte! monsieur le comte!

MONTE-CRISTO, courant à lui.

Morel! qu'y a-t-il?

MAXIMILIEN.

Ah! monsieur le comte!... si vous saviez!... quel malheur!

VILLEFORT.

Un malheur!... Vous sortez de chez moi?

MAXIMILIEN, stupéfait.

M. de Villefort!

VILLEFORT.

Parlez, monsieur! parlez!

MAXIMILIEN.

Oui, monsieur, j'étais chez vous... Je venais...

VILLEFORT.

Eh bien?

MAXIMILIEN.

Monsieur!... Barrois, le vieux domestique... il s'appelle Barrois.

VILLEFORT.

Barrois, oui...

MAXIMILIEN.

Il a été pris d'un mal subit; il s'est évanoui, il est mort.

VILLEFORT.

Mort! mort!... Oh!

(Il va pour s'élancer dehors.)

MAXIMILIEN.

Mais ce n'est pas tout, monsieur! ce n'est pas tout!

MONTE-CRISTO.

Qu'y a-t-il donc?

VILLEFORT.

Ce n'est pas tout?

MAXIMILIEN.

Une autre personne... (A lui-même.) Oh! mon Dieu, pourquoi est-il là?

VILLEFORT.

Une autre personne, dites-vous?

MAXIMILIEN.

Mademoiselle Valentine, monsieur! elle vient de perdre connaissance; elle est tombée inanimée.

VILLEFORT.

Ma fille! ma fille aussi!... (A part.) Oh! qu'allais-je dire? (Se remettant.) D'effroi sans doute, de saisissement?

MAXIMILIEN.

Je ne sais, monsieur; mais, pour Barrois et mademoiselle Valentine, mêmes symptômes: des vertiges, des déchirements, des convulsions... Mademoiselle Valentine souffre bien, monsieur!

(Il suffoque.)

VILLEFORT.

Oh! mais c'est trop!... n'est-ce pas, messieurs?... Trois morts, coup sur coup, dans cette maison... Et Valentine!... Valentine qui souffre!... On dirait que ma maison est maudite... Excusez-moi, messieurs, excusez-moi!... Je ne sais plus ce que je dis! je ne sais plus ce que je fais!... Adieu!

(Il sort égaré.)

SCÈNE IV

MONTE-CRISTO, MAXIMILIEN.

MONTE-CRISTO.

L'œuvre a marché!... Eh bien, Maximilien, qu'y a-t-il? Vous êtes pâle, votre front ruisselle de sueur.

MAXIMILIEN.

Comte, nous sommes seuls, n'est-ce pas?

MONTE-CRISTO.

Oui.

MAXIMILIEN.

Devant le malheureux père, je n'ai rien pu vous dire, comte; Barrois est empoisonné ! Valentine est empoisonnée !

MONTE-CRISTO.

Êtes-vous fou, Morel?

MAXIMILIEN.

Je vous dis que toutes ces morts ne sont point naturelles, je vous dis qu'il y a dans tout cela quelque manœuvre infernale, dont personne n'a le secret, excepté M. de Villefort, M. d'Avrigny et moi...

MONTE-CRISTO.

Comment, vous, Morel?

MAXIMILIEN.

Écoutez: le soir de la mort de madame de Saint-Méran, le soir même où vous êtes venu dans la maison, j'étais caché dans un massif ; j'ai entendu M. d'Avrigny dire...

MONTE-CRISTO.

Eh bien ?

MAXIMILIEN.

Dire que cette mort, il fallait l'attribuer au poison.

MONTE-CRISTO.

Ah!... Et M. de Villefort laisse empoisonner comme cela chez lui, sans s'en inquiéter autrement? Je le croyais plus sévère que cela, notre magistrat.

MAXIMILIEN.

Oui ; mais, cette fois, sans doute, il va s'émouvoir ; car, cette fois, M. d'Avrigny s'est non-seulement expliqué tout haut sur le genre de mort, mais encore il a nommé le poison.

MONTE-CRISTO.

Et quel poison a-t-il nommé?

MAXIMILIEN.

De peur de l'oublier je l'ai écrit sur mes tablettes. Lisez.

MONTE-CRISTO.

Ah ! diable!

MAXIMILIEN.

Ce poison est donc bien dangereux, comte?

MONTE-CRISTO.

Mortel!

MAXIMILIEN.

Mortel... Oh! mon Dieu, que me dites-vous là?

MONTE-CRISTO.

Que vous importe donc, à vous, Morel, les malheurs qui frappent M. de Villefort? Un ange exterminateur semble désigner cette maison à la colère du Seigneur; qui vous dit que ce n'est point la colère de Dieu, ou plutôt sa justice, qui se promène dans cette maison? Maximilien, Maximilien, détournez la tête, croyez-moi, et laissez passer la justice de Dieu.

MAXIMILIEN.

Mais comte, comte! comprenez donc que je viens à vous, au contraire, pour sauver ce qui reste vivant de cette malheureuse maison, pour sauver Valentine, qui va mourir.

MONTE-CRISTO.

Sauver Valentine? Eh! que m'importe à moi, qu'une jeune fille que je ne connais pas, que j'ai aperçue à peine, meure ou vive! Que m'importe!... Assassin ou victime, dans la maison de M. de Villefort, je n'ai pas de préférence.

MAXIMILIEN.

Mais moi, moi, comte, je l'aime!

MONTE-CRISTO, bondissant.

Vous aimez qui?

MAXIMILIEN.

J'aime éperdûment, j'aime en insensé, j'aime en homme qui donnerait tout son sang pour lui épargner une larme, j'aime Valentine de Villefort, qu'on assassine en ce moment! entendez-vous bien? je l'aime et je demande à Dieu et à vous, comment il faut faire pour la sauver.

MONTE-CRISTO.

Oh! malheureux! malheureux! tu aimes Valentine, cette fille d'une race maudite. Oh! oh! oh! et tu ne m'as pas prévenu!

MAXIMILIEN.

Comte! comte! je ne vous comprends pas.

MONTE-CRISTO.

Oh! moi qui regardais, spectateur impassible et curieux, moi qui regardais le développement de cette lugubre tragédie, moi qui, pareil au mauvais ange, riais peut-être du mal que font les hommes, voilà qu'à mon tour je me sens mordu par le serpent dont je regardais la marche tortueuse, et mordu au cœur.

MAXIMILIEN.

Comte!

MONTE-CRISTO.

Allons, ne perdons pas de temps; dites-moi comment cela est arrivé, dites-moi où en est Valentine?

MAXIMILIEN.

Valentine a demandé, il y a une demi-heure, un verre d'eau sucrée qui lui a été apporté par la femme de chambre de madame de Villefort; elle y a trempé ses lèvres à peine, et, trouvant un goût amer à cette eau, l'a rendue à la femme de chambre, qui l'a déposée dans le vestibule. En ce moment, Barrois revenait d'une course, il avait très-chaud, il a trouvé le verre, il l'a vidé; voilà comment lui est mort, et comment l'autre va peut-être mourir.

MONTE-CRISTO.

Rien n'est perdu, puisqu'elle vit.

MAXIMILIEN.

Faites attention, comte, que vous avez dit que rien n'était perdu.

MONTE-CRISTO.

Retournez tranquillement chez vous, Maximilien; je vous commande de ne pas tenter une démarche, de ne pas laisser flotter sur votre visage l'ombre d'une préoccupation.

MAXIMILIEN.

Ah! mon ami, sauvez Valentine!

MONTE-CRISTO.

J'ai besoin d'être seul. Allez.

SCÈNE V

MONTE-CRISTO, BERTUCCIO.

Le Comte frappe deux fois sur un timbre.

MONTE-CRISTO.

Bertuccio!... Monsieur Bertuccio, faites appeler mon architecte; il a le plan de la maison voisine de celle-ci; il faut qu'il me fasse une porte derrière ce tableau. Le reste me regarde. Je désire trouver la chose faite dans deux heures, vous entendez?

BERTUCCIO, saluant.

Oui, monsieur le comte!

HUITIÈME TABLEAU

La chambre de Valentine.

SCÈNE PREMIÈRE

VALENTINE, couchée, MADAME DANGLARS, puis UNE GARDE-MALADE.

MADAME DANGLARS, entrant.

Soyez tranquille, je ne reste que cinq minutes, le temps de lui demander de ses nouvelles et de lui faire tous les compliments d'Eugénie. Mais où est-elle donc?

VALENTINE, écartant le rideau avec sa main.

Ici, chère madame.

MADAME DANGLARS.

Vous gardez le lit, ma belle? Oh! mon Dieu, c'est ce que l'on m'avait dit; aussi ai-je voulu, si tard qu'il soit, entrer et vous embrasser. Mais qu'avons nous donc?

VALENTINE.

Depuis la dernière visite que vous avez bien voulu nous faire, je suis souffrante.

MADAME DANGLARS.

Vous avez la fièvre?

VALENTINE.

Et même parfois du délire. Oh! c'est un état étrange, allez! Il me semble que je vois, la nuit, les personnes que j'ai l'habitude de voir le jour; alors, les meubles deviennent mobiles, les portes s'ouvrent sans bruit, les murailles elles-mêmes semblent craquer. Je vois entrer des ombres qui s'approchent de mon lit, qui s'en éloignent, les unes menaçantes, les autres avec le sourire sur les lèvres.

MADAME DANGLARS.

Mais dormez-vous ou veillez-vous pendant ces visions?

VALENTINE.

Je ne sais, madame ; mon état tient à la fois de la veille et du sommeil.

LA GARDE-MALADE.

Mademoiselle, voici votre potion pour la nuit. C'est M. d'Avrigny qui vous l'envoie. Il l'a préparée lui-même, et, vous le voyez, le cachet est intact.

VALENTINE.

Merci, ma bonne.

MADAME DANGLARS.

Oh! que de précautions, ma chère enfant!

VALENTINE.

Vous savez combien M. d'Avrigny nous aime, et il veut absolument que je vive.

MADAME DANGLARS.

Il a bien raison! et nous aussi, mon enfant, nous voulons que vous viviez. Dépêchez-vous donc de guérir, et, en attendant, au lieu de faire tous ces vilains rêves que vous dites, dormez, chère enfant, dormez!

LA GARDE-MALADE.

Avez-vous encore besoin de moi, mademoiselle?

VALENTINE.

Non, de la nuit, madame.

MADAME DANGLARS.

Bonne nuit, chère Valentine!

VALENTINE.

Bonsoir.

SCÈNE II

VALENTINE, seule.

Bonne nuit!... Oui, la nuit serait bonne, si, au milieu de toutes ces ombres que la fièvre secoue autour de moi, je voyais apparaître mon pauvre Maximilien. Pourquoi donc toutes ces précautions de M. d'Avrigny, ces bouteilles cachetées, ces potions préparées par lui-même? Onze heures et demie. Mon Dieu! mon Dieu! voilà la fièvre qui me prend... Cette bibliothèque, il me semble qu'elle s'ouvre, que quelqu'un en sort, qu'une ombre s'avance vers mon lit. Buvons! quand j'ai bu, pendant un instant, je souffre moins.

SCÈNE III

VALENTINE, MONTE-CRISTO.

MONTE-CRISTO, qui a ouvert la porte de la bibliothèque, et qui s'est avancé vers le lit, arrêtant la main de Valentine.

Attendez! (Il goûte la potion et lui donne le verre ensuite.) Buvez, maintenant.

VALENTINE.

Oh! c'est la première fois qu'une de mes visions me parle. Qui êtes-vous?

MONTE-CRISTO, un doigt sur la bouche.

Silence!... n'appelez pas, ne vous effrayez pas, n'ayez pas même au fond du cœur l'éclair d'un soupçon ou l'ombre d'une inquiétude. L'homme que vous voyez devant vous, — car cette fois vous avez raison, Valentine, et ce n'est point une illusion, — cet homme est le plus tendre père et le plus respectueux ami que vous puissiez rêver.

VALENTINE.

Mon Dieu!

MONTE-CRISTO.

Écoutez-moi, ou plutôt regardez-moi; voyez mes yeux rougis, voyez mon visage plus pâle que d'habitude; c'est que, depuis trois nuits, je n'ai pas fermé l'œil un seul instant; depuis trois nuits, je veille sur vous, je vous protége, je vous conserve à notre ami Maximilien.

VALENTINE.

Maximilien! Il vous a donc tout dit?

MONTE-CRISTO.

Oui; quand il vous a quittée dans le jardin, au moment de la mort du pauvre Barrois, c'était pour venir chez moi, c'était pour tout me dire; car il m'aime tant, pauvre Maximilien! qu'il me croit une puissance surhumaine. Oui, il m'a tout dit, votre âme de vierge, votre cœur d'ange. Il m'a dit que votre vie était sa vie; que, si vous mouriez, il se tuerait, et je lui ai promis, moi, que vous vivriez.

VALENTINE.

Vous lui avez promis que je vivrais?

MONTE-CRISTO.

Oui.

VALENTINE.

Vous venez de me parler de protection et de vigilance; êtes-vous donc médecin?

MONTE-CRISTO.

Oui, et le meilleur que le ciel puisse vous envoyer en ce moment, croyez-moi.

VALENTINE.

Vous dites que vous avez veillé. Où cela? comment cela? Je ne vous ai pas vu.

MONTE-CRISTO.

Derrière la porte de cette bibliothèque.

VALENTINE.

En effet, cette porte qui vous a donné passage. Comment donc... cette porte...?

MONTE-CRISTO.

J'ai acheté la maison voisine, et, cette porte, je l'ai fait ouvrir.

VALENTINE.

Monsieur! ce que vous avez fait là...

MONTE-CRISTO.

Valentine, pendant cette longue veille, j'ai vu quelles gens venaient chez vous, quels aliments on vous préparait, quelles boissons on vous a servies; puis, quand ces boissons me paraissaient dangereuses, j'entrais comme je viens d'entrer, je vidais votre verre, et je substituais au poison un breuvage bienfaisant qui, au lieu de la mort qui vous était préparée, faisait circuler la vie dans vos veines.

VALENTINE.

Le poison! la mort! que dites-vous donc là, monsieur?

MONTE-CRISTO.

Chut!... Voilà comment vous avez vécu trois nuits, Valentine; mais, moi, comment vivais-je? Oh! les cruelles heures que vous m'avez fait passer! oh! les effroyables tortures que vous m'avez fait subir, quand je voyais verser dans votre verre le poison mortel, quand je craignais que vous n'eussiez le temps de boire avant que je l'eusse répandu par la fenêtre.

VALENTINE.

Mais, si vous avez vu verser le poison dans mon verre, vous avez vu la personne qui le versait?

MONTE-CRISTO.

Oui.

VALENTINE.

Vous l'avez vue?

MONTE-CRISTO.

Oui.

VALENTINE.

Oh! ce que vous me dites est horrible, ce que vous me faites croire est infernal. Quoi! dans la maison de mon père! quoi! dans ma chambre! quoi! sur mon lit de souffrance on continue de m'assassiner!... Oh! retirez-vous, monsieur; vous tentez ma conscience, vous blasphémez la bonté divine! Cela n'est pas!

MONTE-CRISTO.

Êtes-vous la première que cette main frappe, Valentine? N'avez-vous pas vu tomber autour de vous M. de Saint-Méran, madame de Saint-Méran, Barrois? Voyons, ne connaissez-vous pas la personne qui en veut à votre vie?

VALENTINE.

Non. Pourquoi quelqu'un désirerait-il ma mort?

MONTE-CRISTO.

Vous ne le soupçonnez pas?

VALENTINE.

Non.

MONTE-CRISTO, écoutant.

Vous allez la connaître, alors.

VALENTINE.

Comment cela?

MONTE-CRISTO.

Parce que, ce soir, vous n'avez ni la fièvre ni le délire; parce que, ce soir, vous êtes bien éveillée; parce que voilà minuit qui va sonner, et que c'est l'heure des assassins.

VALENTINE, s'essuyant le front.

Mon Dieu! mon Dieu!

MONTE-CRISTO.

Valentine, appelez toutes vos forces à votre secours, comprimez votre cœur dans votre poitrine, arrêtez votre voix dans votre gorge, feignez de dormir. Vous verrez! vous verrez!

VALENTINE.

J'entends du bruit, il me semble.

MONTE-CRISTO.

Pas un geste, pas un mot; qu'on vous croie endormie

sans quoi, l'on vous tuerait peut-être avant que j'eusse le temps de vous secourir.

(Il rentre dans la bibliothèque.)

SCÈNE IV

VALENTINE, seule.

(Scène de silence pendant laquelle elle écoute minuit sonner à la pendule; au dernier coup, la porte de madame de Villefort s'ouvre. Madame de Villefort apparaît. Valentine, soulevée sur son coude, se laisse retomber sur l'oreiller, puis attend. Madame de Villefort s'approche, verse dans le verre le contenu d'une fiole. Valentine fait un mouvement, madame de Villefort s'efface vivement à la tête du lit. Après un instant, elle avance la tête, regarde Valentine ; puis, pas à pas, presque à reculons, elle se retire.)

SCÈNE V

VALENTINE, MONTE-CRISTO.

Tandis que la porte de madame de Villefort se referme, celle de Monte-Cristo s'ouvre, et le Comte reparaît.

MONTE-CRISTO.

Eh bien, doutez-vous encore?

VALENTINE.

Oh! mon Dieu!

MONTE-CRISTO.

Vous avez vu?

VALENTINE.

Hélas!

MONTE-CRISTO.

Vous avez reconnu?

VALENTINE.

Oui ; mais je n'y puis croire.

MONTE-CRISTO.

Alors, vous aimez mieux mourir et faire mourir Maximilien?

VALENTINE.

Mais ne puis-je donc quitter la maison? ne puis-je me sauver?

MONTE-CRISTO.

Valentine, la main qui vous poursuit vous atteindra partout. Tenez, si vous aviez bu ce que madame de Villefort vient de verser dans ce verre, Valentine vous étiez perdue !

(Il jette le contenu du verre par la fenêtre.)

VALENTINE.

Oh ! mon Dieu ! pourquoi donc me poursuit-elle ainsi ? Je ne lui ai jamais fait de mal.

MONTE-CRISTO.

Mais vous êtes riche, Valentine ; mais vous avez deux cent mille livres, vous les enlevez à son fils.

VALENTINE.

Édouard ! malheureux enfant ! Et c'est pour lui que l'on commet tous ces crimes ? Pauvre Edouard ! Oh ! pourvu que tout cela ne retombe pas sur lui !

MONTE-CRISTO.

Vous êtes un ange, Valentine !

VALENTINE.

Et c'est dans l'esprit d'une femme qu'un pareil projet a pris naissance ! Oh ! mon Dieu ! oh ! mon Dieu !

MONTE-CRISTO.

Valentine, votre ennemie est vaincue du moment que nous l'avons devinée. Vous vivrez pour être heureuse et rendre un noble cœur heureux ; mais, pour vivre, Valentine, il faut avoir toute confiance en moi.

VALENTINE.

Ordonnez ; que faut-il faire ?

MONTE-CRISTO.

Prendre aveuglément ce que je vous donnerai.

VALENTINE.

Eh bien, monsieur, disposez de moi. Mon Dieu ! mon Dieu ! que va-t-il donc arriver ?

MONTE-CRISTO.

Quelque chose qui arrive, Valentine, ne vous épouvantez pas ; si vous souffrez, si vous perdez la vue, ne craignez pas ; si vous vous réveillez sans savoir où vous êtes, n'ayez pas peur, dussiez-vous, en vous réveillant, vous trouver dans quelque caveau sépulcral ou clouée dans quelque bière : quelqu'un veille sur vous.

(Un orage commence ; éclairs pâles et rares ; tonnerre lointain.)

VALENTINE.

Laissez-moi prier un instant. (Elle prie.) Donnez, maintenant.

(Monte-Cristo lui présente une pastille dans un drageoir.)

MONTE-CRISTO.

Ma fille, croyez en mon dévouement pour vous ; croyez en la bonté de Dieu et dans l'amour de Maximilien.

VALENTINE ; elle porte la pastille à ses lèvres.

Il le faut?

MONTE-CRISTO.

Oui. (Valentine mange la pastille.) Et maintenant, au revoir, mon enfant ! vous êtes sauvée.

(Il rentre dans la bibliothèque.)

SCÈNE VI

VALENTINE, seule.

Le comte n'a point dit si l'effet de ce narcotique serait lent ou rapide. Si je le rappelais ! Oh ! toute cette confiance que m'inspirait sa vue semble disparaître avec lui. Me voilà seule, seule... avec un sommeil terrible, avec un sommeil... qui est bien véritablement le frère de la mort ! Oh ! il me semble que mon cœur s'engourdit, il me semble que ma vue se trouble ; je touche les objets et ne les sens plus... Mon Dieu ! si le comte s'était trompé... si, au lieu du sommeil, c'était la mort... Cette lumière... qui veille, je ne la vois plus qu'à travers un brouillard... Je suis glacée... Oh ! je sens que je meurs... Je ne veux pas mourir... De l'air !... de l'air !... A moi ! au secours ! (Elle sonne avec désespoir, la sonnette s'échappe de ses mains.) Ma...xi...mi...lien...

(Éclairs, tonnerre ; elle tombe évanouie sur son lit.)

SCÈNE VII

VALENTINE, évanouie ; VILLEFORT, MADAME DE VILLEFORT, LA GARDE-MALADE, DOMESTIQUES.

Madame de Villefort et Villefort entrent chacun par une porte différente. Villefort va droit au lit de Valentine ; madame de Villefort regarde le verre sur le guéridon,

VILLEFORT, entrant.

Tu appelles, mon enfant? tu as sonné, tu as besoin de quelque chose? Je travaille, me voilà. Valentine! Valentine! Au nom du ciel! réponds, Valentine! (Il la touche.) Sans voix!... sans respiration!... son cœur ne bat plus!... Morte! morte! morte!

(Il tombe accablé près du lit.)

LES DOMESTIQUES.

Morte!

MADAME DE VILLEFORT.

Mais il vous reste un fils, monsieur; venez!

(Ils sortent; à ce moment, l'orage éclate avec fureur, la fenêtre s'ouvre avec fracas, et Maximilien, pâle, éperdu, paraît.)

SCÈNE VIII

MAXIMILIEN, puis MONTE-CRISTO.

MAXIMILIEN.

Pas de nouvelles depuis trois jours! Ces gens éperdus qui s'enfuient... Je n'y tiens plus!... Valentine, pardonnez-moi. Valentine!... C'était trop souffrir!... Elle dort... Valentine!... (Apercevant le cadavre.) Ah! ah!... (Il tombe sur un fauteuil. Après un temps, il se relève, va au lit, découvre le visage de la jeune fille, dans un effrayant silence, puis, froidement.) Valentine est morte! (Il regarde plus fixement.) Valentine est morte! (Une main de la jeune fille pend hors du lit. Maximilien prend cette main et la baise avec un sanglot déchirant. Puis il se relève.) Au revoir, Valentine! à bientôt! C'est mon tour!

(Il va prendre ses pistolets, qu'il a déposés en entrant sur la cheminée.)

MONTE-CRISTO, paraissant.

Maximilien, vous ne mourrez pas!

MAXIMILIEN.

Vous ici! vous venez de dire, je crois, que je ne mourrais pas? Qui donc m'en empêchera?

MONTE-CRISTO.

Moi!

MAXIMILIEN.

Vous! vous qui m'avez leurré d'un espoir absurde, vous qui m'avez retenu, bercé, endormi par de vaines promesses; vous qui affectez toutes les ressources de l'intelligence, toutes les puissances de la matière; vous qui jouez, ou plutôt qui faites semblant de jouer le rôle de la Providence, et qui n'avez pas même eu le pouvoir de donner du contre-poison à une jeune fille empoisonnée; et vous venez me dire cela en présence du cadavre de Valentine?... Monsieur, vous me feriez pitié, si vous ne me faisiez horreur!

MONTE-CRISTO, lui arrachant le pistolet.

Et moi, je vous répète que vous ne vous tuerez pas!

MAXIMILIEN.

Mais qui donc êtes-vous pour vous arroger un pareil droit sur moi?...

MONTE-CRISTO.

Je suis le seul homme au monde qui ait le droit de vous dire : Morel! je ne veux pas que le fils de votre père meure aujourd'hui.

MAXIMILIEN.

Et pourquoi parlez-vous de mon père? pourquoi mêler le souvenir de mon père à ce qui m'arrive?

MONTE-CRISTO.

Parce que je suis celui qui a déjà sauvé la vie à ton père, un jour qu'il voulait se tuer, comme tu veux te tuer aujourd'hui; parce que je suis l'homme qui a donné la bourse à ta jeune sœur et rendu *le Pharaon* au vieux Morel, parce que je suis Edmond Dantès, qui te fit jouer, enfant, sur ses genoux.

MAXIMILIEN.

Edmond! Edmond Dantès! Ah!

(Il se jette aux pieds de Monte-Cristo.)

MONTE-CRISTO.

Silence! silence! Voyons, redeviens-tu enfin un homme, Maximilien?

MAXIMILIEN.

Oui, car je recommence à souffrir.

MONTE-CRISTO.

Regarde-moi, Morel, oui, regarde-moi... Je n'ai ni larmes dans les yeux, ni fièvre dans les veines, ni battements dans le cœur. Et cependant je te vois souffrir, toi, Maximilien, toi que j'aime comme j'aimerais mon fils. Eh bien, si je te prie, si je t'ordonne de vivre, Morel, c'est dans la conviction qu'un jour tu me remercieras de t'avoir conservé la vie.

MAXIMILIEN.

Mais vous oubliez donc que j'ai perdu Valentine?

MONTE-CRISTO.

Espère, Maximilien !

MAXIMILIEN.

Que j'espère? Mais, si vous me persuadez, vous me ferez perdre la raison, vous me ferez croire que je puis retrouver cet ange... Mon ami, mon père, prenez garde, vous me feriez croire à des choses surnaturelles !

MONTE-CRISTO.

Espère, mon ami; si je ne te guéris pas d'ici huit jours, jour pour jour, heure pour heure, retiens bien mes paroles, Morel... je te placerai moi-même en face de pistolets tout chargés, et d'une coupe du plus sûr poison d'Italie, d'un poison plus sûr et plus prompt, crois-moi, que celui qui a tué Valentine.

MAXIMILIEN.

Vous me le promettez?

MONTE-CRISTO.

Dans huit jours, et la date est sacrée, Maximilien : je ne sais si tu y as songé, nous sommes aujourd'hui le 5 septembre, il y a aujourd'hui dix ans que j'ai sauvé ton père. (Maximilien prend les deux mains du Comte et les baise.) D'ici là, en revanche, tu me promets de vivre ?

MAXIMILIEN.

Oh ! comte, je vous le jure... Mais aussi...

MONTE-CRISTO.

Assez, mon fils ! Dépose un dernier baiser sur ce front livide. (Maximilien obéit.) Attends et espère !

(Il emmène Maximilien.)

ACTE CINQUIÈME

NEUVIÈME TABLEAU

Le cabinet de Villefort.

—

SCÈNE PREMIÈRE

VILLEFORT, UN DOMESTIQUE.

VILLEFORT, au bruit que fait le Domestique en entrant.
Qu'est-ce que cela ?

LE DOMESTIQUE.
C'est une dame qui insiste pour entrer malgré les ordres de monsieur.

VILLEFORT.
Une dame ?

LE DOMESTIQUE.
Voici sa carte.

VILLEFORT.
Baronne Danglars. Qu'elle entre.

SCÈNE II

MADAME DANGLARS, VILLEFORT.

VILLEFORT.
Excusez mes serviteurs, madame ; ils sont atteints d'une terreur dont je ne puis leur faire un crime. Soupçonnés, ils deviennent soupçonneux.

MADAME DANGLARS.
Ah ! vous aussi, monsieur, vous voilà donc malheureux à votre tour ?

VILLEFORT.
Oui, madame.

MADAME DANGLARS.
Vous me plaignez alors ?

####### VILLEFORT.
Croyez-le, bien sincèrement. Mais la dénonciation était positive, et j'ai dû faire arrêter le prévenu. D'ailleurs, pouvais-je laisser s'achever cette alliance entre votre fille et un échappé du bagne?

####### MADAME DANGLARS.
Non, sans doute, vous ne pouviez pas laisser ma fille devenir la femme d'un tel homme. Oui, sans doute, vous deviez le faire arrêter; mais peut-être ne deviez-vous pas le faire arrêter chez moi, au moment même où l'on venait d'annoncer le mariage; ma maison est déshonorée. N'est-ce donc pas assez de notre ruine?

####### VILLEFORT.
J'ai fait arrêter le coupable où j'ai pu et comme j'ai pu, madame.

####### MADAME DANGLARS.
Oh! quel affreux malheur!

####### VILLEFORT.
Quand j'entends parler de malheurs, madame, j'ai pris la fâcheuse habitude de penser aux miens, et, alors, cette égoïste opération du parallèle se fait dans mon esprit. Voilà, pourquoi, à côté de mes malheurs, les vôtres me semblent une mésaventure; voilà pourquoi, à côté de ma position funeste, la vôtre me semble une position à envier. Mais laissons cela. Vous demandiez, madame...?

####### MADAME DANGLARS.
Je demandais, mon ami, où en est l'affaire de cet imposteur?

####### VILLEFORT.
Imposteur! décidément, madame, c'est un parti pris chez vous d'atténuer certaines choses et d'en exagérer d'autres. Imposteur! M. Andrea Cavalcanti, ou plutôt M. Benedetto! Vous vous trompez, madame, M. Benedetto est bel et bien un assassin.

####### MADAME DANGLARS.
Soit, monsieur; mais, songez-y, plus vous vous armerez sévèrement contre ce malheureux, plus vous frapperez ma famille. Voyons, songez à ce qui se passe, monsieur de Villefort, et soyez miséricordieux.

####### VILLEFORT.
Oui, je sais ce que vous voulez dire; vous faites allusion

à ces bruits terribles répandus dans le monde, que toutes ces morts qui, depuis quatre mois, m'habillent de deuil, que cette dernière mort, enfin, à laquelle vient de succomber Valentine, que toutes ces morts ne soient point naturelles.

MADAME DANGLARS.

Non, je ne songeais point à cela.

VILLEFORT.

Si fait, vous y songiez, madame, et vous vous disiez tout bas en me regardant : « Toi qui poursuis le crime, voyons, pourquoi donc y a-t-il autour de toi, près de toi, dans ta maison même, des crimes qui restent impunis ? » Vous vous disiez cela, n'est-ce pas, madame ?

MADAME DANGLARS.

Eh bien, oui, je l'avoue.

VILLEFORT.

Je vais vous répondre ; il y a des crimes qui restent impunis, parce qu'on ne connaît pas le criminel et qu'on craint de frapper une tête innocente pour une tête coupable ; mais, quand les criminels seront connus, par le Dieu vivant ! madame, quels qu'ils soient, ils mourront ; et maintenant, après le serment que je viens de faire et que je tiendrai, osez me demander grâce pour ce misérable !

MADAME DANGLARS.

Eh ! monsieur, êtes-vous donc sûr qu'il soit tout à fait indigne de pitié ? Tel est criminel par occasion, qui, s'il fût né de parents qui eussent veillé sur sa jeunesse, eût été un exemple pour la société qui le repousse et appelle sur lui le regard des magistrats et la rigueur de la loi.

VILLEFORT.

Pour dieu, madame, ne demandez donc jamais à moi la grâce d'un coupable ! Que suis-je, moi, sinon cette loi dont vous parliez tout à l'heure, et que la société invoque pour garantir sa sûreté ? Est-ce que la loi a des yeux pour voir votre tristesse ? est-ce que la loi a des oreilles pour entendre votre douce voix ? est-ce que la loi a une mémoire pour se faire l'application de vos délicates pensées ? Non, la loi ordonne, et, quand elle a ordonné, elle frappe. Vous me direz que je suis un être vivant et non pas un code ; regardez-moi, madame, regardez autour de moi. Les hommes m'ont-ils traité en frère ? m'ont-ils aimé, moi ? m'ont-ils ménagé, moi ? m'ont-ils épargné, moi ? Depuis que j'ai failli moi-même, et plus profondément que les autres, je l'avoue, eh bien, depuis ce temps, j'ai secoué les vêtements d'autrui pour trouver l'ulcère, et je l'ai toujours trouvé, ce cachet de la perversité humaine ; car chaque homme que je reconnais coupable me semble une preuve vivante, une preuve nouvelle que je n'étais pas une hideuse exception. Hélas ! hélas ! hélas ! tout le monde est méchant, madame ; prouvons-le, et frappons le méchant !

MADAME DANGLARS.

Mais on m'a dit que ce jeune homme était vagabond, orphelin, abandonné de tous.

VILLEFORT.

Tant mieux, madame ; son père ne rougira pas de sa honte ; sa mère ne pleurera pas sur sa mort.

MADAME DANGLARS.

Mais c'est s'acharner sur le faible, monsieur.

VILLEFORT.

Le faible qui assassine !

MADAME DANGLARS.

Son déshonneur rejaillit sur ma maison.

VILLEFORT.

La mort n'habite-t-elle pas la mienne ?

MADAME DANGLARS.

Ah ! monsieur, vous êtes sans pitié pour les autres. Eh bien, c'est moi qui vous le dis, on sera sans pitié pour vous.

VILLEFORT.

Soit. Il y a longtemps que j'ai ramassé le gant ; je soutiendrai la lutte jusqu'au bout.

MADAME DANGLARS.

Mais remettez au moins la cause de ce malheureux aux prochaines assises ; cela donnera six mois pour qu'on oublie.

VILLEFORT.

Non pas, madame. Le coupable est arrêté ; aujourd'hui, l'instruction commence ; aujourd'hui même, dans ce cabinet, j'interroge le coupable. Il y a encore quinze jours d'ici aux prochaines assises ; c'est plus de temps qu'il n'en faut pour qu'il y comparaisse et qu'il y soit jugé. Et moi aussi, madame, il faut que j'oublie. Eh bien, quand je travaille, et je travaille nuit et jour, il y a des moments où je ne me souviens plus, et, alors, je suis heureux ; heureux à la manière des morts, c'est vrai, mais cela vaut encore mieux que de souffrir.

Aujourd'hui, je l'interroge; dans quinze jours, il sera accusé; dans quinze jours, on demandera sa mort, et il sera condamné.

(M. d'Avrigny est entré pendant les dernières paroles.)

MADAME DANGLARS.

Ah! vous ne me disiez pas qu'on nous écoutait! Adieu, monsieur.

VILLEFORT.

Adieu, madame. (Elle sort.) Allons! allons! dix vols, quatre incendies, un assassinat! La session sera terrible.

SCÈNE III

VILLEFORT, M. D'AVRIGNY.

M. D'AVRIGNY.

Oui, surtout si vous y ajoutez quatre empoisonnements.

VILLEFORT.

Quatre empoisonnements?... Oh! docteur, docteur, j'oubliais, et voilà que vous me faites souvenir.

M. D'AVRIGNY.

Oui; car je crois, monsieur, qu'il est temps que nous agissions. Je crois qu'il est temps que nous opposions une digue à ce torrent de mortalité qui se répand sur la maison, et, quand je dis qu'il est temps, je devrais dire qu'il est trop tard.

VILLEFORT.

Docteur !

M. D'AVRIGNY.

Quant à moi, monsieur, je ne me sens point capable de porter plus longtemps de pareils secrets, sans espoir d'en faire sortir bientôt la vengeance pour la société et pour les victimes. Voyons, soyez magistrat, interprète de la loi, et honorez-vous par une immolation complète.

VILLEFORT.

Vous me faites frémir, docteur... Une immolation?

M. D'AVRIGNY.

Écoutez! la mort frappe à votre porte; elle entre; elle va, non pas en aveugle, mais, intelligente qu'elle est, de chambre en chambre. Eh bien, moi, je suis sa trace; je reconnais son passage.

VILLEFORT.
Parlez, docteur; j'aurai du courage.
M. D'AVRIGNY.
Eh bien, monsieur, vous avez chez vous, dans votre maison, un de ces monstres comme chaque siècle s'épuise à en produire un.
VILLEFORT.
Docteur!
M. D'AVRIGNY.
« Cherche à qui le crime profite, » dit un vieil axiome de jurisprudence. Après la mort de M. et madame de Saint-Méran, j'ai cherché, et, Dieu me pardonne, comme le crime profitait à Valentine...
VILLEFORT.
Docteur!
M. D'AVRIGNY.
J'ai soupçonné Valentine.
VILLEFORT.
Oh! la chaste et pure vierge, vous l'avez soupçonnée!
M. D'AVRIGNY.
Hélas! la mort elle-même est venue me dire que je me trompais, et je n'en ai que plus obstinément répété : « Cherche à qui le crime profite! »
VILLEFORT.
Et vous avez trouvé?...
M. D'AVRIGNY.
Suivez la marche du criminel; il tue d'abord M. de Saint-Méran.
VILLEFORT.
Docteur!
M. D'AVRIGNY.
Il le tue, vous dis-je! Il tue M. de Saint-Méran; il tue madame de Saint-Méran; enfin, il tue Valentine... Écoutez, écoutez bien.
VILLEFORT.
Oh! je ne perds pas un mot, quoique chaque mot me brise le cœur.
M. D'AVRIGNY.
Valentine héritait de M. et de madame de Saint-Méran; il fallait donc tuer d'abord M. et madame de Saint-Méran pour que toute leur fortune se réunît sur la tête de Valentine; et,

toute cette fortune réunie sur la tête de Valentine, il fallait tuer Valentine à son tour.

VILLEFORT.

Mais pourquoi cela?

M. D'AVRIGNY.

Pour que vous héritassiez de votre fille Valentine, et que votre fils Édouard héritât de vous.

VILLEFORT.

Oh! grâce, d'Avrigny, grâce!

M. D'AVRIGNY.

Pas de grâce, monsieur!... Est-ce que, quand on vous demande grâce, à vous, vous l'accordez? Est-ce que, tout à l'heure, à madame Danglars, qui vous demandait grâce, vous ne répondiez pas : « Je suis la loi? » Non ; d'ailleurs, le médecin a une mission sacrée; c'est pour la remplir qu'il remonte jusqu'aux sources de la vie et qu'il descend dans les mystérieuses ténèbres de la mort. Quand le crime a été commis, et quand Dieu, épouvanté sans doute, détourne son regard du criminel, c'est au médecin de dire : « Le voilà ! »

VILLEFORT.

Oh! grâce! grâce, pour elle!

M. D'AVRIGNY.

Oh! vous voyez bien que vous savez qui!

VILLEFORT.

Docteur, je ne résiste plus, je ne me défends plus, je vous crois; mais, par pitié, épargnez sa vie, épargnez mon honneur!

M. D'AVRIGNY.

Monsieur de Villefort, si votre femme en était seulement à son premier crime, et que je la visse en méditer un second, je vous dirais : « Avertissez-la, punissez-la ; quelle passe le reste de sa vie dans quelque cloître, dans quelque couvent, à prier, à pleurer; » mais elle a vu l'une après l'autre quatre agonies, mais elle a contemplé quatre moribonds, mais elle s'est agenouillée près de quatre cadavres. Au bourreau, l'empoisonneuse! au bourreau!

VILLEFORT.

Eh bien, soit, docteur; seulement, jurez-moi que le terrible secret demeurera entre nous.

M. D'AVRIGNY.

Oui, si elle meurt! oui, si elle est punie!

VILLEFORT.

Elle sera punie, elle mourra !

M. D'AVRIGNY.

C'est bien ; je sais que vous n'engagez pas votre parole en vain : le secret vous sera gardé, mon ami.

(Villefort sonne.)

VILLEFORT, au Domestique qui entre.

Dites à madame de descendre et que je veux lui parler.

SCÈNE IV

Les Mêmes, MADAME DE VILLEFORT, ÉDOUARD.

MADAME DE VILLEFORT.

Me voilà, monsieur... Oh ! mon Dieu, pourquoi êtes-vous si pâle ? Vous vous tuerez, monsieur, avec ce travail nocturne et incessant !

VILLEFORT.

Édouard, allez jouer au jardin ; il faut que je parle à votre mère.

ÉDOUARD.

Dis donc papa, qu'est-ce qu'on lui fera donc, à M. Benedetto ?

VILLEFORT.

Allez au jardin, Édouard, je vous l'ai déjà dit ; m'entendez-vous ? Allez.

ÉDOUARD.

Maman !

VILLEFORT ; il prend l'enfant par le bras et le conduit à la porte qui donne sur le jardin.

Va, mon enfant, va ! (Au Docteur.) Adieu, mon ami.

M. D'AVRIGNY.

Rappelez-vous votre serment.

VILLEFORT.

Soyez tranquille, ce qui est juré est juré.

(Il ferme la porte et revient, sombre et pâle, près de sa femme.)

SCÈNE V

MADAME DE VILLEFORT, VILLEFORT.

MADAME DE VILLEFORT.

Oh! mon Dieu, qu'y a-t-il donc?

VILLEFORT.

Madame, où mettez-vous le poison dont vous vous servez d'habitude?

MADAME DE VILLEFORT.

Que dites-vous, monsieur? Je ne vous comprends pas!

VILLEFORT.

Je vous demande dans quel endroit vous cachez le poison avec lequel vous avez tué mon beau-père M. de Saint-Méran, madame de Saint-Méran, Barrois et Valentine.

MADAME DE VILLEFORT.

Oh! mon Dieu, que me dites-vous là?

VILLEFORT.

C'est à vous, non point d'interroger, mais de répondre, madame.

MADAME DE VILLEFORT.

Mais à qui dois-je répondre, monsieur? au mari ou au juge?

VILLEFORT.

Au juge, madame, au juge!

MADAME DE VILLEFORT.

Oh! monsieur, je vous en supplie, ne croyez pas aux apparences!

VILLEFORT.

Oh! je n'ai douté que trop longtemps, madame, puisque mon doute vous a laissé le temps de tuer Valentine!

MADAME DE VILLEFORT.

Monsieur, je vous jure...

VILLEFORT.

Seriez-vous lâche, madame? et, en effet, c'est une remarque que j'ai faite, que les empoisonneurs sont lâches!... Seriez-vous lâche, vous qui, cependant, avez eu l'affreux courage de voir expirer devant vous trois vieillards et une jeune fille, assassinés par vous?...

MADAME DE VILLEFORT.

Oh! monsieur!

VILLEFORT.

Seriez-vous lâche? Vous qui avez compté une à une les minutes de quatre agonies, vous qui avez si bien combiné vos plans infernaux, vous qui avez composé vos mélanges infâmes avec une habileté et une précision si miraculeuses, avez-vous oublié de calculer une seule chose, c'est-à-dire où pouvait vous mener la révélation de vos crimes?... Non, vous avez songé à tout cela et vous avez gardé quelque poison plus doux, plus subtil, plus meurtrier que les autres, pour échapper au châtiment qui vous était dû... Vous avez fait cela, je l'espère du moins!...

MADAME DE VILLEFORT.

Eh bien, oui, oui, monsieur, tout cela est vrai et je suis bien coupable; mais, puisque j'avoue...

VILLEFORT.

Oui, vous avouez; mais l'aveu fait à son juge, l'aveu fait au dernier moment, l'aveu fait quand on ne peut plus nier, cet aveu ne diminue en rien le châtiment infligé au coupable.

MADAME DE VILLEFORT.

Le châtiment, monsieur, le châtiment! voilà deux fois que vous prononcez ce mot.

VILLEFORT.

Sans doute. Est-ce parce que vous étiez quatre fois coupable, que vous avez cru y échapper? est-ce parce que vous êtes la femme de celui qui requiert ce châtiment, que vous avez cru que le châtiment s'écarterait de votre tête? Non, madame. Quelle qu'elle soit, l'échafaud attend l'empoisonneuse!

MADAME DE VILLEFORT.

Mon Dieu, monsieur, pardonnez, mais je doute encore que ce soit à moi que s'adressent ces terribles paroles. Que voulez-vous dire, et qu'exigez-vous?

VILLEFORT.

Je veux dire, madame, que la femme d'un magistrat ne chargera pas de son infamie un nom jusqu'aujourd'hui sans tache, et ne déshonorera pas du même coup son mari et son enfant. Où est le poison dont vous vous servez d'habitude, madame?

MADAME DE VILLEFORT.

Non, non, vous ne voulez pas cela.

VILLEFORT.

Ce que je ne veux pas, madame, c'est que vous périssiez sur un échafaud, entendez-vous!

MADAME DE VILLEFORT.

Oh! monsieur, grâce!

VILLEFORT.

Ce que je veux, c'est que justice soit faite! Je suis sur terre pour punir... A toute autre femme coupable comme vous, fût-ce une reine, j'enverrais le bourreau. Mais à vous, je dis : Où est votre poison? Dites vite, madame; où est votre poison?

MADAME DE VILLEFORT.

Oh! pour notre enfant, au nom de notre enfant, oh! laissez-moi vivre!

VILLEFORT.

Non, non, non! Si je vous laissais vivre, un jour, vous l'empoisonneriez comme les autres.

MADAME DE VILLEFORT.

Moi, tuer mon enfant? moi, tuer mon Édouard? Oh! vous êtes fou, monsieur!

VILLEFORT.

Songez-y, madame; là est un coupable, moins coupable que vous. Si, dans dix minutes, c'est-à-dire quand je l'aurai interrogé, justice n'est pas faite, les gardes qui ont amené un assassin en emmèneront deux.

MADAME DE VILLEFORT.

Impossible, monsieur, impossible!

VILLEFORT.

Vous doutez? (Il va à la porte à droite, il l'ouvre.) Entrez.

(Les Gendarmes entrent, tenant entre eux Benedetto, qui a les poucettes aux mains.)

SCÈNE VI

Les Mêmes, BENEDETTO.

VILLLEFORT, allant à sa femme.

Si l'interrogatoire de cet homme achevé, je vous retrouve vivante, vous coucherez ce soir à la Conciergerie. Allez!

MADAME DE VILLEFORT.

Ah! Édouard! mon Édouard!

(Elle s'élance dans le jardin.)

SCÈNE VII

Les Mêmes, hors MADAME DE VILLEFORT.

BENEDETTO.

Oh! oh! dites donc, gendarmes, j'arrive dans un mauvais moment.

VILLEFORT, à son bureau.

Avancez ici, et répondez-moi.

BENEDETTO.

Ah! c'est M. de Villefort, avec lequel j'ai eu l'honneur de dîner à Auteuil chez M. le comte de Monte-Cristo. Serviteur, monsieur de Villefort!

VILLEFORT.

Ignoriez-vous donc que c'était moi qui dusse vous interroger?

BENEDETTO.

Je m'en doutais, et, je vous l'avouerai, je comptais bien un peu là-dessus.

VILLEFORT.

Silence! et quittons ces façons familières. Je ne suis pas plus M. de Villefort que vous n'êtes le comte Andrea Cavalcanti. Vous êtes un prévenu, et je suis la justice. Approchez, et répondez.

BENEDETTO.

C'est très-bien dit, cela, monsieur de Villefort; mais, si vous voulez que je parle, il faudrait m'interroger sans témoins. J'ai des choses curieuses à vous dire, parole d'honneur! et vous ne serez pas fâché, quand je vous aurai dit ces choses, de les avoir entendues seul.

VILLEFORT.

Accusé, votre nom?

BENEDETTO.

J'ai déjà eu l'honneur de vous dire que je ne répondrais pas devant ces messieurs.

15.

VILLEFORT.

Et pourquoi ?

BENEDETTO.

Parce que j'ai des révélations à vous faire.

VILLEFORT.

Des révélations ! Et sur qui ?

BENEDETTO.

Sur un homme très-haut placé.

VILLEFORT.

Toute instruction doit être publique.

BENEDETTO.

Eh ! qui vous empêchera de la rendre publique, si vous voulez ? Mais, d'abord, qu'est-ce que cela vous fait ? Interrogez-moi en tête-à-tête ; j'ai un grand coupable à vous dénoncer. (Il s'est avancé pour dire ces mots. Les Gendarmes se lèvent pour le retenir.) Eh ! n'ayez donc pas peur !

VILLEFORT.

Laissez-moi seul avec cet homme. (Les Gendarmes hésitent.) Allez, vous dis-je... S'il se portait à quelque violence...

(Il tire de sa table deux pistolets qu'il pose près de lui.)

BENEDETTO.

Allons ! allons ! j'en ai vu qui n'étaient pas si braves que ça... Cela me rend fier, moi.

SCÈNE VIII

VILLEFORT, BENEDETTO.

VILLEFORT.

Nous voilà seuls... Répondrez-vous maintenant ?... Votre nom ?

BENEDETTO.

Vous est-il égal de commencer par mon âge ?... Je voudrais vous répondre d'abord sur ce que je sais le mieux.

VILLEFORT.

Votre âge, alors ?

BENEDETTO.

J'ai vingt et un ans, ou plutôt je les aurai dans quelques jours seulement (Villefort écrit), étant né dans la nuit du 27 au 28 septembre 1817.

VILLEFORT.

Que dites-vous là?

BENEDETTO.

La vérité pure.

VILLEFORT, à part.

C'est un hasard!... (Haut.) Où êtes-vous né?

BENEDETTO.

A Auteuil, près Paris.

VILLEFORT.

A Auteuil!... Votre nom?

BENEDETTO.

Ah! mon nom, je ne puis pas vous le dire, attendu que je ne le sais pas; mais je puis vous dire celui de mon père.

VILLEFORT.

De votre père?... Eh bien, dites...

BENEDETTO.

Il se nomme Gérard? Oui, c'est bien cela!... C'est qu'il a plusieurs noms, voyez-vous, et j'ai peur de m'embrouiller.

VILLEFORT.

Gérard?

BENEDETTO.

Gérard Noirtier de Villefort.

VILLEFORT.

Jeune homme, vous mentez!

BENEDETTO.

Oh! que vous savez bien que non!

VILLEFORT.

Mais, dans l'instruction que j'ai là sous les yeux, vous avez déclaré vous nommer Benedetto; vous avez dit être orphelin; vous vous êtes donné la Corse pour patrie.

BENEDETTO.

Que voulez-vous! à cette époque, je n'en savais pas plus que les autres. Mais, depuis, un brave homme de Corse, une espèce de père que j'avais, a bien voulu me mettre au courant de toutes ces petites choses-là, qu'il a jugées pouvoir m'être de quelque utilité; donc, je vous le répète, je suis né dans la nuit du 27 au 28 septembre 1817; je suis né à Auteuil, rue de la Fontaine, n° 28; je suis fils de M. Gérard Noirtier de Villefort. Maintenant, voulez-vous d'autres détails? Je vais vous les donner. Je suis né au premier étage de la maison, dans une chambre tendue de damas rouge;

mon père me prit dans ses bras, en disant à maman que j'étais mort, et m'emporta dans le jardin, où il m'enterra vivant. En voulez-vous encore, des preuves? Eh bien, regardez dans une glace, et voyez comme vous êtes pâle.

VILLEFORT.

Eh bien, oui, c'est vrai, je suis pâle ; eh bien, oui, c'est vrai, vous êtes né dans la maison n° 28 ; eh bien, oui, c'est vrai, vous avez été enterré vivant ; eh bien, oui, c'est vrai, vous êtes mon fils. Maintenant, qu'avez-vous à espérer, et où voulez-vous en venir?

BENEDETTO.

Oh! c'est bien simple, je me suis dit : « Quand je serai en tête-à-tête avec mon père; quand il verra qu'il n'y a qu'à me délier les pouces et à m'ouvrir la porte du jardin pour que je décampe, eh bien, mais il me déliera les pouces et m'ouvrira la porte du jardin, et je décamperai. »

VILLEFORT.

Vous vous êtes dit cela?

BENEDETTO.

Ma foi, oui.

VILLEFORT.

Et vous n'avez pas pensé que j'eusse d'autre moyen de me débarrasser de vous?

BENEDETTO.

Non, et cependant je ne manque pas d'imagination, à ce que je crois.

VILLEFORT.

Vous n'avez pas pensé, par exemple, que je pusse vous casser la tête d'un coup de pistolet, et dire que vous avez voulu fuir (il lui met le pistolet sur le front), et faire ainsi disparaître en fumée votre secret et le mien?

BENEDETTO, épouvanté.

A moi! à l'aide!

VILLEFORT.

J'aurais le temps de vous tuer dix fois, malheureux! avant qu'on vînt à votre voix, car la mienne seule commande ici. Mais, je l'ai dit, je ne vous tuerai pas, je ne vous sauverai pas! Je ne suis pas un homme, je suis la loi; sourd, aveugle, implacable pour tout ce qui est criminel, pour moi comme pour les autres. — Gardes! (Les Gendarmes rentrent.) Reconduisez l'accusé dans sa prison, et veillez sur lui ; vous en répondez à la société ; c'est un grand coupable ; allez.

BENEDETTO.

Ah! ma foi! il est encore plus fort que moi.
(Il sort.)

SCÈNE IX

VILLEFORT, seul.

Eh bien, soit, justice pour tous; l'expiation fera oublier le crime; l'honneur du juge couvrira l'infamie de l'assassin. Ah! seulement, j'ai besoin de me rattacher à quelque chose... Mon fils! mon enfant! mon Édouard!
(Il sonne, un Domestique entre.)

SCÈNE X

VILLEFORT, UN DOMESTIQUE.

VILLEFORT.

Cherchez mon fils! et amenez-le-moi!

LE DOMESTIQUE.

Monsieur sait-il où il est?

VILLEFORT.

Non; appelez-le! cherchez-le!

LE DOMESTIQUE.

C'est que madame l'a été prendre au jardin, il y a un quart d'heure, à peu près ; c'est que madame l'a emporté chez elle, et nous ne l'avons pas revu depuis.

VILLEFORT.

Madame l'a emporté? vous ne l'avez pas revu depuis?

LE DOMESTIQUE.

Non, monsieur ; mais on peut aller chez madame.

VILLEFORT.

Non, laissez-moi, j'irai moi-même. (Le Domestique sort.) Oh! mon enfant! qu'a-t-elle fait de mon enfant? (Il va à la porte.) La porte fermée! Ouvrez, Herminie, ouvrez!

SCÈNE XI

VILLEFORT, MADAME DE VILLEFORT.

La porte s'ouvre, madame de Villefort est debout, roide et pâle.

MADAME DE VILLEFORT.

Monsieur, que voulez-vous encore? J'ai obéi.

VILLEFORT.

Vous avez obéi? (Elle laisse tomber un flacon vide.) Et mon fils, où est mon fils?

MADAME DE VILLEFORT.

Là.

VILLEFORT.

Que voulez-vous dire?

MADAME DE VILLEFORT.

Là.

(Elle indique du geste la chambre voisine, où Villefort se précipite et d'où il rapporte l'enfant inanimé.)

VILLEFORT.

Mon fils! mon fils!... Oh! il est évanoui! Du secours! du secours!

MADAME DE VILLEFORT.

Inutile.

VILLEFORT.

Que voulez-vous dire?

MADAME DE VILLEFORT.

Vous savez si j'aimais mon fils, puisque c'est pour mon fils que je me suis faite criminelle!

VILLEFORT.

Eh bien?

MADAME DE VILLEFORT.

Eh bien, une bonne mère ne part pas sans son enfant!

VILLEFORT.

Ah!

MADAME DE VILLEFORT, lui arrachant l'enfant des bras.

Viens, Édouard.

(Elle roule à terre avec l'enfant, morts tous deux.)

VILLEFORT, devenant fou.

Édouard! mon enfant! mon Édouard! (Il sonne.) Venez, venez tous. (Les Domestiques entrent.) Édouard, où est-il? Oh! je le retrouverai, moi. Donnez-moi une bêche. (Les Domestiques se regardent épouvantés.) Oui, une bêche, une bêche ! Vous avez beau prétendre qu'il n'est pas enterré là; donnez-moi une bêche, et je le retrouverai. Je le retrouverai, dussé-je chercher jusqu'au jour du jugement dernier !

TOUS, avec horreur.

Il est fou !...

ÉPILOGUE

DIXIÈME TABLEAU

L'île de Monte-Cristo. — Clair de lune.

SCÈNE PREMIÈRE

MONTE-CRISTO, MAXIMILIEN.

MONTE-CRISTO.
Par ici, Morel, par ici.

MAXIMILIEN.
Sommes-nous donc arrivés ?

MONTE-CRISTO.
Oui ; reconnaissez-vous cette grotte ?

MAXIMILIEN.
C'est celle où je vous ai vu pour la première fois ; oui, comte, je la reconnais.

MONTE-CRISTO.
Ces huit jours d'absence, de voyage, ne vous ont point consolé ?

MAXIMILIEN.
Tenez, prenez ma main, comte, mettez le doigt sur l'artère, comptez les pulsations, et vous verrez qu'elle ne bat ni plus fort ni plus lentement que d'habitude. Vous m'avez parlé d'attendre et d'espérer. Savez-vous ce que vous avez fait, mal-

heureux sage que vous êtes? J'ai attendu, c'est-à-dire que j'ai souffert... J'ai espéré... Oh! l'homme est une pauvre et misérable créature! Qu'ai-je espéré? Je n'en sais rien... Quelque chose d'inconnu, d'absurde, d'insensé, un miracle! Lequel? Dieu seul peut le dire. Mais j'aimais tant cette pauvre morte, mais ce pauvre ange que j'ai perdu vivait si obstinément dans mon souvenir, dans mon espérance, que, depuis huit jours, je me suis fatigué à retrouver ma Valentine dans la vie, elle que je ne puis plus retrouver qu'au sein de la mort. Aujourd'hui expire le sursis que vous m'avez demandé, mon ami. C'est aujourd'hui le 5 octobre, il est onze heures du soir, j'ai encore une heure à vivre; l'idée que dans une heure je ne souffrirai plus est suave à mon pauvre cœur.

MONTE-CRISTO.

Ne regrettez vous rien en ce monde?

MAXIMILIEN.

Non.

MONTE-CRISTO.

Pas même moi?

MAXIMILIEN.

Comte!

MONTE-CRISTO.

Quoi! il vous reste un regret de la terre et vous mourez?

MAXIMILIEN.

Oh! je vous en supplie, plus un mot. Oh! ne prolongez pas mon supplice!

MONTE-CRISTO.

Eh bien, vous le voulez, Morel, vous êtes inflexible; donc, étant profondément malheureux, vous méritez qu'un miracle vous rende le bonheur. Regardez!

Une figure voilée monte du fond des rochers, s'approche lentement, lève son voile; on reconnaît Valentine, couronnée de roses blanches.

SCÈNE II

Les Mêmes, VALENTINE.

MAXIMILIEN.

Est-ce déjà le ciel qui s'ouvre pour moi? Cet ange ressemble à celui que j'ai perdu!

VALENTINE.

Maximilien ! Maximilien !

MAXIMILIEN.

Valentine ! Valentine !

VALENTINE.

Maximilien ! mon bien-aimé !

MONTE-CRISTO.

Valentine, désormais vous n'avez plus le droit de vous séparer de celui qui est là ; car, pour vous retrouver, il se précipitait dans votre tombe; sans moi, vous mouriez tous deux Je vous rends l'un à l'autre. Ma tâche est accomplie; j'ai puni les méchants, j'ai récompensé les bons ! Mon Dieu ! si je me suis trompé, faites-moi miséricorde ! Et puisse le bien que j'ai fait l'emporter sur le mal, dans votre balance infaillible, ô mon Dieu !

FIN DU TOME TREIZIÈME

TABLE

                                                          Pages

LE COMTE DE MORCERF (3ᵉ PARTIE DE MONTE-CRISTO).. 1

VILLEFORT (4ᵉ ET DERNIÈRE PARTIE DE MONTE-CRISTO). 123

F. AUREAU. — Imprimerie de LAGNY

www.ingramcontent.com/pod-product-compliance
Lightning Source LLC
Chambersburg PA
CBHW050335170426
43200CB00009BA/1601